대한반도 책략

21세기
대한반도 책략

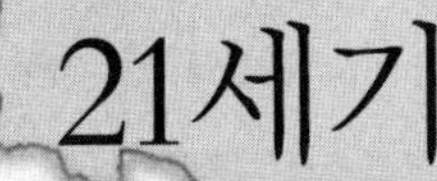

박상은 지음

이미지북

　　역사를 중히 여기지 않으면 곧 문명적文明的 허탈감에 빠지게 된다. 우리나라가 세계 열강 수준의 경제적 능력을 키워가면서도 반만 년 역사의 정체성을 제대로 인식하지 못하는 경향이 있다. 그러는 사이 중국은 세계 제5의 문명으로 불리는 요하문명의 발견으로 역사 개조 작업을 진행하면서 이웃나라의 역사를 훼손하는 사례들이 늘고 있다.

　　요하문명의 원류는 한漢민족의 역사와는 거리가 먼 문명文明임을 그들 스스로 알면서도 속지주의적 사고로 대大 중화中華에 편입하면서 역사를 공유하는 이웃나라의 조상들을 그들의 지방 부족의 수장으로 비하해버렸다.

　　문자가 없던 시절 고대사는 출토되는 사적史蹟에 따라 판단하는 것이 정직한지도 모른다. 우리의 건국사화史話가 일제에 의해 신화로 처리되고, 중화사상에 따라 중국화 해버리는 사태에 침묵함은 정의가 아니다. 특히 고대사의 정립 등 단군의 건국과 건국이념인 홍익인간弘益人間 사상을 복원코자 하는 필자의 노력에 공감한다.

　　오늘날은 지구 환경 문제가 무엇보다도 중요해지고 있다. 환경 문제의 핵심은 생명자원인 물과 식량 그리고 에너지 문제가 그 중심에 있다. 환경 요인과 자원의 유한성은 지구 환경과 인류 생존을 위협한다. 우리나라는 일찍이 환경 국가를 선언함으로써 지구적 문제 해결에 앞장서 왔다. 서해에 부존하는 바다 에너지는 세계 제일의 가치를 지니고 있다. 조위차潮位差 등 바다의 힘을 이용한 무공해 불소모성 그리고 지속 발전發電이 가능한 천혜의 환경 친화적인 에너지 부국이라는 내용들은 환상적이다. 서·남·동해와 DMZ를 둘러보면서 자연과 역사 및 산업과 안보에 이르는 테마 투어리즘은 세계적인 관광지가 되기에 부족함이 없다는 새로운 관찰도 흥미 있는 이야기다.

이 책의 핵심은 역시 한반도의 분단 문제를 더 이상 방치할 수 없다는 전제에서 출발한다. 한반도의 통합은 남북문제를 넘어 동북아지역 발전과 세계 평화의 틀에서 찾아가는 방법을 제시하고 있다. 필자는 정부 안팎에서 오랜 공직생활을 통해 나라 일을 걱정해 온 경험과 변환의 세기에 힘의 이동 추세를 조망하면서 앞으로 해야 할 현실적인 가능성을 망라하고 있다.

영토적 제약을 넘어 만주의 동북지역과 러시아의 연해주 그리고 동해와 한반도를 아우르는 지역에서 월경적이고 우회적인 투자 방식으로 새로운 발전의 장燦을 열자는 주장을 내놓고 있다. 연해주를 거처 남북 에너지 연계 협력과 남북 FTA 체결 등 공식적인 제도 협력(Institution Building)을 쌓아가면서 선先 경제 협력을 통하여 남북이 동반 성장하는 길에서 통일 비용을 줄이는 원려지계도 공감이 가는 부분이다.

이 책의 전면에 흐르는 역사의 중심에는 항상 홍익인간 이화세계理化世界의 이념이 깔려 있다. 고대 역사 공유가 곧 홍익인간 이념의 공유로 이어져 세계에 평화를 전파하는 대한민국의 원대한 꿈이 이루어지길 함께 바란다. 우리는 긴 역사만큼 훌륭한 사상적 기초를 가진 지구상 몇 안 되는 문화민족임을 자랑해도 좋다고 본다. 역사 특히 상고사와 환경에너지 그리고 한반도의 대통합으로 요약되는 본서는 미래지향적 진취적 기상을 가져야 할 젊은 독자에게 희망을 안겨줄 것으로 기대한다.

2012년 7월

동반성장위원회 위원장　유 장 희

5천년 역사를 넘나들면서

우리는 5천년의 긴 역사를 가진 문화민족文化民族이다. 5천년 역사를 자랑하면서도 그 시원인 단군조선의 실재를 잘 모른다. 모른다기보다는 신화로 처리된 이야기를 믿으려 하지 않는다.

고종 황제 치하에서 10년을 보낸 최태영(1900~2005) 선생은 당시 한말韓末을 살았던 조선시대 백성들은 단군 성조의 개국과 존재를 의심하는 자가 없었다고 그의 저서 『한국 상고사를 생각한다』에 기술하고 있다.

그런데 지금 우리는 일제가 조작해 놓은 그 역사를 성찰과 반성도 없이 그대로 배워 단군의 역사를 외면하고 있다. 뿌리 없는 나무가 잘 자라 건강한 숲을 이룰 수 없듯이 역사 없는 민족에는 미래가 없다.

역사학자 에드워드 H. 카는 "역사란 현재와 과거의 끊임없는 대화"라고 했다. 우리 역사 특히 상고사 부분의 공백이 너무 크다. 불완전한 사료에도 공론을 좇아 5천년의 행간을 거닐어 보기로 마음먹었다. 그 속에 있는 위대한 건국이념인 홍익인간 사상을 찾아서다.

긴 역사의 뒷자락 근·현대사 영욕의 파장을 뚫고 나온 민족의 저력은 세계사의 한 자락을 잡아가는 듯하다. 굉장히 빠른 속도로 커버린 몸집에 이제는 문화를 입히고 창조와 정의, 즉 "압축 성장＋Culture＋Creative＋Justice"의 순서로 국격國格의 동선 이동을 시작해야 하는 시점에 와 있다.

넘치는 복지 수요와 일자리 창출을 위해서는 경제력의 지속적인 확장이 불가피하다. 요소 투입 방식에 의한 성장보다 경제 외적인 Social 인프라와 보이지 않는 정신자본·사회적 자본의 투입 없이는 성장이 어렵다는 생각들이다.

우리가 국민소득 2만 달러에서 주춤거리기 시작한 지 10여 년 정체 상태에 빠져 중진국 함정에서 벗어나지 못한 것은 권력층 주변의 부패와 정치 무능, 탈세, 국민 의무 불이행 등 전형적인 비선진국 행태가 어느 수준의 경제 상태에서는 치명적 사회비용 증가를 가져올 수 있다는 것을 보여준다.

우선 상대적으로 선진국에 비해 턱없이 비중이 낮은 서비스업종의 생산성 제고, 투자나 규제 모두 빅뱅조치가 있어야 한다. 서비스산업의 고급화 교육을 통하여 제조 주변 업무의 서비스화 및 법률, 회계, 의료, 교육, 금융 등 개방체제로 새로운 일자리를 만들어나갈 여백餘白을 만들어 보자. 이 모두 산업 연성화와 스마트화로 가는 길이다.

지구 온난화에서 오는 환경산업의 혁명적인 새로운 기술 변화와 신재생 에너지 출현을 포함한 제3의 산업혁명을 대망하면서 선도 산업국에 합류하는 준비를 해야 한다. 이제 미래 설계가 중요하다.

환경산업의 핵심은 역시 에너지다. 화석연료의 고갈과 고가화로 방치되었던 한계 자원이 확실한 에너지로 우리 앞에 와 있다. 바로 시화호를 보면 모든 해법이 나온다. 기름 한 방울 안 들이고 수백만 kW를 발전할 수 있는 바다의 힘이 서해 황금 해안에 출렁거리고 있다. 이제까지 이 부분 청정에너지 쪽을 너무 폄하하고 있는 느낌이다. 더욱이 원자력 이용에서도 공해 없는 핵융합의 고도 기술에 참여하고 있어 장래 인류의 기본 에너지의 주요 공급국이 되는 준비도 아우르고 있다.

우리나라는 천혜의 Green Tourism의 부국이다. 관광과 역사 유적, 풍광과 스토리텔링이 넘치는 산하와 굴곡이 많은 리아스식 해안은 정말 아름답다. 서해 바다의 힘은 세계 굴지의 그린에너지 보고임을 자랑한다. 수천 개의 섬을 안고 있는 다도해는 서남해의 또 다른 미래 관광자원이다. 동해 그리고 세계적인 자연생태공원이 된 비무장지대/DMZ의 넘치는 생태자원과 금강산 자락을 잇는 다양한 녹색자원은 바로 세계적인 테마 관광 지역이 되기에 부족함이 없다.

살아 있는 바다를 주제로 한 '여수EXPO'가 한려수도의 기점에서 시작되면서 한반도 서남해권의 잠재적인 다도해해상공원의 아름다움을 세계에 알리면서 동북아 인구 집중 지역의 한가운데에서 차세대 해양 레저 시대를 선도해나갈 기폭제가 될 것이다.

전 세기 말엽에 발견된 '요하문명遼河文明'은 인류 최고의 문명으로 곧 아시아의 시원문화다. 아시아 주요 민족의 공동 역사를 현재의 소재에 따라 중화화中華化하면서 이웃나라 역사를 훼손하고 있다.

이제까지 서방 패권국들의 짧은 역사에 기반을 둔 사고의 틀을 넘어 5천년으로 연장된 역사 척도로 문명 요소를 재단하려 한다면, 우리는 당연이 동북아 역사 공동체의 일원으로서 문명 지분 확보에 나서야 한다. 주인이 바뀐 듯한 역사 해석에 침묵하는 것은 정의가 아니다. 아울러 아시아적 가치와 비전을 가지고 새 문명을 받아들이는 아시아 지역 공동체 구상도 중요하다.

한국은 G20 정상회의와 G50 핵안보정상회의 등 초대형 국제회의를 연달아 주재하면서 훌륭한 외교자산을 쌓음과 동시에 선·후진국 간의 가교역할을 할 수 있다는 믿음도 가지게 되었다. 가난과 전쟁 식민지의 고통을 딛고 성장해 온 과정에서 많은 나라로부터 받은 원조와 지원을 갚아 갈 능력과 기회를 갖게 된 것은 대단한 행운이라고 생각된다.

지구적으로 퍼져 가는 한류를 따라 한국의 도움이 필요한 나라에 우리의 발전 모델은 또 다른 한류임에 틀림이 없다. 가난에서 일어나게 할 실행적 정신운동인 '새마을운동'과 필요에 따라 문맹 퇴치를 가능케 할 한글 보급, 최고 수준의 의료 봉사와 함께 행정 소프트웨어 제공 편의 등 세계 문명에 기여하는 길을 열어갈 수 있을 것이다.

현재 한반도 지경은 100년 전 을사늑약 때나 변한 것이 없다. 타율적이고 비극적인 분단 상태를 정상화하기 위해서 먼저 우리 스스로의 의지와 힘의 축적으로 한민족공동체 부활의 큰 그림을 그릴 수 있어야 한다. 구한말 위기의 대한제국에 진헌된 당시 청나라 외교관의 한 방약서『조선책략朝鮮策略』이 당시 조정의 대외 시각을 일깨웠듯이 4강에 둘러싸임은 지금도 여전하다. 중남부 만주지역에서 러시아로 이어지는 연해주를 포괄한 겨레의 연고지역과 한반도의 경제적 통합을 구상해보면 새로운 답이 나오는 듯하다. 이제는 국경을 넘어 지역적 통합과 협력이 소유보다는 지배적 개념이 강조되는 시대에 살게 될 것이다.

대내적인 힘의 결집과 외교 역량을 바탕으로 남북이 가능한 경제적 연계 관계를 심화하는 제도 축적 과정이 필요하다. 21세기 대한반도 책략은 심대한 세계 문명 이전기에 한반도와 그 주변 지역을 묶어 성장 동력화에 기여할 수 있을 것이다.

아시아 역사 공동체 일원이 되면 일사병용으로 아시아 시원의 역사를 공유하게 되어 자연스럽게 홍익인간 사상은 새로운 시대정신으로 인간을 널리 이롭게 하는 평화의 DNA로 전파되어야 할 것이다.

고조선 접근로를 따라 난하灤河에서 시작하여 요하지역과 압록강·두만 강 유역을 답사하고, 서안西安에서 시작하여 둔황과 우르무치를 거쳐 사마라칸트를 여행하면서 역사로 재단되지 않은 조상들의 발자취를 둘러보았다. 서·남·동해안을 돌아 DMZ를 가로질러 나오면서 북유럽을 여행할 때와 전혀 다른 멋진 관광 소재들을 보고 새로운 성장 동력의 한 축을 발견한 기쁨이 컸다.

역사를 전공하지는 않았지만 과학과 함께 즐기고, 가고 싶은 곳을 여행하면서 보고 느낀 대로 하고 싶은 이야기와 해야 할 일들을 생각해 보았다. 완벽에 가까운 것은 이미 아이디어가 아니다. 문제의 제기로 보고 여러 분야의 전문적인 토의가 있을 것을 겸허한 마음으로 기대한다.

본서의 기획과 체계 정비에 이르기까지 몸소 수고를 아끼지 않았던 장준봉 전 경향신문 사장과 굴고를 다시 정성으로 다듬어 세상에 내놓게 한 오종문 대표에게 깊은 감사를 드린다. 많은 테마의 상담에 응하고 교열을 도와준 이들 그리고 투병 중인 아내의 격려를 잊을 수가 없다.

2012년 여름, 저 자

l 부. 지구 역사歷史의 흐름을 타라

1장_ 긴 역사의 행간을 거닐다

2장_ 기후 변화는 녹색산업을 타고 간다

3장_ 녹색의 한반도 Green Tourism의 보고寶庫 현장을 가다

II부. 에너지 혁명

III부. 평화의 DNA

I부
지구 역사歷史의 흐름을 타라

1장.
긴 역사歷史의 행간을 거닐다

5천년 역사 민족의
뿌리와 정체성을 찾아서

5천년 역사를 놓고 보면 지금은 기원전 2333년 단군 성조 개국＋2012＝4345년이 된다. 물론 선사 시대가 더 있다. 그러나 단군 이래 BC 194년(단기 2129년) 위만이 조선으로 망명 후 조선왕조를 공격하고 위만조선을 세웠다는 기록이 있기까지 장장 2100여 년 간 기록다운 기록이 보이지 않는다. 우리가 제대로 해놓지도 못하면서도 남부터 탓하는 우를 범하며, 일제의 식민사관이 주입된 역사관을 비판하면서도 어찌된 영문인지 이를 답습한 지 60여 년이 지나고 있다.

반평생을 관정사업 지질조사를 하면서 삼남지방을 누볐던 김성호 선생이 복원한 사라졌던 사실史實들은 공의로 되돌려놓는 노력도 없어 보인다. 예를 들면, 수세기를 이어온 비류와 온조가 각기 세운 왕국 중 사라진 비류 백제를 복원해 놓은 것이다. 온조 백제에 밀려난 비류의 유민들이 중국과 일본 등지로, 특히 규슈 지방으로 흘러들어간 흔적들이 너무나 명백하다. 그러나 일본은 규슈의 수많은 고분군을 닫아 놓고 있다. "비류 백제와 일본 국가의 기원"을 일본어로 번역하면서 '비류 백제와 해양 국가'

로 개명해 갔다.

우리가 중국中國 대륙의 문명적文明的 영향을 받은 것처럼, 일본문화의 한반도 유래설은 자연스런 역사의 흐름이다. 대륙의 발달한 문명이 한반도를 거쳐 문명의 후순위 국가로 건너가는 것처럼, 바다 건너 근세 문명의 선제 수입국으로부터 쇄국정책이 이 문명 흐름을 거부한 것이 전쟁이요, 시대 역행의 패망의 씨앗이 된 것이다.

그러나 오늘의 대한민국은 한말의 힘없는 대한제국이 아니다. 짧은 기간에 압축 성장한 결과 놀랍게도 경제적으로는 세계 10위권을 넘나드는 힘을 길러냈다. 분단의 비운을 극복하고 이겨내면서 군사력도 경제적 순위 못지않은 능력을 보유하고 있다. 나라의 크기로 보아 큰 나라는 아니지만, 인구 5천만 수준의 중형국가군, Middle Power의 선두에 설 수 있다는 자부심을 갖는다.

대내적으로 힘을 추스르면 이제부터는 남을 돕는 나라로 들어설 수 있다. 경제는 물론 넘치는 복지 수요를 충족하기 위해서는 지속적인 성장이 필요조건이지만, 이를 위해서는 이제껏 해왔던 조급하고 무례한 방식으로는 선진국 진입이 어렵다는 결론에서 시작해야 한다. 이제까지의 발전 모델만으로는 결코 안 된다는 사실이다.

첫 번째는 양적으로 잘 산다는 것만으로는 질적으로 불행한 계층을 포용하지 못한다.

청년 실업 등 화 나는 계층이 늘어나거나 대기업의 부 축적과 중소기업의 고사 현상 그리고 빈부의 양극화 등 내부의 제도적 모순을 치유하는 상생의 대책이 강구되어야 한다. 정부 주도나 시장 주도의 자본주의의 다음 단계로 나아갈 절박함이 자본주의의 새로운 버전의 출현을 예고한다. 요즘 회자되는 자본주의 4.0의 키워드는 '행복·박애·스마트 파워'로 앵그리angry 세대의 상대적 박탈감을 상쇄하면서 진운의 기회를 잡아야 한다. 경제적 요소 중 물적 자본과 무형의 사회적 자본 그리고 생산과 연계된 복지형 자본주의의 창안으로, 사회 발전을 저해하는 요인들은 법의 지배 아래 두게 해야 한다. 사회적 신뢰 그리고 협동 능력을 키우는 무형자본 요소가 새 국부 창출의 핵심이 되어야 한다.

두 번째는 우리의 역사 인식을 바로 세우는 작업이다.

멀리는 한국사의 상고사 부분을 제대로 복원하는 작업이다. 한국사 연대표를 보면 많은 유물과 유적을 연대별로 나열하는 데 그치고 있다.

한국정신문화연구원이 간행한 『한국사 연표』에는 BC 2333년에 "단군왕검 고조선 건국"으로 표기하고, 그 해가 중국 요堯 임금 25년으로 하여 5천년 우리 역사의 시원을 분명하게 기록하고 있다.

그런데 국립중앙박물관의 고대사 연표에는 BC 2333년도 숫자 표시만 있고, 단군조선의 '단' 자도 표기함이 없이 비워둔 채 BC 194년 위만조선 성립을 표기해 놓았다. 마치 우리의 조상이 위만衛滿인 것처럼 착각할 정도이다. 이것이 우리 문화유산을 보존 전시하는 국립중앙박물관의 자화상으로, 수많은 유물들이 뿌리 없는 나라의 물건들로 채색되어 정리해 놓은 듯하다.

어느 국가든 고대사의 신화적 요소는 존재한다. 그렇다고 해도 단군왕검의 건국과 건국이념의 존재를 재확인하고 역사적 사실로 복원해 나가는 일이 중요하다. 일제의 강점 아래 그들의 역사보다 앞선 고대사를 말살하고 식민정책으로 덧씌워지고 마름된 한국사를 국가사업으로 복원해야 한다.

최근 들어 중국의 동북공정 등 역사 공정들은 그들의 소수민족 관리정책의 일환으로 덧칠되는 역사 왜곡에도 남과 북이 한 목소리를 내지 못함도 아쉽다. 국사의 복원은 또 다른 국권 회복이며 문명文明의 뿌리를 밝혀 민족의 긍지로 삼고, 경제 발전에 걸맞은 문화민족의 기상을 드높여 진정한 의미의 선진국 진입이 가능토록 하는 작업이다. 한류에 기반을 제공하며 움트는 문화 상품의 진작으로 한국의 경제사회·문화적 기반을 업그레이드 하는 길을 열어야 한다.

『조선 상고사』를 쓴 신채호 선생은 "역사를 떠나 애국심을 구하는 것은 눈을 감고 앞을 보려는 것이며, 다리를 자르고 달리고저 하는 것이다. 국민의 애국심을 환기시키려거든 완전한 역사를 가르쳐야 한다"고 강조했다.

일제 통치의 잔재인 중앙청을 부수고 경복궁을 복원하여 광화문 거리를 문화광장으로 꾸미는 등 외향적 교정으로 다 된 것은 아니다. 정신문화적 역사 복원사업을 시작해야 한다. 수많은 사료와 젊은 학자들의 관심인 고대 한韓의 뿌리를 찾는 공정工程류의 작업도 필요하다.

최근 우리나라 국보 제1호인 숭례문의 재건 상량식 장면이 보도되었다. 댓마루에 '西紀 二千十二年 三月 八日'의 서력기원을 써 놓고 역사를 안다는 문화재 관련 인사들이 둘러서서 박수치는 모습이었다. 우리 국보문화재 1호에 민족 고유의 단군연호를 사용하지 않았다. 일제강점기에도 기미 독립선언서 등에 단기를 표기했고, 광복 후 1948년 9월 25일 법률 4호로 대한민국의 공식 연호를 단기로 확정하였다.

태조 이성계가 개국 후 정도전의 건의에 따라 국호를 '조선朝鮮'으로 한 것은 단군조선의 정통성을 이어 받아 복원한 나라 이름이었다. 그럼에도 조선시대의 숭유崇儒학자 중심의 사대주의사상으로 중국 연호를 써왔다. 숭례문에도 당시 대륙 왕조의 연호가 사용되었다. 이 서글픈 역사를 바로 세울 절호의 기회를 포기해버린 것이다. 세계 추세에 따라 서기로 바꾸어 쓰고 있으나 단군연호는 정지된 것이 아니다. 국보 유물에는 의당

민족정기를 이어 정지되지 않은 단군연호를 써야 마땅하다.

정부의 고위층으로부터 학자나 많은 지도층 인사들이 반만 년 역사와 5천년 전통을 되뇌면서도 5천년 역사의 원류에 대해서는 관심이 적어 보인다. 이웃나라들이 역사를 만들어가는 데 비해 식민사관이나 사대주의로 덧씌워져 있는 선명한 단군 세기를 복원해내는 작업이 중요하다. 더욱이 되찾고자 하는 것은 단군조선의 건국이념이다.

5천년 역사에 뿌리를 두고 면면히 뻗어 온 오늘날의 역사와 앞날의 역사 흐름을 보는 기회로 마지막 장에서 홍익인간 세기의 복원 문제를 놓고 고민을 해보았다

전자문명의 발달로 인지人知와 사람까지도 대신할 로봇 등장 등 인권의 상실과 정서의 메마름을 아파한다. 정보가 넘치는 세상이지만 정보가 지식이 되고, 지식이 지혜로 완성되는 길은 '생각하는 힘'에 달렸다.

경쟁력의 원천은 차별화 된 창의력에 있고 창의력은 깊은 고민, 즉 생각하는 능력에서 나온다. 인간성 복원과 세계 평화의 복원을 위해서도 우리 조선祖先이 남긴 정신문화 유산이며, 국가 이념인 홍익인간 사상을 깊이 연구하고 널리 보급함이 긴요하다.

수많은 고대사의 경전들이 굴러다니며 신화의 일부나 토속 종교처럼 취급됨은 지극히 부당하다. 국사편찬위원회 등 공식 기구와 많은 연구원, 위원회 같은 정부기구 및 민간기구 등이 있다 해도 60여 년의 허송세월 속에 버려져 있는 진정한 역사를 복원하면서 민족의 정체성 찾기를 국책 사업으로 추진해야 한다.

21세기 초기의
변화와 반성

금세기의 10여 년을 보내면서 지난 세기가 저만큼 멀리 보이는 느낌은 웬일일까. 너무나 빠른 변화와 주체하기 힘든 정보량의 가중된 무게 때문일 수도 있다. 이웃나라들의 발전 속도와 과거로 치닫고 있는 한반도 정서 등 상반된 주변 여건의 어지러운 환각현상인가.

대한제국이 국권을 상실하고 분단의 질곡을 지나오면서 정확히 100년이 지났다. 일제강점기 36년보다 긴 시간을 한반도의 북한 동포들은 사회주의 파라다이스라는 미명 아래 인권의 사각지대에 놓여 있다. 의·식과 거주 이전의 인간 기본 자유도 갖지 못하고, 수백만의 아사자를 낸 국민의 생명권도 유지 못하는 체제가 무슨 국가인가.

지금 세계 제일을 표방하며 질주하고 있는 중국이 대한민국과 수교하던 때(1992년)의 국민소득은 인구 4천 만의 한국보다 낮은 국민소득이었다. 그런데도 인구 12억의 대가족을 굶기지 않고 유지해 온 같은 사회주의 국가인 중국 대륙을 존경하지 않을 수 없다. 그 동안 북한 정부는 2천만 백성을 기아선상에 두고 무엇을 했던 것인가.

항상 동족임을 앞세우면서도 핵폭탄을 만들어 우리의 뒤통수를 겨냥하면서 체제 경쟁에서 뒤처진 것을 만회하려는 듯 핵 공갈을 끊이지 않을 것이다. 식량 통제 그리고 유훈 통치의 속임수와 최면 아래 놓인 북한 주민을 제대로 도와주지 못한 채 60여 년을 넘기면서 점차로 혐오와 망각 그리고 무관심의 사각지대로 들어가는 무서운 변화가 일어나지 않는다는 보장이 없다.

우리에겐 IMF 환란 사태를 수습한 뒤 맞이한 21세기의 10년 동안 많은 변화가 있었다.

2000년 6·15선언과 2007년 10·4남북정상회담의 합의사항이 나올 정도의 남북정상 간의 교류 합의는 여러 평가가 있겠으나 대화의 창을 연 것을 평가할 만하다. 특히 10·4선언이 문제가 있다 해도 남북기본합의서의 중요 사항들을 복원해 놓은 것은 그런대로 의의가 있다. 문제는 세계의 흐름과 사조에 맞지 않는 상대편의 전前 세기적 사고의 틀로서는 그 진전이 어렵다.

동해 관광객 살해 사건이나 개성공단 요원의 감금, 일부 연결된 억류 해지의 제한, 계속되는 서해 사건, 동해 철도 이용의 지연 등 어느 것 하나 신뢰를 쌓아가는 모습이 보이지 않는다. 그도 모자라서 인천 연평도의 자의적 도발도 있었다.

지식정보사회의 열린사회인 21세기의 연성사회를 앞두고, 지금도 선군 사상과 유령 주체에다 다시 3대 세습世襲체제 관철을 위한 개방 배제의 폐쇄 전략을 유훈 통치로 지속할지는 두고 볼 일이다. 시대의 진운에 전혀 맞지 않는 원시적 체제로는 존립이 어려워질 것이다. 변화를 기회로 폭넓은 개혁에 나서야 한다.

개방 경제를 택한 중국의 성장 속도는 대한민국이 세운 세계 최고 기록을 깰 것이 분명하다. 그들의 우방이며 최대 지원국인 중국의 성공을 벤치마킹 하지 못하는 체제는 존재 자체가 어려워질 수밖에 없다. 이제 조용히 역사의 진행과 세기의 흐름을 읽어야 한다. 주변의 수많은 변화의 징후들을 새로운 시각에서 관찰하고 해석하면서 흡수해 나가야 한다.

그 동안 두 차례의 남북정상회담이 있었음에도 실질적인 진전이 없었다. 개방체제와 폐쇄적인 정체 사회와는 생태적 한계가 엿보인다.

최대의 안보 위기로 간주되는 서해 천안함 사건과 연평도 포격은 우리 국민들에게 엄청난 충격을 안겨주었다. 천안함 폭침 사실을 믿지 않으려는 일부 세력이 상존하고 있으나 연평도 무차별 포격 사건은 대북 유화적인 국민 시각을 바꾸어 놓는데 기여한 사건이었다.

지금까지 남북 등거리 외교로 착각해 왔던 중국의 태도를 통해 우리 국민은 북한의 만행과 함께 중국의 실체를 제대로 보게 된 것은 큰 수확이었다고 할 수 있다.

류샤오보劉曉波의 노벨평화상 수상 사실을 받아들이지 못하는 체제적 모순과 수출입국으로 쌓아 올린 사상 최고의 외환 보유고의 용처에 따라 세계를 자원전쟁의 블랙홀로 치닫게 할 수 있다는 우려도 이 구간 중의 특기할만한 사건이라 할 수 있다.

잇대어 일어난 아프리카와 중동 사태는 독재 정권의 유한성을 증명하는 시금석이 되었다. 중국과 북한은 재스민혁명의 물결을 차단하는 엄중한 조치를 취하는 법석을 떨었다. 특히 북한의 전자통신시스템이 이집트 산이란 점도 감안된 듯하다.

국민의 자유를 제한하고 민주화의 가치를 받아들이지 않은 비민주적 독재정권의 붕괴는 시간문제임이 증명되어 가고 있다.

무역으로 입국한 나라가 자유무역협정의 예외 지역처럼 되어 있던 한국이 이 기간 중 칠레와의 FTA/자유무역협정을 성립시킨 뒤 북구 자유지역 및 아세안 국가들과 FTA를 성립시키고, 미국과 세계 최대 시장인 EU와의 협정을 실행함으로써 세계 주요 광역지역 국가와의 자유 교역을 성취시켜 놓았다.

2012년 3월 15일 한미협정 발효로 한국은 전 세계 45개국과 FTA를 실행시키고, 10여 개 국과 협상을 진행하고 있다. 칠레와 첫 협정을 맺은 이래 8년의 짧은 기간 동안 정권 교체와 관계없이 일관되게 이룬 대단한 성과로 평가할 수 있다.

이제 남은 이웃 경제 대국 중·일과의 협정이 완성되면 명실상부 한국은 세계 교역 중심지의 하나로 부상할 것이다.

분단된 상태에서 이념이 다른 강대국에 둘러싸인 외로운 한국은 그래도 개방을 국시로 성취한 광역 국가와의 FTA를 통하여 경제 영토를 넓혀 왔다. 2010년 11월 G20 서울정상회의를 주재하고, 다시 세계 최대 정상 모임인 2012 핵안보정상회의를 개최함으로서 국제무대의 필요하고도 배제될 수 없는 그리고 중간국가군을 대변하는 국가적 지위를 다져나가고 있다. 우리 경제는 잠시 후퇴하는 모습을 보였으나 2010년에 다시 1인당 2만 달러, 국민소득 1조 달러의 국부를 회복하고, 2011년 들어 2만3000달러로 가속도를 내고 있다.

20년 전 우리보다 낮은 국력의 중국이 2010년에는 4배의 국력으로 일본을 앞서는 역전의 시대에 와 있다. 많은 요인이 다각도로 영향을 끼치고 있으나 일본의 장기 침체나 한국의 정체현상도 기본적으로는 인구 문제와 인구 구조상의 변화가 성장의 제약 요인이 된 것으로 판단된다.

성장 적기인 지난 10~15년의 구간을 분배와 복지 우선의 정치 논리가 최적의 성장 구간을 상쇄해버린 배리背理는 누가 보상할 것인가. 짧은 기간에 성과가 나지 않을 인구 문제를 방기한 과거 정부의 직무 유기는 어떻게 물어야 할 것인지 국민들이 판단해야 할 과제다.

우리가 겪은 고난과 영광, 성공과 실패의 역사는 정확하게 기술되고, 사실史實에 바탕을 둔 바른 역사 교육이 무엇보다 중요하다.

일제강점기 시대의 말살 왜곡과 전후사의 기록들도 친북 성향과 자생적 좌파 편향의 기술 내용은 역사적 진실을 무시하고, 악의적인 인위적 기술도 구소련 시절의 공개된 역사 기록에도 배치되는 내용들이 교정되지 않은 상태의 여러 교육 자재가 지금까지도 바로 되지 못한 것을 최근 공식적으로 바로잡기 시작한 것은 다행한 일이다.

나아가 동북공정과 역사공정으로 중국 역사로 둔갑되어 가는 고조선과 고구려의 역사 복원도 시급하다. 전 세기 말엽에 발견된 중국 요하문명의 출현에서 시작된 역사공정도 이 기간에 이루어졌으나 남과 북이 입을 다물고 있는 이유는 몰라서인가 주눅이 들어서인가.

역사의 기술이 없더라도 문자가 없었던 시대의 수많은 역사적 유적과 유물을 통해서 역사 복원과 고대사의 공유는 나라 주권의 기본 사항이다. 나라의 원류, 민족의 정체성 화인이 없는 뿌리 없는 국가는 부평초와 무엇이 다른가. 단군조선 단군 성조가 중국의 지방 부족 수장이 되어도 좋은 것인지 남과 북의 당국자에게 묻고 싶다.

일본의 역사 왜곡이 표피적이라면 중국의 공정 작업은 근본 역사의 말살과 다름없다. 상고사는 물론 근·현대의 허약한 대한제국 모습과 제국주의 침략으로 식민지배 하의 고난의 역사를 뚫고 해방 공간에서 대한민국이 탄생하기까지 피나는 도전과 극복의 역사를 정확하게 알아야 한다.

역사를 모르면 냉전시대의 첨병으로 분단과 대치 그리고 수백만의 사상자를 낸 민족상잔의 전쟁터에서 이만큼 발전해 온 자랑스러운 역사 인식을 바르게 할 수 없다. 비록 어려움이 있더라도 우리가 누리는 자유와 번영이 얼마나 소중한 것인지 그 감사를 모르면 행복할 수가 없다.

공산사회주의의 최대 비극은 감사가 없는 사회다. 유물사관, 무신론으로는 진정한 감사와 감격이 없다. 차별과 계급투쟁의 상대방은 적이 되고, 분배가 당연한 정의가 되기 때문이다. 우리 역사는 우리가 바로 지키고, 우리 손으로 가꾸어가야 한다.

세계의 중심 이동
PAX 시대 변화와 진행 방향

250여 년 간 자본주의 역사의 진행 속에서도 세계가 공황상태에 놓인 것은 1930년대의 대공황이 처음이었다. 경제 순환 과정에서 상품의 생산과 소비의 균형이 깨져 산업이 침체하고 파산이 속출하는 등 경제가 급격한 혼란에 빠졌다.

이러한 경제적 공황상황에서도 경험 부족과 각국의 정책 공조 미숙으로 빚어진 근린 궁핍화 시책들은 교역의 부진 등 국제 경제 거래의 축소를 초래한다. 케인즈의 유효수요원리에 의한 자본주의 수정 이론을 배경으로 한 미국의 뉴딜정책도 이 시기의 산물이었다.

이와 같은 미국의 실험은 국부의 증진과 더불어 2차 세계대전을 거치면서 강대국의 기틀을 잡아간다. 전후의 마샬플랜정책 등 유럽 구제에 나설 만큼의 국력 신장을 이룬 미국은 국제 문제의 주요 이슈 관리에 나서면서 20세기 미국 시대의 기틀을 쌓았다.

바로 2차 세계대전은 세기에 걸친 영국 중심 체제인 팍스 브리태니카 시대를 접고 대서양을 건너 신대륙 미국으로 옮겨졌다. 로마나 팍스 로마

이후 수많은 열강의 부침을 따라 스페인 제국과 네덜란드의 동인도회사 경영 등 세계 경영도 있었다. 그러나 팍스 아메리카나와 같이 정치·경제·군사적으로 세계 패권을 장악한 경우는 찾아보기 힘들다.

세계 패권의 이행 방법도 로마 제국이나 대원제국大元帝國 같은 군사적 지배 관계가 보다 자신의 경제적 힘에 의한 우방 지원과 천문학적인 군사비 지출을 바탕으로 세계의 경찰국가적 지위를 유지하는 능력이다.

팍스 아메리카나의 절정은 레이건 미 대통령 시절의 레이거노믹스에 의한 감세 정책과 규제 완화를 주축으로 하는 전통적 자유시장경제의 창달과 작은 정부의 이념화였다. 레이건 시절의 미국은 냉전을 딛고 나온 가장 미국적이고, 미국 국민이 즐거운 시절이었다. 레이건 대통령의 재선은 압도적 승리(landslide)로, 2개 주를 제외하고 모두 승리한 미 선거 사상 유래 없는 대승으로 이어진 것으로도 증명된다.

미국의 적극적인 군비 경쟁 촉진 정책이 레이건 시절 스타워즈Star wars(1983) 계획으로 이어져 구소련의 붕괴를 가져왔다. 그러나 균형 잃은 재정 부담과 누적되는 교역 적자 등 미국의 재정적 결함을 흑자국이 미국의 채권에 투자하게 하는 등 자본의 환류를 통하여 순환체계를 유지해왔다. 세계의 자본시장은 불안한 환류체계와 자금의 상호의존 관계로 글로벌Global화 되어 있었다.

이런 상황에서 2007년의 서브프라임모기지(저순위저당채권)에서 시작된 미국의 금융 위기는 단순한 금융사고가 아니었다. 본원적으로 과소비過消費(과다Leverage)한 금융업과 이에 더하여 신용파생상품의 누적적인 확산이 초래한 전 지구적인 사건이었다.*

세계 금융의 심장부 월가의 주요 플레이어Player들이 연쇄적으로 붕괴되

---

* 시사금융 권두평론, 2009년 1월호.

면서 세계적인 현상으로 번지고, 급기야 실물 분야에까지 번져 세계는 극심한 경기 침체의 늪에 빠지는 글로벌화 현상을 보여 왔다.

1929년 대공황의 경험과는 달리 2008년 금융 위기 때는 각국이 공조하여 과감한 재정 확대와 대대적인 금융을 통해 강력한 경기부양책이 시행되었다. 금융기관과 기업의 도산을 막기 위해 천문학적인 금융 지원으로 파국을 조기에 진정시킨 것은 미국을 위시하여 EU 각국의 적극적인 정부 역할에 의존함이 컸다.

그러나 두 가지 큰 부담을 남겼다. 먼저 금융기관과 기업 도산을 방관하지 않는다는 신호를 본 금융기관의 모럴해저드 재발과 자체 구조조정에 의한 정상화 조치의 지체 현상이다. 미국뿐 아니라 각국 정부가 쏟아 부은 천문학적인 재원 환수 문제와 더불어 재정의 불균형과 통화가치의 유지가 큰 부담의 근원이 되고 있다. 달러 가치의 부침에 따라 기축통화의 대안론이 나온 것도 이와 같은 근원적인 이유에서다.

많은 논의들도 일반적 결론은 미 달러 이외에 아직 대안이 없다고 해도 논의의 공론화가 시작될 것이고, 저장 수단 통화의 다양화와 지역 통화의 중요성 인식 등 다원적인 해결책이 강구되어 나갈 것이다. 아직은 미국의 힘과 경제적 능력을 믿고 갈 수밖에 없으나 이전에 거론하지 못했던 독자적인 새로운 가치에 접근코자 하는 시도는 계속될 것이다.

이라크와 파키스탄 파병에 이어 아프리카 사태 등에서 힘의 한계가 보이 듯, 미국의 피로감이 짙어져 세계적 금융 위기를 거치면서 불거진 미국 중심 체계에 대한 실망감이 컸다. 이에 더하여 앞으로 다가온 커다란 변환의 패러다임을 수용하고 지속 발전을 이어가는 선순환을 기대하면서 그 흐름을 읽어야 할 것 같다.

급성장을 지속하는 중국 대륙의 등장은 미국의 정체감과 대칭적 감상을 주며, 동북 해안 대지진 피해 등으로 악화된 일본의 경제 정세를 보완하면서 지역 통합화의 새로운 진전을 생각해보는 시기가 온 것 같다. 본원적으로 역사는 지체함 없이 흘러간다.

대영제국과 미국 중심의 두 세기에 걸친 대서양 시대에서 태평양 시대의 개막을 알리는 여러 증좌들이 날아들고 있다.

태평양은 그 큰 그릇에 걸맞게 세계 거대 경제순위 1, 2, 3위의 대형 국가를 포괄한다. 미·중·일, 중·미·일 어떤 순열에서도 당분간 이 순서의 틀을 바꿀지 않을 것이다. 굳이 말한다면 앞으로 인구 대국 인도의 부상을 예상할 수 있을 뿐이다.

세계 최대 금융 위기의 중심에 선 미국 월가의 책임론과 더불어 중동 지역에서 국력을 소모해 온 미국과 대조적으로 고도성장을 유지해 온 중국 경제의 상대적인 성장이 눈부시다. 중국은 세계 제1의 수출 대국의 반열에 오른 지도 오래다. 연이은 수출 성공의 누적 결과로 외환 보유고는 세계 1위이며, 그 힘으로 세계 자원시장과 기술 사냥을 위한 M&A 등 선진 경제 권역을 넘나들고 있다. 특히 어려움을 겪고 있는 미국을 추격하면서 여러 주요 경제지표의 앞자리를 석권하여 중국의 시대를 앞당겨 가는 듯하다.

미국은 2차 대전을 전후하여 세계 경제의 부를 40% 보유했다가 그 이후에는 더욱 자연스런 몫으로 쇠퇴 과정을 걷고 있다는 폴 케네디 교수의 예진은 무게가 실려 있는 듯하다. 그의 말대로 쇠퇴는 절대적인 것이 아니고 상대적인 것이며, 미국의 쇠퇴론은 폴 케네디 이전에도 있어 왔다. 소련이 세계 최초의 인공위성 '스푸트니크 1호'를 쏘아 올린 1953년에 시작되어 리처드 닉슨 대통령 시절, 헨리 키신저 박사의 세계 5강 체제라던가 지미 카터 대통령의 연설 등에서 가끔 거론되어 왔다.

폴 케네디 교수가 『강대국의 흥망』에서 미국의 쇠퇴를 예고한 것이 1987년이었다. 그는 2, 3년 뒤에 오는 소련 붕괴를 예측하지는 못했지만, 미국의 쇠퇴 논리는 구체적이고 정확했다. 그러면서도 피에르 아스너Pierre Hassner의 말을 인용하여 "모든 형태의 균형과 문제의 결정적인 행위자Decisive Actor"라고 하면서 "미국이 하는 일 또는 하지 않은 일은 어느 강대국의 의사 결정보다도 중요한 의미를 갖는다"고 규명했다.*

그로부터 4반세기가 지난 오늘 세계적 금융 위기 속에 미국호의 침강과 중국의 굴기屈起(솟아오름)로 또다시 재론되는 미국의 쇠망론에 반기를 들면서 독일의 시사주간지 <디 차이트> 발행인 요제프 오페Joffe는 <포린어스>지 기고문에서 공교롭게도 미국을 디폴트파워Default Power로 규정했다.** 주요 국제 현안에서 미국이 빠지면 무의미하다. 미국의 힘과 사명감을 대신할 수 있는 나라는 없다고 했는데, 아직은 세계사의 백기사는 발견되지 않는다.

강력한 중국의 출현을 인정하지만 중국의 경우도 넘어야 할 산이 너무 많다. 발전과 성장 뒤에 올 단계가 더 문제인 것이다. 작은 나라가 아닌 인구 대국의 인구정책이 노령화를 촉진하여 '잘 살기 전에 늙어버린다'는 것이 중국의 실상이다. 대국으로 부족함이 없는 적정 규모(3억)에다 선진국 중 유일한 인구 증가 국가인 인구구조를 가지고, 세계 최대의 방위예산으로 6대주에 걸친 미군사령부의 지구적 확장, 세계 최대 GNP 규모 등 아직 미국의 경쟁력은 손색이 없어 보인다.

양극체제가 무너져 초극체제로 와서 다시 다극체제로 간다는 것이 미국의 상대적 쇠퇴 과정으로 보아 지극히 자연스런 현상이다.

---

* 폴 케네디, 『강대국의 흥망』, 한국경제신문사, 1990, 617쪽.
** 「미국의 쇠망론이 틀렸다」, 조선일보, 2009년 8월 19일자.

중국과 미국은 한동안 세계의 공장과 소비시장으로, 교역의 흑자와 적자국 간의 자본 교류에 의한 환류현상으로 협조와 공생 관계였다. 그러나 글로벌 금융 위기 후 새로운 변화는 미국이 점차 중국 상품의 시장적 저위의 종언을 예고하는 듯하다.

PAX/세계 평화 주도 세력의 이동 방향이 서세동점西勢東漸의 방향 추를 따라 이어질 태평양 시대로의 패러다임 쉬프트Peredym Shift를 면밀하게 관리하는 지혜가 필요하다. 세기에 걸친 팍스 아메리카나 시대를 지나 아시아나 시대의 개화기를 예고하면서 미국과 아시아 강대국을 포괄하는 태평양 시대를 음미해 볼 만하다.

지난 500년 동안 세계 힘의 중심 이동은 여러 번 있어 왔다. 근세에는 20세기 초반 영국에서 미국으로 넘겨져, 미국의 동부에서 서부로 이동했다. 그리고 20세기 후반 이래 세계 경제성장 동력이 태평양을 건너 일본·한국과 중국을 비롯한 동아시아로 이동하고 있다.

미국은 아직 최대의 경제력과 압도적인 군사력을 보유하고 있다. 그러나 아세아 국가들이 빠른 성장을 한다는 상대적인 균형 논리에서 보면, "최근의 힘의 이동은 미국의 쇠락이 아니라 다른 나라들의 부상(The rise of the rest)이라는 것"*으로 설명되기도 한다. 따라서 미국의 단극체제가 다원적인 다국체제로 이동함은 자연스런 현상이며, 미국의 힘은 상당 기간 태평양 시대의 주요 파트너로 역할을 할 것으로 보인다.

역사의 흐름은 멈춤이 없이 권력의 중심 이동이 점차 아시아로 이동해 오면서 PAX 국가나 지역 패권적 개념을 넘어 인종·문화·계층의 차별성을 벗어난 인류의 평화, 즉 PAX 유니버설 시대를 열면서 새 시대에 맞는 시대정신을 찾아나서야 한다.

---

* 파리드 자카리아, 윤종석 역, 『흔들리는 세계의 축The Post American World』, 베가북스, 2008.

지구촌의 상원上院
G7, G20 그리고 G2를 보라

정보·통신·첨단과학을 포괄하는 지식문명은 지구촌을 마치 중세의 타운 정도로 축소시켜 놓았다. IT·인터넷혁명은 정보 독점 또는 선점先占에 의한 통치를 어렵게 만들고, 대중주의의 위험은 인간성 파괴, 기존 질서와 사회 통념 무시 그리고 인류가 추구해 온 보편적 가치의 기초마저 흔들리게 하고 있다.

국가의 강역이나 지역 국가의 개념 희석, 학문 간 융합 그리고 피부색의 이완 현상, 국가보다 세계적 Net Work가 넓은 국제 기업인 초국가기업(TNC)의 출현은 글로벌 기업시민을 탄생케 했다.

선진국과 후진국, 중진국의 구분도 상대적이 되어 간다. 글로벌 기업들은 국경을 넘어 기업시민사회를 통하여 정보 집적과 새로운 노마드의 결속력을 더해가고 있다. 지구촌의 선도 국가 모임인 선진 7개국만으로는 다원화되고, 커지고 가까워진 협조를 전제로 한 세계 문제 처리에는 지나치게 왜소한 모양세가 되어버렸다.

자원을 가진 인구 대국들의 성장 가속력은 지구상에 근대화의 평준화를 가져와 자원 고갈과 기후 온난화의 기폭제가 되어 간다. 잘 사는 나라들이 일구어 놓은 기술·경제·복지사회의 부산물인 공해 요인을 자제하고 개선하려는 노력(교토의정서)에 시동이 걸리는 때 밀어 닥친 근대화의 평준화는 앞선 나라들의 감축 노력을 무색하게 하고 있다.

미국 등 선진국이 주춤거리는 동안 중국·인도 등은 경제의 고도성장으로 세계 경제의 위기 탈출을 이끌면서 세계 문제 해결 국가군에 지각변동이 일어나고 있다. 2011년 4월, 종래 개념과 다른 브릭스/BRICS 5개국 정상회의가 중국의 하이난 섬 싼야에서 열렸다. 종전의 브릭스 4개국에 남아프리카공화국South Africa을 끌어안아 4대륙으로 지역 대표성을 넓히면서 5개국 정상들은 회의 후 '싼야성명'을 발표했다.

신흥 경제대국들이 서방 금융시스템에 반기를 들면서 개도국을 위협하는 핫머니 규제안과 탈脫 달러 움직임을 촉진하는 국제통화기금의 특별인출권/SDR을 활용하자는 중국 측 주장에 손을 들어준 것이다. 중국의 외환보유액이 최근 사상 초유의 3조 달러를 돌파하는 시점에서 이루어져 묘한 무게감을 느끼게 한다.

'싼야성명'을 보면 중동 문제에 무력 사용을 배제한다는 요지처럼, 당초 경제 협력에서 태동한 브릭스가 정치·안보 분야에까지 협력을 확대하는 모습을 보이는 것이 주목할 만하다. 2012 서울핵안보정상회의 직후 3월 29일에는 인도 뉴델리에서 연례 정상회의를 갖고, 2015년까지 무역 규모를 5000천 억 달러로 확대하고 국제통화기금/IMF에 맞설 'BRICs개발은행' 설립에 합의했다.

이들 브릭스 5개국은 모두 G20 안에서도 협조해 나갈 뿐만 아니라 UN에서의 공조도 가능할 것으로 보인다. 인도와 러시아 등의 이견이 있을 수 있는 나라가 포함되어 있어 두고 볼 만할 일이다.

G7 확대 방안의 함정

G7+BRICS(5)+지역 대표성 보완국(4)으로 대표성이 떨어져가는 지구적 이슈 협의체 G7/8의 확대안*이 미국의 브루킹스연구소 등이 내놓은 공동 연구 결과를 상기해 볼 필요가 있다.

G16의 지역 대표 보완국은 인도네시아·터키·멕시코·이집트(또는 나이지리아)로 세계 경제 규모 10위 전후의 한국이 빠져 있기 때문이다. 그러나 G20 회원국 그리고 세 번째 의장국 지위를 훌륭하게 해낼 수 있었던 것은 국운과 함께 국력의 힘이 뒷받침된 행운이라 할 수 있다. 한국이 회원국인 G20 재무장관·중앙은행 총재 모임에서 발의되어 2008년의 세계 금융 위기를 맞아 정상회의로 확장된 것이다.

G20 정상회의는 2008년 11월 15일 워싱턴회의를 시작으로, 2009년 9월 2일의 2차 런던회의를 거쳐 2010년 3차 회의는 재무장관 회의 규칙에 따라 한국이 의장국이 되어 2010년 G20 정상회의를 주관한 것이다. 한국이 세계 주요국 정상이 모인 자리에서 의장국 자격으로 나서게 된 것은 국제 금융사뿐 아니라 외교사에서도 중요한 의의를 갖는다. G20 정상회의를 앞둔 시점에 천안함 사건과 회의 후 연평도 포격 사태까지 벌어지는 첨예한 긴장 상태 와중에 서울 G20 세계정상회의가 열린 것도 특기할 만하다. 연평도 도발 사건은 G20으로 고조되는 한국의 위상을 상쇄코자 하는 의도가 있다고 보인다.

오늘날의 세계 체제에서 중요 지분을 갖지 못한 분단국 한국이 그 간의 중간자적 지위를 감안한다면 G20 서울정상회의의 성공은 대단한 것이다. 한국은 주변부에서 세계 중요 국가들 모임의 좌장자리에 나아가 정상회의

---

* 「변화된 세계를 위한 새 시대의 행동 계획 보고서」, 브루킹스연구소

Agenda Setting에 참여한 것은 역사상 초유의 기회가 된 것이다.

그러나 G20이 주요국 회의인 G7/8을 대체(Replace)한 것이 아니다. G20은 세계적인 금융·경제 문제를 효과적으로 다루는 주도적인 운영위원회로 자리 잡아가면서 대표성 문제와 정치적 정당성의 문제를 부각시켜 나갈 것이다. 특히 세계 주요국회의(G7/8)의 확장 논리는 당초 프랑스 쪽에서 나온 것으로 알려져 있다. 기존의 G7+BRICs(4)=11국에다가 G7 주최국에 자주 초청되었던 멕시코·남아공·이집트 등의 이름이 거명되는 14개국 안도 있었으나 한국은 여기서도 제외되어 있었다.

G20의 대표성과 신흥 경제국의 경제적 비중이 커짐에 따라 선진 7개국 모임에서 G20에로 힘의 이동이 이루어지는 듯하다. 한국은 G20의 런던—서울 그리고 파리회의까지 의장국과 공동의장국(Troica)의 자격으로 회의 주도에 참여하는 기회를 가졌다. 비선진국이며 인구·자원 대국이 아니면서 세계 주요 회의체에 참여하여 중견국의 대표 격인 활동과 비회원국을 대변하는 등 국제사회의 필요한 나라로 부각됨으로써 세계 주요 회의에 소외되는 일이 없도록 면밀한 외교 역량이 발휘되어야 할 일이다.

한국은 한반도 문제에만 집착해서는 문제를 풀 수 없게 된 국제구조 속에 놓여 있다. 한반도의 안정과 발전, 안보 상황 및 지역 평화를 위해서 세계 주요국 회의의 멤버가 되는 길은 중요하다. 세계 질서의 마름과 국제 간 정보의 흐름 속에 함께 하는 기회의 중요성을 간과할 수 없다.

G20과 태평양 시대

G20으로 힘의 축이 이동되고 있으나 세계 중심 국가 모임이 확장될수록

다시 힘의 수렴 과정을 거칠 것으로도 예상할 수 있다. 2011년 3월의 일본 대지진 시 엔화의 안정을 위해 G7이 모였던 일이나 앞에 든 BRICS 5개국 모임과 같은 특정 그룹의 세력화 그리고 G7/8 확장 논의의 과도기적 현상을 보일 수도 있을 것이다.

미국의 초극체제도 중국 부상으로 서로의 필요에 따라 시작된 미·중 간의 '경제전략대화'(2006. 12)가 G2로 지칭되면서, 세계 경제의 양축이 되어 세계의 주요 의제에서 부딪치면서 문제를 해결해가는 모습을 보게 될 것이다.

냉전기의 대적 상대를 잃은 미국은 초국적 지위의 전성기로부터 쇠퇴기가 현재화하는 과정에서 일어난 월가의 글로벌 금융 위기로 세계적 리더십에 큰 손상을 입었다.

문명 패권의 이전이 논의되고 있으나 포스트 아메리카의 주도 세력으로 미국을 대신할 나라가 어디인가 하는 데 있다. 일본은 이 지역과 세계사에 너무나 많은 빚을 청산하지 못하고, 중국은 경제적으로 세계 최대 국가로 항진하고 있으나 그 체제는 아직 민주화 과정이 남아 있다. 이와 더불어 환경·인권 문제와 관련 인사 접촉에 대한 과민반응 등 중화사상과 패권성을 버리지 못한 상태다. 두 나라 공히 세계를 리드할만한 희생정신과 도덕적 기반을 갖추는 데는 시간이 필요하다.

여기에 한국은 작지만 긴 역사와 문명의 수임과 전달자로서 남을 괴롭히거나 침략한 일이 없는 나라다. 냉전기의 선봉에서 체제 경쟁에서 승리했을 뿐만 아니라 경제적 성공과 민주적 체제를 함께 담아내면서 도덕적 정당성을 가졌다는 강점이 있다.

한국은 통합을 이루어나갈 이념과 평화의 씨앗을 가진 역사적 DNA를 가진 특수한 나라다. 마지막 장에서 한국 세계화 리더십에 관하여 다시 생각할 것이다.

서세동점 미국의 시대 뒤에 올 다극화 시대에 대해서 권력 수임 작업은 어떻게 해야 할 것인가. 이제 세계는 유럽연합/EU과 북미 NAFTA(미·캐나다·멕시코) 그리고 아시아를 이끌어 갈 공동체가 필요하다. 인구, 교역 규모나 외환 보유고·GDP의 성장세로 보나 미국의 시대를 이을 팍스 Asiana(아시아 주도의 세계 질서) 모습을 떠올려 볼 수 있다.

개별 국가의 부족함을 지역 통합에 의존하는 슬기로 받아들인다면 아직도 막강한 미국 세력과 더불어 태평양 시대를 구가하는 광역 다극적多極的 세계 질서 'Pax Pacificana'로 융합하는 역사의 진전이 이루어질 때 지구촌의 상원은 어떤 모양일까 상상해 봄직하다.

21세기 한반도의
재인식과 전략 구상

우리나라는 지금도 민족의 영산으로 추앙되는 백두산을 중심으로 만주의 중남부지역과 연해주 그리고 한반도를 강역으로 하면서 역대의 왕조들이 주변국 영향으로 국경을 넓히기도 하고 줄이기를 되풀이하여 왔다. 3국을 통일한 신라가 당나라와 연합으로 통일을 이루었으나, 통일신라는 숙명적으로 당나라의 전략에 따라 북방 영토를 놓아둔 채 한반도 안으로 수축되었다.

고구려의 고토古土를 이은 발해나 여진 등 북방민족을 공동체로 수렴하지 못하고 잦은 국경 분쟁에 휘말리는 우愚를 반복해 왔다. 조선 세종 때 이르러 6진을 치고 오늘의 경계를 획정 지었다고는 하나 대륙기지가 연계되지 못한 한반도는 열강 세력의 침략 통로로, 통과를 빙자한 지배의 표적으로 전쟁터가 되기도 했다. 한말의 쇄국정책은 열린 세계사를 거부함으로써 망각의 땅으로 대륙 종속의 시대로 회귀하여 진전의 세계 조류를 역행하다 패망에 이르렀다.

대륙에 인접된 반도의 운명은 때로는 조공 외교·조공 무역을 슬기롭게 유지하면서 중화사상과 대륙 패권 세력권에 편입되어 대륙 지향 사대事大, 대륙 종속의 긴 세월을 보냈다. 그리고 근대화시기를 맞아 해양 세력의 침략으로 일본의 지배와 대전 후의 분단 상황을 거치면서 남쪽은 해양 세력에 통합되었다.

6·25한국전쟁 과정에서 미국과 군사적으로 막강한 힘의 동맹체를 갖추고, 일본과 국교 정상화(1965년)를 이루어 과거의 적대 관계를 보완적인 관계를 거쳐 경쟁 관계로 나아가고 있다. 경제적으로는 미국과 한미자유무역협정을 성립시켜 해양 지향 세계의 일원으로 편입됨으로써 전쟁 통로였던 반도적 상황을 바꾸었다. 한·미·일의 남방 3각체의 구성원으로서 한민족의 해양화 시대를 여는 대전환 시대를 맞게 된다.

한반도의 분단은 북한으로 하여금 종래의 전통적인 대륙 연결을 따라 중국과 구소련과의 지정학적 관계로, 소련이 확장될 때의 연계를 기본으로 이루어진 북방 3각군의 일원이 된다. 그리고 냉전시대의 대결과 경쟁에서 초기의 열세에도 불구하고 해양화 국가로의 세계화로 진화해 온 대한민국은 88서울올림픽을 통하여 동구권 국가 등 대륙 지향적 사회주의 국가군의 붕괴와 축소 지향을 촉진시켰다.

대륙 국가인 중국의 성공은 남부지역인 광동·선전의 개방에서 시작하여 항주·상해·청도·청진 그리고 대련에 이르기까지 해안선의 개방으로 해양화 추세와 합류함으로서 대성공을 거두었다. 사회주의 독점 국가이면서 자본주의 시장경제에의 융합은 위대한 예지의 지도자 덩샤오핑鄧小平 같은 살신위국殺身爲國의 희생과 지도력이 없었다면 불가능하며, 그의 상황 타개 능력은 존경받을 만하다. 그는 사후에도 그의 유언에 따라 동해에 유해를 뿌렸다. 더욱이 13억 인구를 굶기지 않고 대륙 경제를 초강대국 지향의 초석을 다져놓았다.

이 모두 해양을 향한 열린 국가, 즉 해양화의 성공 스토리다. 한반도의 남과 북은 대륙 지향과 해양화 경쟁의 소산이다. 넓게 트인 대양처럼 자유분방하고 창조적인 민족의 기회를 살려 민주주의와 시장 창달에 마음껏 펼쳤다. 북은 대륙 종속에 안주하면서 패쇄적인 족벌정치로 쇄국이 막아주는 자유의 바람은 피하면서 대량살상무기를 머리에 이고 벼랑 끝 교섭을 벌이고 있다. 남과 북은 대륙과 해양화가 바로 실패한 나라와 성공한 나라로 가름하고 있는 것이다.

국치 100년을 돌이켜 보면 한국의 힘은 비교할 수 없을 만큼 커져 있다. 한국은 한·중 수교 당시 중국보다 더 큰 경제를 운영하고 있었다. 중국 지도자 덩샤오핑은 '포스코'를 되뇌며 한국의 발전 체계를 선망했듯이, 한국이 역사 이래 처음으로 중국을 능가하는 역량을 보인 자랑스러운 기간이 있었다.

한국의 국가 규모와 지정학적 위치가 제국주의 식민시대와는 전혀 다른 시대에서 세계화를 타고 다자외교의 중심부에 진입할 호기를 맞고 있다. 제국주의 시대의 반도적 약점인 대륙 세력과 해양 세력의 각축장이었던 곳이 상호의존과 연계의 세계화 시대에 이르러, 지식정보화시대에는 과거와는 전혀 다른 정보의 공유와 교량적 기능이 가능한 지역이 된 것이다.

해안선 개방으로 해양화에 동참한 중국은 내륙 개발로 균형 발전에 박차를 가하면서 내수기반을 다지고 있다. 한반도의 북쪽 대륙 세력에도 해양화의 덧옷을 입혀 청도·청진·대련·단동에 이르는 지역과 서해안 항구의 개방과 결속을 통해 발해만경제권을 넓히고 환環황해경제권에 합류하는 것도 한반도의 통합과 지역 발전에 이바지 할 것이다.

한국은 대륙문화와 전통에 익숙한 나라이면서 바다와의 결합을 통한 산업과 교역으로 해양화에 성공한 경우이다. 다시 인접 대국인 중·일과의 무역협정이 이루어지면, 한국의 지리를 이용한 세계 교역의 크로스르드로 역할이 남아 있다. 지리적인 이점(Advantage)은 여기서 끝나지 않는다.

지리적 이점을 최선의 활용으로 천혜의 전진기지를 확장해야 한다. 하늘로는 북쪽 영종도기지의 인천공항은 한반도 중심부로 아시아 하늘 공로의 허브다. 21세기 미래의 최전방 바다의 허브로 항만과 기지 장악이 중요하다. 국력 신장과 더불어 중요 해로 관리가 중요해진다. 최남방 이어도의 과학기지를 포함하여 해양자원 보전을 위하여 제주기지는 바다의 세기 한국의 미래다. 여러 논란을 마무리하고 건설에 들어간 강정항은 단순한 해군기지가 아니다. 하늘의 Cargo 수송 수위首位의 대한항공 공로空路처럼, 수출로 무역 입국한 한국은 99%에 달하는 물동량을 바다가 안아준다. 전 세계 물동량의 10% 이상이 한국의 것이라는 사실*은 해로海路의 중요성을 입증하고 있다.

거북선 사진이 인쇄된 5천 원 권과 모래사장을 놓고 선박공장 건설을 위한 차관 도입에 나선 고 정주영 회장도 세계의 제독 이순신 장군의 후예이다. 그렇게 시작한 조선업은 오랫동안 명실상부한 세계 1위 자리를 지켜왔다. 이 힘을 돌려 기지 방어능력을 키운 한국 해군의 선복 증강으로 한국 선단의 보호와 극동 3각 지역 해역을 자력 방위할 터를 잡아야 한다.

제주 서귀포 강정항 건설은 세계적인 미항 진주만(Pear Harbor)과 호주의 시드니 항처럼 해군기지와 함께 한다. 제주도의 민군복합형 해군기지 건설 기본 설계는 너무 아름답다.

정치 논리에 휩싸였던 세종시와는 달리 대양을 향한 바다 세계의 바다를 향하는 전진기지로 마라도 서남쪽 149km, 한·중·일의 해양세가 교차하는 지역인 이어도에 세계 최대의 대양기지인 종합 해양과학기지가

---

* 이춘근 박사, 「제주 해군기지가 한국의 생명줄이다」, 해양전략구, 조선일보.

버티고 있다.

최근 중국은 수중 암초인 이어도 지역까지 자국의 대륙붕에 연결됐다고 주장하면서 인근 해역의 권리 확보에 나서고 있다. 이 지역 해상 정보의 중요성과 분쟁지역에 선착한 유리한 육붕 상황 등 면밀한 「대륙붕 보고서」를 통해 유엔에서 권리 확보로 대륙붕 방어에 나서야 한다. 민감한 주변 상황 중에 건설되는 제주의 강정항기지는 해양 정보의 공유를 통한 선점 효과를 받혀주는 지렛대가 될 것이다.

한국의 21세기 넘치는 정력을 바다로 끌고 나가 세계화 시대의 무대인 바다와 결합함으로서 반도의 약점들을 털어내는 미래의 출구 전략으로 새 역사를 써야 한다.

막힌 북쪽을 뚫어 바다의 힘을 확장함으로써 21세기 글로벌 통합의 힘으로 북부 대륙 연계의 슬기를 발휘해야 한다. 중국이든 러시아든 현재로서는 바다를 매개로 교호관계를 이어가고 있으나 몇 가지 프로젝트가 실현되면 대륙길이 열릴 것이다.

하나는 공로 시베리아 철도 루트이며, 다른 하나는 가스관부설사업이 다가와 있다. 이는 다시 한 번 광활한 시베리아와 한반도가 연접한 고토 연해주에 눈을 돌려야 하는 새로운 가치가 여기에 있다.

연해주 가스자원의 남방 공급로를 트는 기회이기도 하다. 러시아 동부의 인구가 1500만 명에 불과한 반면, 중국·만주 일대 인구가 2억 명에 달해 인구밀도상 불균형이 심각한 양 국경에 중국세를 우려하는 러시아의 경우, 연해주 한인을 우즈베키스탄 등 중앙아시아로 이주시킨 경험을 역으로 돌리면, 오히려 여러 인력의 균형 문제도 해결될 수 있을 것이다. 이미 사할린 석유 탐사에는 현대중공업 시추선이 작동하는 곳에 한국인의

이주정책이 러시아의 개발정책과 융합되면, 한반도 통일 후의 여러 사정
에 맞는 새로운 기반의 땅이 될 수 있다.

이는 이미 두 정부 간에 추진된 2005년의 블라디미르수린 박사의 코리
아 선언과 2008년 9월 29일 한·러 정상회의에서 합의한 천연가스관을
포함한 자원 협력 합의 그리고 최근 양국 정상 간의 재확인으로 이를
뒷받침하고 있다.

분단으로 인해 대한민국이 남쪽 기반의 해양세 결합 성공이 다시 대륙
세와 연결되는 경우, 대양과 대륙 연계의 반도 특성이 해양세 주도로
전개되어 세계 1, 2, 3위의 경제 대국과 자원 대국 러시아의 한가운데에서
자원·교역·문화·관광의 교차로 역할을 하게 될 환상적인 위치를 재평
가해야 한다.

그 동안 자크 아탈리나 다니엘 벨의 선견적인 예언들은 바로 한반도의
중요성과 환상적 가치를 미리 인정하고 있다. 한국은 G20 편입과 주도적
역할의 의미를 되새기면서 글로벌 통합의 세기, 새로운 한반도와 그 연고
지의 지정학적 지위의 재평가와 더불어 한민족의 새로운 번영과 발전 전
략을 짜나가야 한다.

2장.
기후 변화는 녹색산업을 타고 간다

갑자기 닥쳐온 듯한
지구 온난화 시대

지구 생존 실태

지구 온난화 사태를 위시한 환경오염의 사변은 진행이 시작된 지 오래되었으나 저지 노력보다는 개발과 잘 살기에 급급하면서 눈 감아 왔다. 이제 갑작스런 기후 변화에 법석을 떨고 있으나 환경오염과 기후 변화는 산업 확대에 따른 에너지 사용량과 비례하여 증가하며 가속화 된다. 오늘 우리가 사는 방법과 주변을 보면 모두가 CO_2 배출과 관련되어 환경오염물질 속에 묻혀 사는 듯하다.

필자는 감수성이 예민한 어린 시절 농사짓는 집안에서 자랐다. 그때와 비교하면 자연의 원리가 무엇인지 알 수 있다. 잘 살고자 하는 인간 습속과는 달리 자연은 순환과 복원(Recycling)을 기본 질서로 하여 수천 년간 자연을 지켜오고 있다. 우선 그 시절의 식기는 모두 유기鍮器그릇이나 사기그릇이었으며 은수저나 놋쇠수저를 사용했다.

그리고 식사 후 남은 음식은 버리는 일이 없었다. 밥과 반찬인 김치나

야채·자반·생선 등은 바로 돼지나 개의 식량 일부가 되고, 가축의 배설물은 퇴비가 되어 훌륭한 유기질 비료가 되어 논밭에 뿌려진다.

사람의 인분과 소변은 논밭에 뿌려진다. 이 유기질 비료가 뿌려진 이랑 수만큼 통장에 돈이 쌓여가는 기분으로 일했으며, 그 뒤의 밥맛은 지금도 잊을 수 없다. 이처럼 금비金肥는 보조적으로 이용했지만 오염 정도는 아니었다. 다시 살펴보면 모두가 자연의 순환으로 제자리로 복원된다.

농업도 가축을 이용해 논밭을 쟁기로 갈아엎었으며, 운반도 사람이나 가축의 힘을 이용해 이동했다. 모든 것이 친환경 무공해 방식이었다. 그러나 현대는 좁은 땅도 기름을 사용하는 기계화 농업으로 CO_2 배출을 일삼고 있다. 옛날 같은 임노동賃勞動을 할 사람이 없고, 효율에 따라 작업이 분화되어 상업화하고 있어 부득이한 면도 있다.

매식 방법도 거의 1회용에 의존한다. 패스트푸드Fast Food를 보자. 용기나 수저, 반찬 그릇들은 스티로폼으로 되어 있고, 포장지 등 먹고 난 뒤에는 많은 쓰레기를 배출하고 있다. 포장 쓰레기가 없는 종래의 식사와 달리 자연의 순환 방식으로는 설명되지 않는다. 이동 수단도 모두 화석연료에 의존한다.

이제 지구는 오염이라는 심각한 병을 앓고서야 야단법석을 떨면서도 각국의 태도는 자국의 이익을 바탕으로 아전인수 전략으로 책임 소재를 가리지 못한다. 온난화의 진행으로 한국의 겨울 특징인 삼한사온이 사라지고, 완동緩冬과 때로는 폭설 그리고 길어진 여름, 남부지역의 아열대화 변화가 나타나고 있다.

그러나 지구 전체로 보면 심각한 문제가 아닐 수 없다. 특히 스스로 부양 능력이 없는 인구가 증가한다. 여러 지역에서 사막화가 진행되고 극지 얼음이 녹아 저지대 농장이 수몰되는 역류현상도 심각하다. 공업화는 공기오염뿐 아니라 부족한 물의 오염으로도 물 분쟁을 일으킨다.

현대 문명사회의 발전 원동력인 에너지의 가채可採수명도 대체로 100년에 불과해 자원 고갈현상이 구체적으로 다가오고 있다. 인류가 만든 환경 파괴의 요인들이 자연 재해와 자연자원 고갈현상으로 역습해오는 듯하다.

미래의 생존 전략

이제 산업화와 환경 파괴 요인의 누적으로 숨 가쁜 지구를 복원시키는 방법을 찾아야 한다. 그러나 어려운 일일수록 쉽게 접근해야 한다. 온난화의 주범인 CO_2 줄이기에 신속히 개입하면서 장기적으로는 국제 공조 하에 지구의 생태계복원사업을 지속적으로 실행하는 길이 남아있다.

CO_2 감축은 원전을 포함한 신재생에너지로 대체하는 길로 가야 하나 완전한 대체는 어렵다. 그렇다고 해도 폐연료봉을 재처리해서 얻은 플루토늄을 다시 연료로 사용하는 경우, 3000년 이상을 사용할 수 있다고 하니 해결책은 나와 있는 셈이다.

그렇지만 원전은 원전대로 엄청난 문제가 도사리고 있다. 방폐장 문제로 어려움을 겪었던 우리는 그 심각성을 잘 알고 있다. 일본의 쓰나미 경험으로 보아 다원적인 신재생에너지의 병행 개발은 불가피하다. 특히 원가 개념을 놓고 보면 원전과 비교될 에너지자원은 찾기 어렵다. 따라서 원가 개념보다는 청정에너지의 자급自給 계획으로 태양광이나 태양열·풍력 그리고 소수력 등으로 전환 시스템을 갖추어 직접 사용케 하는 방법이다.

잉여전력은 판매케 하되 지역별 자급과 빌딩의 자가 공급, 청정에너지 사용의 자존심을 바탕으로 권역별 자력 공급이 가능할 것이다. 아울러 낭비자원의 효율화 과소비 억제, 에너지 다소비 산업의 구조 개선도 병행 추진해야 한다. 특히 개도국(한국·중국 포함) 에너지 사용 효율을 개선하지 않고는 폭발적으로 증가하는 공해 문제를 해결할 수 없다.

2008년부터 이미 세계 CO_2 배출 1위에 등극한 중국의 문제는 제조공장에 더하여 GDP 1단위 생산에 투입하는 에너지소모량을 보면 일본의 11.5배, 독일의 7.7배, 미국의 4배이다. 이러한 조사 결과[*]를 보면 경제성장을 위해 여러 배의 에너지를 쓰고, 그 만큼의 오염물질을 쏟아내고 있는 것이다.

이처럼 중국은 산업공해뿐만 아니라 늘어나는 자동차 수에 비례하는 CO_2 매연 문제도 심각하다. 현재 연 2000만 대에 육박하는 수요 증가 속도로 보면 몇 년 안에 수억대에 이를 것이다. 우리나라 수준(30%)인 경우 4억 대에 이르고, 일본 수준(70%)이 되면 기존 세계 자동차 대수를 넘어가 그 오염 정도는 재앙에 가까울 것이라는 추론이 가능하다.

중국만이 아니다. 또 하나의 인구 대국 인도를 더하면, 25억 인구가 현대화로 치닫는 산업화와 복지 욕구로 오늘날의 미국 생활수준에 이른다면 이 지구 인류의 생존 문제가 제기된다.

지구 온난화 주범의 하나인 자동차는 26% 전후의 CO_2 배출 기여율을 가진 운송 분야의 해결책은 하나다. CO_2를 전혀 발생하지 않은 전기차나 수소차 외에는 대안이 없다. 이들 앞선 선진화를 이룩한 국가들의 발자취를 따라가지 않게 해야 된다는 것이다.

근대화 방법의 뛰어넘기 전략은 대단히 중요하나 기존 선진국의 양보가 전제되어야 한다. 뿐만 아니라 엄청난 사회 시스템의 변화를 수반하는

---

[*] G-2 시대. 140쪽.

혁신적인 선도정신이 요구된다.

『코드 그린*Code Green*』을 쓴 토머스 프리드먼은 미래의 생존 전략 핵심 키워드로 설정한 'Code Green'은, 좁게는 녹색혁명이고 넓게 해석하면 세계 혁명으로 설정한다. 코드 그린의 핵심 전략은 지옥의 연료, 더러운 연료로 지칭된 화석연료, 즉 천국의 연료성장시스템으로 모든 체제를 신속하게 바꾸는 것이라고 주장하고 있다.

뉴욕 자연사박물관에서 본 '기후변화체험전'은 지구 온난화의 심각한 상황을 전해주는데 충분한 자료였다. 특히 온난화로 지구가 변화하는 상태를 채색으로 표현해 나타냈는데, 도표의 진한 색상은 1980년에 이르러 농도가 심해지고 있는 것으로 보아 지구 온난화는 갑작스럽게 진행된 것이 아니다. 이미 30년 전부터 심각한 상태가 지속되고 있었던 것이다. 코드 그린의 E. C. E는 바로 에너지*Energy* 문제와 지구 기후 문제를 요약한 인류의 진정한 키워드로 일깨워준다.

지구 온도 상승으로 저지대 농장이 많은 방글라데시가 뗏목농장*Baira*/뗏목텃밭(호박, 양파, 야채)을 만들어 농사를 짓는 일이 인상적이었다. 최근 천 여 개의 낮은 섬으로 구성된 인도양의 몰디브 국무회의가 수중에서 열려 특수 사인펜으로 서명하는 장면은 처절한 상황을 연상케 하는 삽화 같은 이야기이다. 하지만 이미 우리 주변에 와 있다는 직감으로 무서운 환각 상태를 느끼게 한다. 결국 아시아권을 위시하여 약 30억 인구의 새로운 산업화 열기는 지구촌을 달구어 자원 고갈과 공해 문제를 동시에 부추길 것이기 때문이다.

환경 문제는 에너지 효율 개선 절약을 기본으로, 녹색혁명으로 새 청정 에너지로 대체하면서 선·후진국 가릴 것 없이 CO_2 감축 계획에 협력하지 않으면 지구는 물론 인간사회 종말의 재앙이 빨리 덮쳐올 것이다.

　　철저한 오염원을 상쇄하는 Foot Print제의 실행과 공해대증요법으로 오염 책임은 식수植樹에 의한 삼림조성森林造成으로 사막화 방지에 공헌케 하고, 환경세(Carbon Tax) 등을 운위하지 않아도 되는 상태로 되돌려져야 한다. 특히 선진국의 근대화 방식의 답습보다 탄소거래제도, 기술지원 등 개도국의 뛰어넘기 전략으로 한 시대의 오염 구간을 줄여야 한다. 지구 오염의 영향은 이미 공기처럼 우리를 철저히 싸안아 가고 있다.

환경 문제가
심각한 인구 문제를 유발한다

일제강점기 하의 1919년 3·1운동 당시 독립선언문에는 "2천만 동포여 단결하라"고 선언했었다.

전쟁기의 많은 인력 소모와 자력갱생 선군사상에 묻혀 아사 상태로 수백만을 잃은 상태로도 남북한은 7200만을 넘어 서고, 해외동포까지 합하면 통일 한국은 8천만으로 종래 열강(독일·프랑스·영국·이탈리아)보다 적지 않은 규모의 나라가 된다. 그러나 현재의 남한 인구는 5000만 명을 턱걸이하면서 저출산 고령화시대로 이어져 경제활동인구수가 감소하고, 이어서 총인구의 감소가 예상되는 해가 다가온다.

한때 못 사는 시절 과다 인구가 경제 발전의 걸림돌이 된다고 해서 시작한 가족계획이 1순위로 성공한 나라다. 물론 빠르게 성공하리라고는 예상하지 못했다. 하지만 지금은 합계출산율 1.2명 수준으로 경제협력개발기구/OECD 나라 중 꼴찌이며, 저출산 국가로는 세계 1위군에 속해 있다. 아직 인구 감소를 경험하지 못했으나 일본의 경우는 반면교사다. 규칙과 공중질서를 최선의 매뉴얼로 삼는 추종사회가 세계사의 변화를 받아들이는데 신속하지 못한다는 것을 일본 지진 피해를 통해 확인한 듯하다. 본질적으로는 인구감소기에 들어섰기 때문이라고 주장해왔다.

고령사회는 피부양인구가 늘어나는 데 반해 부양 세대의 일하는 인구층이 엷어지고 저출산으로 아이들이 줄어든다. 그 결과 사회의 소비 수요는 줄고, 의료·간병·웰빙·제약 수요, 즉 비생산적 소비현상 유지 수요가 늘어 사회적인 활력이 떨어지면서 부양기층의 의욕 상실이 일반화하면 사회적 정체현상이 확산된다.

가장 우려되는 부분은 노동인구 감소와 비노동인구 노령층의 급격한 증가로 인구구조가 정삼각형에서 원추형으로 왔다가 역삼각逆三角形으로 변해가는 모습이다. 경제성장에도 앞서가는 한국이 인구 감소에서 최전선 1위군에 속해 있다. 이 상태가 그대로 지속되면 경제 발전은 고사하고 나라 자체의 존립까지도 문제가 된다.

심각한 UN인구보고서

최근 OECD의 발표(2011. 4. 30)에 의하면, 한국의 인구정책은 회원국 중 최하위로 평가되고 있다. 합계출산율 1.15명은 회원국 중 최하위로 기록될 뿐 아니라 여성취업률도 28위로 최하위 수준이다. 그리고 정부의 육아 지원도 회원국 평균의 4분의 1로 발표됐다.

2005년 「저출산고령사회기본법」을 만들어 출산장려정책을 편 결과 1.19명을 유지해왔으나 한때 다시 1.1명 전후로 더 낮아지기도 했다. OECD뿐만 아니라 다른 세계 기구들의 조사로도 세계 190여 국 중 최하위다. 출산율은 1970년 4.53명에서 40년 만에 4분의 1로 줄어들어 세계에서 가장 빠른 속도로 떨어진 것이다.

미국의 경영학자 피터 드러커Peter Drucker는 일부 선진국에서 나타난 심각한 '저출산 현상'을 보고 '집단적 자살 행위'에 비유했다. 인구가 현상 유지가 가능한 출산율(대체출산율)이 2.1을 밑돌 때 오는 위험은 기하급수로 인구 감소를 가져와 국가 존립이 위태로워진다는 것이다.

실제로 UN인구보고서의 경우, 한국은 2305년이 되면 지구상에서 사라질 첫 번째 나라(Diminishing Country No. One)라는 충격적인 보고서를 내놓고 있다. 더욱이 S&P/Standard & Poor가 낸 보고서「세계적인 고령화 2010—되돌릴 수 없는 진실」에서도, 저출산 고령화의 여파로 G20 중 초저성장률을 기록하면서 65세 이상 고령인구 비중이 가장 높은 증가율을 보여 현재 10%선에서 2050년에 34.3%로 급증함과 동시에 경제성장률은 0.5%로 G20 중 최저치를 기록할 것이란 전망을 내놓았다.

빠른 속도의 저출산 진입에도 총인구감소가 늦게 오는 것은 의료 발달 등 고령자의 장수에서 오는 착시현상이다. 노동인구 축소와 양로연금 등 사회보장비용의 급증은 사회 발전의 역진현상을 우려케 한다.

인구고령화의 영향은 이미 경험하고 있고 또 빠르게 진행되고 있다. 농촌의 초등학교는 거의 모든 곳에서 문을 닫았고, 발랄한 어린아이들이 뛰놀던 학교는 요양소로 활용되어 백발노인들의 보육시설이 되어 있다(예 : 의성군 점곡면).

65세 이상 14%를 고령사회 그리고 20%가 넘으면 초고령사회라고 한다. 그런데 남한 내에 이미 초고령사회라 할 30%가 넘는 고장이 두 군데나 된다. 경북 의성과 전남 고흥의 고령인구는 33%에 육박하여 세 사람 중 한 명이 노인이다. 이곳은 기업은 떠나고 주로 병원·약방·요양기관만이 번성해 보인다. 인구 감소의 재앙은 결코 멀리 있는 것이 아니다. 잘살기운동과 산림녹화의 모범적인 실험이 성공한 곳에 산아제한 가족계획운동도 기적적인 성공을 거둔 것이다.

인구 감소의 재앙은 반면교사인 일본을 두고도 역대 어느 정부도 백년대계의 인구정책을 강력하게 추진하지 못했다. 인구 문제는 단기간에 그 결과가 나타나지 않기 때문이다. 5년 임기 정부로서는 역점 사업으로 할 수 없다는 단견으로 나라의 100년을 경영할 수 있겠는가.

최근 저성장의 징후에 부딪치면서 몇 차례 인구대책을 발표하고 있으나 매우 늦은 감이 있다. 인구정책의 효과는 적어도 한 세대 후에나 교정의 기회가 나타날 것이다.

그러나 비관하기보다 아직 희망의 기회가 남아 있다. 우리가 자주 되뇌던 2000년 초기부터 20년 정도의 발전적기를 다시 생각하고 소중하게 활용해야 한다. 생산연령인구(15세~64세) 층이 늘어나면 보통 실질 GDP도 늘어난다. 다시 말해 생산연령인구가 피부양인구보다 빨리 증가하는 기간을 '인구 보너스 구간'*이라 한다.

우리는 2017년 전후로부터 노동생산 연령이 감소하는 것으로 예측하고 있다. 이 기간을 포함하여 최대 10년간 GDP 배가운동으로 4만 달러로 올려놓는다면, 구매력 평가기준 GDP 5만~6만 달러 이상으로 선진국 문턱을 밟을 수도 있을 것이다.

일본경제연구센터에 의하면, 이와 같은 생산 연령을 기초로 한 인구동태 분석 결과가 매우 특이하다. 공교롭게 일본을 위시하여 아시아의 4룡(한국·대만·홍콩·싱가포르)과 태국 그리고 중국에 이르기까지 모두가 2015년 전후로 해서 인구 보너스 구간이 끝난다는 점이다.

중국이 이 범주에 속한다는 것은 의외의 분석 결과이나 점차 성장 동력

---

* 후카가와 유키코, 「한국 인구 보너스 구간 종료 이후」, 조선일보, 2011년 4월 1일자.

의 제약 요인이 현재화하는 과정에서 중국도 1자녀 갖기 정책의 조정이 가시권에 들어오는 듯하다. 주요 아시아 국가들의 인구통계를 바탕으로 한 아시아 비관에도 불구하고 세계 인구는 금세기 중에 90억 명으로 급증할 것이라고 한다. 이는 주로 인도·방글라데시·파키스탄 등 구 인도권과 중동의 이슬람 그리고 여백의 아프리카 대륙 등 신생 개도국의 빠른 증가 속도가 세계 인구의 색상 구조를 상당 부분 바꿔놓을 것으로 보인다.

인구정책은 출산율 배증운동으로

우리 경제가 고속 성장을 한 것처럼, 환경 문제와 더불어 인구 감소도 고속으로 다가오고 있는 국가적 위기 상황을 어떻게 대처하여야 하는가. 피할 수 없는 것이라면 단호하게 국가 대계로 대응해야 한다. 급하더라도 장기 대책과 당장 가능한 대응조치를 마련해서 시행해야 한다.

먼저 장기 대책으로는 출산율 제고를 위한 장기 플랜을 수십 년간 끈기 있게 밀고 가야 한다. 우선 최저 '출산율의 배증운동'을 목표로 펼쳐가야 한다. 이는 정권 차원의 계획이 아닌 민족 국가 차원의 장기 비전으로 가능한 모든 조치를 과감하게 강구해야 한다.

인구정책에 성공한 프랑스는 20년 전 합계출산율 1.6이 무너지면서부터 막대한 정부 예산(4%선)을 투입해 겨우 2.0에 턱걸이를 하는 수준을 회복했다. 그동안 우리 정부들은 1980년에 이미 1.66으로 떨어지고, 2001년 1.3으로 급전직하로 떨어져 세계 평균 2.5의 절반 이하가 되었다. 이러한 급격한 감소에도 무감각하다면 인구정책에 관한한 무위의 정부 임무 유기의 정부로 질책 받아 마땅하다.

장기적으로 출산·보육·교육의 전 과정을 정부가 책임지는 보육정책을 앞세워 인기 영합적인 복지정책의 속도 조절이 중요한 과제다. 인구정책은 저출산으로 역피라미드가 되어 가는 인구 모형을 정상의 피라미드 모양으로 복원하는 최고의 국가정책사업이 국가 비전이 되어야 한다. 이를 위하여 수많은 시책들이 시행착오를 겪더라도 꾸준히 밀고 나가면서 국민의 의견 수렴과 참여를 바탕으로 성취해야 한다.

저출산의 부정적 영향은 재론할 여지가 없다. 노동인구 감소는 성장잠재력을 급속히 악화시키고, 사회 보장을 위한 재정 부담을 급격히 증가시킨다. 우리나라의 선진화 진행 속도를 봐가면서 복지정책의 강도를 조절하는 것이 불가피하다. 지나친 대중영합주의는 나라의 백년지계를 무너뜨린다. 프랑스의 막대한 재정 투입으로 성공한 사례를 보면서 늦었지만 더 적극적이고 획기적인 산아정책을 펴야 한다.

보육 시설 정비와 더불어 건강한 조부모들이 손자를 돌보는 분위기를 병행시키는 사회운동이 있어야 한다. 아울러 가족보육비를 지급하여 직능화하면 부족한 보육 시설을 보완할 수 있을 것이다. 언제부터인가 핵가족화, 놀이·여행문화, 보신 사치가 아름답게만 보이질 않는다. 많은 형제 속에 자라 온 자식들의 세계를 되돌아보고, 또 애기를 낳지 않은 젊은이는 자신이 이 세상에 어떻게 존재했는지 생각해야 한다. 고아 입양 기회를 넓혀 부끄러운 영·육아의 해외 입양도 그만해야 한다. 그리고 최근 만혼사조晩婚思潮로 최초 분만연령이 30세를 넘나들고 있어 그 원인을 분석해 대책을 세워야 함은 물론, 산모의 산고産苦와 신생아의 건강 수준도 생각해야 한다.

미래의 예증들

1910년 일제의 침략으로 대한제국이 일본에 병탄倂呑되어 국권을 잃은 지 100년을 훌쩍 넘기고 있다. 유구한 민족사에 비하면 짧은 기간인지 모른다. 근세로 올수록 문명 변이의 밀도로 보나 과학기술, 정보량의 축적으로 보나 지난 수세기를 묶어 놓은 것과도 비교할 수 없는 엄청난 변화가 일어난 시기였다.

그로부터 식민정치의 틀에 따라 강제로 구체제를 해체하면서 지구 식민사상 유례없는 말과 글 그리고 성姓 등 민족말살정책 속에 36년을 보낸다. 연합국의 승리로 끝난 해방 정국, 우리의 힘으로 되찾지 못한 광복을 열강의 이해와 당시 재연된 구소련의 남하정책 그리고 접경국의 완전한 공산화 덫에 걸려 한반도 북반부를 대한민국의 품으로 접수하지 못한다.

분단된 한반도의 북쪽 동포들은 통산 100년이 넘는 압제와 암묵 속에 갇혀 있다. 북한 동포들은 2000년대 들어 더 치밀하게 사상의 자유는 물론 거주 이전과 식생활의 권리마저 여유롭지 못한 상태에 놓여 있다. 지구상 유일한 분단국 상황을 남쪽과 미국에 그 책임을 돌리는 북한의 거짓 선전에서 깨어나지 못하게 한 죄상을 어떻게 해야 하는가. 수없이 많은 대남 도발과 수백만의 아사자를 낸 철권통치를 단죄함도 없이 김정일은 갔다. 변화가 허용될 수 없었던 구체제의 껍질을 깨고 개혁과 개방만이 살 길임을 알게 되는 여러 증좌들이 가시화 될 때가 된 것이다.

역사의 대가들도 베를린 장벽이 무너지는 해, 큰 사건 앞에서도 아무런 변화의 예증이 없었다고 한다. 동·서독의 통일을 이끌어 낸 헬무트 콜 당시 서독 수상도 그의 회고록에서, 그 때까지만 해도 1989년 11월 9일의 역사적 사실을 짐작조차 못했다고 했다. 한동안 동방정책을 이끌던 사만 란드 브란트마저 콜 수상에 대하여 비판적이었고, 짐작조차 못했던 통일의 기회가 바람같이 나타난 것이다.

패전국 독일이 자력으로 통일을 이룰 수 없는 객관적 상황에서 당사자들도 예견하지 못했던 것처럼, 우리에게도 언제 어떤 계기에서 아무도 예기치 않는 순간에 나타날 그 엄청난 기회가 닥쳐올 것이다.

역사는 순환이다. 분단이 부당하고 부자연한 상태에서 원상회복은 반드시 온다는 믿음이다. 변화의 증좌들은 여러 모로 나타나고 있으나 모두 상황 변화 속에 근거가 빈약한 논리처럼 첨가되어 나타나는 예증들이 많이 나타난다.

‘글로벌 트렌드 2025’ 등에서 미국의 국가정보위원회(NIC)는 매 5년마다 보고서를 내고 있다. 요약해 보면, 제2차 세계대전 이후 형성된 현행 국제 체제는 2026년에 신흥대국의 부상, 경제의 세계화, 서西에서 동東으로 상대적인 경제·역사적 이전이 일어나고, 비국가 행위자의 영향력 증대로 거의 알아볼 수 없을 정도로 달라질 것이라고 예언하고 있다. 이어 2025년의 세계 체제는 선·후진국 간 국력 차이가 좁혀지면서 세계적 다극체제가 될 것이라고 했다.

21세기 초반을 지나면서 세계의 권력 이동 모습이 점차 가시화되고 있으나 상당 기간 미국을 대체할 세력으로 봉사 능력, 국제적·윤리적 책임과 세계 구도의 장악력을 갖춘 단일국가 출현은 쉬운 일이 아니다.

미국은 제1차 세계대전과 1929년 대공황 그리고 제2차 세계대전에 이르는 기간을 통해 많은 나라에 도움을 주고, 특히 유럽의 여러 나라를 구해냈다. 전쟁 기간 중 대미 채무 증대와 원조 등 미국의 지원은 곧 전후 제국주의 체제의 해체를 가져왔다. 자력으로 독립을 쟁취하지 못하는 식민지에 민족국가의 독립을 위시하여 대체로 140여 신생국가가 탄생했다. 제국주의를 해체한 직접적인 계기는 자본주의의 세계 체제에서 헤게모니를 행사하는 국가가 영국에서 미국으로 바뀐 데 있었다.*

이 거대한 권력 이동(Power Swift)은 식민지 해방과 더불어 전 세계를 하나의 자유시장으로 통합하여 미국이 그 중심부에서 전후의 결정권을 장악한다. 특히 브레튼 우즈Bretton Woods 체제를 완성(1944년)함으로써 달러를 기본 화폐(기축통화)로 하는 세계 금융조직을 성립시킨다.

여러 조사기관의 자료들은 2020~2030년이 가기 전에 경제 규모 기준으로 중국이 미국을 능가할 것으로 보아 권력의 동진설東進說을 운위한다. 그러나 세계 패권 장악은 경제 규모만으로는 되지 않는다. 영국에서 넘겨받은 미국의 PAX-Americana 체제를 당장 대체할 세력으로, 어떤 단일국가나 조직을 거론하기 어렵게 되어 있다. 그렇게 보면 미국의 시대는 금세기 중반에 이르기까지 두 세기 구간에 걸쳐 영향력을 행사할 것으로 예상된다.

이와 같은 세계사의 큰 소용돌이를 맞이하여 그 복잡해진 국제 체제의 중심부에 놓여 있는 분단된 한국의 지위와 생존 전략은 지극히 중요하다.

* 이영훈, 『대한민국 이야기』, 195쪽.

통일 독일을 보면서 갑자기 찾아올 통일의 기회를 어떻게 맞이할 것인가. 그러나 통일 한국의 예증들이 여기저기에서 나타나고 있다.

투자회사인 골드만삭스는 여러 차례에 걸쳐 「세계경제전망보고서*Global Economics Paper*」에 '미래 코리아'에 대한 전망을 끼워놓고 있다. 금세기초한 보고서*에서 통일 한국은 대체로 2020년 후반부터 2030년대 후반 사이의 통합 시기에 남북 관계를 일국양제一國兩制, 즉 남북한이 두 체제를 유지하면서 협조하면 그 시너지 효과로 2050년에 미국 다음 가는 고소득 국가가 된다는 꿈같은 내용을 담고 있다.

이 보고서는 남한의 인구 감소와 북한의 풍부한 자원과 교육받은 인력 자원의 보충적 효과에 착안한 듯하다. 더욱이 갑작스런 통일이 왔을 때 독일식 통일보다는 중국과 홍콩처럼 일정 기간 두 체제로 존속하가다가 점진적으로 통일에 이르는 과정을 권장하고 있는 듯하다.

비슷한 예증은 또 있다. 최근 발간된 조지 프리드먼의 『미래 100년*The Next 100 Years*』을 들 수 있다. 특히 프리드먼은 인구학적 관점, 지리·과학 기술·군사·문화를 망라한 변화는 시기별 국가 및 국제기구 단위별로 전망하고 있다. 국지적 갈등과 전쟁 그리고 우주기지(Battle Star)의 공격 등 다양한 형태의 전쟁을 그리고 있다.

한반도와 관련해서는 2030년 이전에 통일이 되고, 통일 한국은 일본과 비슷한 규모로 지역 갈등을 일으킬 것이나 여전히 미국과의 동맹은 강화되는 것으로 전망하고 있다.

어느 경우에도 세계 4대 강국 미·중·일·러에 둘러싸인 숙명적 관계는 한국의 4강 외교가 생명선과 같이 치밀하고 섬세한 교섭력과 정보력으로 대응해야 할 것이다. 중국과 미국이 그 경제적 크기가 바뀌는 시기와 통일

---

* Global E-Paper No.188 2009. 10. 21.

한국의 성립 시기(2030년대)가 같아질 수 있다고 생각하면, 문명과 힘이 서세동점의 시기에 맞추어진 듯한 긴장감을 느낀다.

4강 중 경제 규모는 어느 순열에 따르더라도 세계 최강국에 둘러싸인 통일 한국도 이제는 작은 나라가 아니다. 지역협력기구 성립이 불가피하게 되어도, 한국이 필요한 접착제가 되는 역할과 동양의 원형질原形質/DNA을 확인해나가는 시기와 절차가 이루어져야 한다.

고난의 100년을 보내고 있는 북한 동포들은 밝은 세계로 인도해야 하는 시기가 도래하게 된다. 통일시 재정적 부담의 준비 작업과 더불어 북한의 개방화와 선진화에 동참케 하는 외교 전략은 무엇인가.

북한 자원의 보호와 효율 강화, 양질의 인력유지정책을 장기적 비전으로, 즉각적으로 조치할 일이 무엇인가. 통일 한국의 100년 대계를 위한 자활自活 능력 배양으로 주변국이나 세계가 갖지 못한 한국인의 집약된 힘이 인류가 염원하는 새로운 평화와 융합의 인자를 찾아 세계에 전파하는 일들을 시작해야 한다.

지구촌을 뒤덮은
Green혁명

세계환경회의와 원전의 재해석

지구촌 환경 재앙의 절박함을 인식한 탓에 세계 120개국 정상이 참여했지만, 2009년 겨울 코펜하겐 UN기후변화협약총회는 예상했던 대로 순탄하지 못했다. 구속성 협정에는 이르지 못했으나 지구 온도를 산업화 이전 시대로 억세하고, 선진국은 2020년 온실가스 감축 목표를, 개도국은 감축 계획을 제출토록 하는 데 합의했다. 이 총회의 큰 특징은 2012년 종료 되는 교토의정서의 이행을 거부했던 미국이 돌아온 것과 미국을 앞질러 온실가스 배출 세계 1위국이 된 중국이 참여한 것이다.

코펜하겐 회의는 감축 목표에는 공감하면서도 의견이 첨예하게 대립했다. 지금까지 선진국의 역사적 책임과 개도국에 대한 재정 및 기술 지원 등 도움을 주어야 한다는 기후 정의正義가 강조된 회의였다. 여기서도 G2의 실체가 들어나는 듯 공해에 대한 역사적 책임이 있는 선진국 대표 격인 미국과 개발도상에 있는 나라들 앞에서 최대 온실가스 배출국이 된 중국과의 협상과 대결이 회의장의 분위기를 좌우한다는 점이었다.

2011년 12월 남아공 더반에서 열린 제17차 유엔기후변화협약총회에서는 연말로 끝나는 교토의정서를 연장키로 하고, 2020년부터 모든 나라가 참여하는 새 기후체제를 출범시키는 데 원칙적으로 합의했다. 그러나 교토의정서에 불참했던 미국·중국·인도에 이어 기존 참여국인 일본·러시아·캐나다도 2013년부터 탈퇴키로 했다. 전 세계 온실가스 배출량의 60% 이상을 차지하는 '톱 5' 국가들이 모두 빠져 교토의정서를 사실상 형해화해버린 것이다. 따라서 선진국 중에는 유럽연합 국가들만이 의무감축국으로 남게 된 것이다. 이번 회의에서 2020년 새 의정서에는 미국·중국을 포함한 온실가스 배출국 모두를 대상으로 하고, 금년부터 새 체제에 대한 논의를 시작해서 2015년 새 의정서를 채택한다는 계획이다.

코펜하겐 회의 한 달 앞서 한국은 온실가스 의무감축국이 아니면서도 2020년까지 현재 추세 배출량의 30% 감축 계획을 발표했다. 잇달아 중국 정부도 CO_2 배출량 증가 속도를 대폭 늦추겠다는 선언을 내놓았다.

한국이 솔선하여 감축 목표를 선언한 것은 선진국처럼 온실가스 배출 문제에서 역사적인 책임이 없고, 녹색성장을 이룰 수 있는 개도국으로 선·후진국 간의 이해 조정이 가능한 가교 국가의 지위를 확인한 것이다.

온실가스 저감 압력이 부담되었던 것은 CO_2 감축이 저성장에 이른다는 공식을 깨고, 온실가스 감축이 오히려 신성장동력이 되고 일자리를 창출하는 한편 지구를 살리는 계기가 된다는 발상의 전환으로 다른 나라의 공감을 유도할 수 있게 된 것이다.

한국은 2008년 8월 15일 건국 60주년 경축사에서, 대통령이 "저탄소 녹색성장"을 표방하여 국가의 미래 비전으로 삼아 녹색성장·녹색혁명을 선언적으로 천명한 첫 번째 나라가 된 것이다.

한국은 에너지 사용량의 97%를 대외에 의존하면서 소득 대비 1인당 전력사용량 최고 수준, 에너지 효율의 최저 수준 그리고 생태 발자국 최고를 기록하면서도 개도국의 앞자리에 자리 잡고 있다. 자원을 수입해 제품 수출로, 그것도 점차 고도산업제품으로 발전해 온 것은 인력과 창발創發적인 기업가 정신 그리고 잘 조직된 정부의 힘에 의한 성취였다.

영국 <파이낸셜타임스/FT>는 2011년 환경회의 결과를 두고, 교토의정서 자체를 실패한 이벤트로 규정했다. 국가 생존이 우선시되는 국제사회에서 국가별 탄소감축량을 강제하는 것이 힘들다는 것이다. 이런 사정을 반영하듯 EU의 배출권거래소/ETS에는 한때 탄소배출권 가격이 폭락하는 등 시장에서조차 탄소배출권의 수익성을 의심받고 있다는 것이다.

녹색성장을 국가 아젠다로 설정해 온 우리 정부도 너무 앞서 간다는 비난과 함께 고민하고 있다. 기업별로 온실가스 목표관리제 등 환경 시책 시기를 조정하면서 선제적으로 이행하는 것도 길게 보아 뜻 있는 일이라 생각된다. 이미 병세가 깊어진 지구 구제의 시각에서 에너지 다소비형 공해의 과다 배출산업으로는 더 버티기가 힘들어진다.

이런 한국형 발전 모델이 한계 상황에서 우리가 먼저 환경선언을 함으로써 세계적인 녹색성장의 추세를 타고 기존 산업의 구조조정과 녹색성장을 기치로 내걸고 녹색혁명의 선두에 서기 위해 노력하고 있다.

사막화 방지와 산림녹화는 북한 땅부터

지구 온난화와 관련하여 녹색혁명의 기본은 CO_2를 감축하고 지구 온도를 낮추는 방법, 즉 지구녹화산업에 있다 할 것이다.

인류가 일으키는 자연 훼손이나 산업 재해의 결과는 남방의 절대 우림 지대로, 남·북극의 빙하지대로, 아프리카·아시아 지역의 사막화 진행 등으로 자연의 공격이 시작되는지도 모른다. 특히 중국의 황사 진원지인 고비사막의 남동쪽 자락과 베이징 북부지역의 사막화 접근은 예삿일이 아니다.

대륙의 공해와 황사현상은 멀리 기류를 타고 미주 대륙에 이른다고 하나 일차적인 피해지역은 한반도일 수밖에 없다. 국내 대기업이나 사회단체 등이 내몽골이나 사막지역에 식림사업을 전개하고 있지만 소수 단체의 힘으로는 해낼 수가 없을 것이다.

여기서도 우수한 한국의 산림녹화 노하우가 활용될 수 있다고 생각된다. 현지 실례로는 일본 도요다자동차의 후원으로 시작된 베이징 북방 펭닝 지역의 황사방지실험 프로젝트의 성공 스토리는 참고할 만하다. 식수 수종은 서양 포플러(에스핀)·야생살구·중국 소나무 등이며, 식수 생존율 90%의 높은 실적은 이곳과 기후조건이 비슷한 고비사막 동남 자락의 황사 발원지에도 적용이 가능할 것이다.

한국국제협력단/KOICA도 화북성지역에서 조림사업을 진행 중이다. 그러나 보다 적극적으로 여러 곳의 황사 발생지역을 포괄하고, 일부 사막화 진행 지역을 국제 협조와 한국의 산림녹화사업 노하우와 결합하는 국제 공조체제의 확립이 시급하다. 특히 사막화 지역의 경우 5m 정도를 파면 수맥이 닿을 수 있다고 하니 녹지의 복원이 가능하다는 것이다.

산림녹화 문제는 비단 황사 발원 지역뿐 아니라 가까이 있는 북한의 심각한 산림 재해지역에 대한 우려이다. 북한의 산림 황폐화는 심각한 상태로 알려져 있다. 북한의 식량 부족과 연료 부족으로 인한 산림 피폐로 홍수 조절이 안 되고, 홍수의 범람으로 인한 농지 손실과 작황 폐해 등 식량위기의 악순환이 되풀이되는 현상을 어떻게 차단하느냐의 문제가 제기되어야 한다.

남북문제 중 당장 시행해야 할 비정치적 지원 협력 분야는 두 가지다.

첫 번째는 식량 문제이다. 특히 북한의 아사 상태에서 결핵환자와 성장기 어린이에 대한 영양실조를 어떻게 해소하느냐가 급한 과제다.

북한의 아사 상태에 있는 주민 수가 얼마인지는 정확히 알 수 없으나 최근 UN 산하 WFT의 현지조사는 극심한 식량난으로 600만 명의 주민, 특히 아녀자의 건강이 심각하게 위험하다고 결론짓고 결핵환자 수를 120만 명 이상으로 추정한다.* 그 중 어린이가 30만 명이 넘는다는 보고이고 보면 우선순위를 정하여 진행시켜야 한다.

제일 먼저 어린이 결핵 퇴치와 영양 공급 계획을 짜고, 100만 명 이상의 결핵환자 격리 수용과 약제 투여 계획을 수행해야 한다. 결핵은 소모성병역(Consumption)의 전형이므로, 투약과 더불어 영양실조에서 벗어나게 하는 조치가 병행되어야 한다. 이 정도는 우리의 식량 사정이나 제약 능력으로 어려운 일이 아니다. 적십자사와 종교단체 및 시민단체의 모금운동 그리고 개발원조위원회/DAC 회원 국가로서 동남아지역이나 아프리카 여러 나라에서 창궐하는 결핵 퇴치를 위한 국제 공조의 일환으로 강력히 추진되어야 한다.

어린이의 영양실조 특히 비타민 부족은 성장 부진뿐 아니라 두뇌·지능 성장의 장애를 받아 저능아가 될 수 있는 우려가 크다. 북쪽의 일반적 영양 상태는 군 병사의 모병 키 높이를 낮추어 150㎝ 이하**도 입대할 수 있게 한 데서 엿볼 수 있다. 남쪽 사람들은 과식과 영양 과다로 비만

---

* 「생명 나눔」의 발 자료, 조선일보, 2009년 11월 25일자.
** 2012년 3월 합격 기준 142cm로 낮춤. 동아일보 주성하 기자 강연록.

체질이 되어가는 모습과 그 간격을 어떻게 하면 메워질 것인지 생각하면서 살아가야 할 것이다.

두 번째 문제는 북한의 임지 복원이다. 북쪽 산하에 녹색 옷을 입히기 위해서는 세계가 인정하는 한국의 녹화 기술을 전수하고, 사후관리를 하기 위해서는 지역별로 당국 간의 긴밀한 협조가 필요하다.

결핵 치료차 북한을 수십 번 오지로 다녀왔던 연세대 인요한 박사(세브란스병원 국제센터장)의 증언은 정말 심각하다. 오지일수록 산의 나무뿐 아니라 풀뿌리까지 채취해서 식량 대용으로 하거나 땔감으로 이용한다는 이야기다. 여러 해 동안 25만 이상의 결핵환자를 치료하면서도 얼마나 더 살 것인지를 걱정했다는 눈물겨운 이야기다.

인 박사의 현장 체험에서 나온 아이디어가 참으로 별나다. 먼저 북한에 지원할 것은 '풀씨'라고 했다. 우선 토사를 막고 지력 회복을 거쳐 나무를 심어야 한다는 것이다. 한때 우리는 식량을 수입하거나 원조를 받아서 굶어 죽지는 않았지만, 북한 주민들은 자력갱생과 자주적 개발을 통해 식량 증산 및 농지확장정책으로, 경사가 16도 이상이나 되는 산지에 '다락밭'을 개간한 것이 화근이 된 것이다.

2007년 홍수에 이어 2011년에도 심각한 홍수 피해가 보도되고 있다. 국제적십자는 홍수 피해상황이 재난 수준이라 규정하였고, 북한의 사막화 진행을 증명할 예증들이 나오고 있다. 심각한 토지 황폐화와 함께 중국과 몽골의 사막화 문제가 2011년 유엔사막방지협약/UNCCD 당사국 총회 창원 회의의 주제가 된 것이다. 북한도 UNCCD에 북한 토지 황폐화에 대한 국제 공조를 요청한 것으로 알려져 있다(발리 아세아구급회의).

한편 '다락밭'의 경우는 새마을운동처럼 협동과 협업은 하되 사유지로 하는 잘살기운동으로 연결했다면 반드시 성공했을 터인데 제도상 안타까

움이 남는다. 인 박사의 풀씨를 생각하는 절박함을 마음에 새기면서 40년
의 연륜을 쌓은 새마을운동과 민둥산을 한 세대 만에 세계에서 유례가
없는 산림녹화의 성공 사례를 활용해야 한다. 완벽한 녹색 마인드를 사막
화 된 북한 황폐지에 접목해 녹색혁명의 씨앗을 자라나게 할 수 있을 것이
다. 동남아 국가나 중국은 도·농 간의 격차 해소와 녹색성장의 원류를
따라 수천 명씩 새마을운동 현장 견학을 다녀갔다.

　종합해 보면, 풀씨·풀밭·식목·사후관리(연료 지원)+식량·결핵약 공
급+Vitamin(어린이용) 도식이 된다. 처음에는 비정부기구와 구호단체를
활용하되 점차로 정부 또는 개발원조/DAC로 넓혀 연차적으로 조직화하
여 통일 이후의 원대한 대비 계획을 소리 없이 이행하여 나가야 한다.
미래는 준비하는 자의 것이며, 지속 발전의 기틀이 되는 녹색혁명의 기초
는 산지 녹화에서 시작해 고삐를 늦추지 말아야 할 것이다.

　나아가 산림복구사업에는 민간기업의 참여도를 높여나가는 길이 있다.
북한지역의 녹화사업을 청정개발체제/CDM의 일환으로 수익화하는 방안
이 고려된다. 이 경우는 접근 가능성이 높은 개성을 기점으로 황해도 일원
을 먼저 기업조림(CDM 대상)으로 정하고 산림 소득과 지력 보강, 농지
회생 등 주민이 원하는 농가개선사업으로 연계해야 한다. 먼 앞날을 위한
실질적인 녹색기지화 작업이 한반도에는 불행한 역사를 뒤집어서 선순환
이 되도록 상상력을 넓혀 가면 새로운 자산이 될 것인지도 모른다.

　한편 비무장지대/DMZ 그 아픔의 분단 유적지가 세계 유일의 생태계를
보존한 보고라는 사실이다. 남과 북이 마음만 먹으면 세계 평화의 상징으
로 생명 보고와 과학적 탐사 그리고 세계인의 관광 명소로 활용될 수 있다.
거창한 구호보다 융화의 관계를 쉽게 할 수 있는 유엔사막방지협약총회의
주요 의제로 발전되어야 할 것이다.

Green산업의 실상과
한국 특유의 녹색혁명

발전효율과 공해 문제, 평량해 보고 판단하라

코펜하겐 유엔기후변화총회는 절반의 성공이라는 평은 들었으나 선진국의 감축 목표와 후진국의 지원 문제라는 재정 문제에 이르러서는 그리 쉬운 일만은 아닌 듯하다. 지금까지 녹색산업들이 비용면에서 효율적이지 않다는 평가로, 각국의 보조금정책이 이를 반증한다는 것이다.

호사다마好事多魔라고 했다. 1990년대 후반의 IT 버블이 미국을 고통스럽게 했던 것처럼, 수익성이 뒷받침되지 않으면 녹색 버블도 장담할 수 없는 일이다. 녹색산업의 정확한 이해가 안 된 상태에서 과당경쟁으로 중복되거나 과잉투자 또는 보조금에 의존한 불안한 수익투자로는 지속 성장이 어렵다.

녹색테마주에 대한 묻지 마 투자도 녹색 관련 주에 대한 버블이 오래 갈 수가 없었다. 재생에너지로 유도하기 위한 발전차익제도의 경우, 태양광발전사업은 다른 재생에너지원에 비하여 높은 단가로 보조금 지급 없이는 사업 유지가 어려워진다.

한국수력원자력공사의 자료에 의하면 풍력발전 단가를 100으로 보았을 때 태양광발전은 670원이며, 원자력발전 단가는 38원이다. 아무리 친환경적 에너지라 하더라도 상업적 발전으로서는 경쟁력 차이가 너무 크다.

가격 차액(발전 차액)에 대한 보조금 지급은 생산과 가격 체계를 왜곡하거나 차액 지향의 버블을 일으킬 수 있다. 발전 단가의 균형을 잡아주는 개념으로 그리드 패리티Grid Parity를 이해할 필요가 있다.

그리드 패리티는 신재생에너지와 화석연료의 공급 단가가 같아지는 시기를 말한다. 신재생에너지산업이 비용과 매출이 평형을 이루는 때부터 정상적인 영업이 가능하다는 것이다. 정책 지원과 대량생산으로 단가 개선은 점차 가능해질 것이나 발전량이나 전기의 질 면에서 원전에는 비교가 되지 않는다는 점에서 녹색 버블을 우려하기도 한다.

한편 에너지의 청정도 비교에서 화석연료인 석탄·석유·LNG 모두가 CO_2 배출량이 너무 크다는 것을 알 수 있다. 발전 단가나 청정도에서 그리고 대량생산이 가능한 질 높은 원전을 현재의 에너지 대안에서 제외하기가 어렵다. 다각적인 에너지원을 개발해나가되 에너지 부분의 녹색 버블은 걷어내며 가야 할 것 같다.

새로운 에너지 대안으로 떠올랐던 원자력발전도 2011년 3월, 일본의 원전사고 후 원자력 배척운동이 격화될 징후들이 많다. 아무리 경제적으로 효용도가 높다 해도 한 번 사고가 나면 그 피해가 너무 크기 때문이다. 방진시설 보안 강화 사용 후의 재처리 문제도 안전도

에너지	발전단가(원/kWh)	CO_2 배출량(g/kWh)
태양광	677	57
석 유	117	782
풍 력	107	14
LNG	104	349
수 력	94	8
석 탄	53	991
원자력	38	10

* 자료 : 한국수력원자력,
　　　원자력문화재단(건설유지보수비 포함)

의 강화조치가 강구되어야 한다.

일본 후쿠시마 원전사고 이후 독일에서는 현존하는 원전을 폐지하는 엄청난 결정을 하는가 하면, 프랑스는 높은 원전 의존율을 견지할 것으로 보여 극명한 대조로 보인다. 각국의 자원사정에 따라 그 대처방법도 다르다. 일본은 2012년 5월 초, 마지막 가동 중인 원전 1기의 수리 점검을 위해 가동을 중단함으로서 한때 보유 원전 54기 모두를 정지하는 극단적인 조치를 취했다.

이런 점에서 우리나라는 천혜의 자연자원의 미개발 에너지가 많다. 지금까지는 한계자원으로 방치되었던 해양자원을 개발하는 행운을 감사하는 마음으로 적극적으로 활용하기 시작해야 한다.

Green 선도 혁명의 리더들

일찍이 영국신경제재단/NEF은 「그린 뉴딜*Green New Deal*」이라는 보고서를 통해 세계가 직면한 세 가지 위기로 '금융·기후·에너지'를 꼽았다. 이에 대한 해결책은 탄소세 도입과 신재생에너지 개발 그리고 에너지 효율 향상 등 녹색산업에 집중 투자할 것을 영국 정부에 제안했다. 지구가 직면하고 있는 난제들을 정확히 요약한 제안이었다고 생각된다. 세계 각국은 지구 온난화 등 기후 변화의 대응조치로 다양한 환경 규제를 시행하는 추세라는 것이다. 일찍부터 환경규제제도를 도입해 온 EU는 모든 수입 화학물질의 등록제도 및 대기전력규제안/EUP Energy Using Products을 통해 환경기준을 강화해 왔다.*

---

* 『4만 달러 선진국 대작전』 253쪽. 『녹색성장의 길, 녹색성장의 해외 사례』 115쪽.

또한 EU는 자동차의 CO_2 배출량제한제도를 강화하는 등 환경 규제를 앞세워 역내 산업 보호와 외국 기업에 대한 견제를 통해 글로벌 녹색시장의 리더십을 선점하려는 노력을 해왔다.

미국은 오바마 대통령의 공약 이행으로 에너지 부문의 대량투자와 함께 기술투자/R&D를 지원하고 있다. 재생에너지 중 가장 일반적인 풍력발전은 총량에서 세계 제일을 유지해오고 있으며, 최근에는 캘리포니아의 모하비 사막에 대형 태양열발전소를 건설하는 등 그 동안 정체 상태에 있던 원전 건설을 재개토록 함으로써 중동 등 대외 석유 의존도를 줄이는 정책 전환을 한 바 있다.

프랑스는 1970년대 오일 쇼크 이후 에너지 자립의 길을 원자력발전을 통해서 이룩하였으며, 오늘도 원전기술의 요람 국가로 차세대 원전기술을 주도하고 있다.

3세대 원자로인 EPR/유럽형가압경수로를 개발하여 165만kW 출력 모델로 세계시장에 주력 상품으로 내놓고 있다. 한때 핀란드에 건설하고 있는 EPR 원전의 공기 연장 등 문제가 있어 수주전에 영향을 주었다. 하지만 프랑스는 이미 제4세대 원전인 고속증식로(Fast Reactor) 개발에 들어서고 있어 폐기물이 적고 핵연료를 재사용할 수 있는 강점을 가진 원자로라 한다. 몇 가지의 진화된 모델을 설계하는 듯 원전 선진국으로서 세계 최대 원전 수출 리더의 위용은 지속될 것으로 보인다.[*]

EU와 더불어 교도의정서를 이끌어오면서도 자연 재해인 대지진을 피할 수 없었으나 일본은 다른 나라에 앞서 저탄소 목표 시장에 한 발 앞서 가는 듯했었다.

일본은 나름대로 CO_2 감축 계획을 내놓고 있다. 2007년 아베 총리가

---

[*] 「원자력발전소 르네상스」, 매일경제신문, 2009년 12월 17일자.

‘Cool Earth 50’을 발표한 이래 2008년 6월 후쿠다 야오스 총리가 획기적인 온실가스 감축 계획인 ‘후쿠다 비전’을 발표 후 환경성에서는 “Clean Asia Initiative”를 통해 아시아의 저탄소·저공해 사회 실현 방법을 제시하였다.

이와 같은 역대 정부의 저탄소 사회 구축을 위한 핵심기술을 선점하고 2050년까지의 중장기 기술 개발 로드맵을 마련했다. 특히 탄소포집/CCS Carbon Capture and Storage 기술의 상용화 및 수송 분야의 CO_2 저감으로 ‘차세대 자동차 연료운영전략’을 짜는 등 각국이 경쟁적으로 녹색산업을 성장 동력화 하는 모습이다.

중국을 여러 번 여행하면서도 사막은 가로질러 가 본 적이 없었다. 지난해 실크로드 여행에서 둔황—투루판—우르무치爲魯木齊에 이르는 긴 사막길을 밤낮으로 기차와 버스로 가로질러 갔다. 둔황에서 밤차로 밤새 달려 우르무치에 이르는 동안 10분이 멀다 하고 화물열차가 지나다녔다. 새벽녘 눈을 떠보니 멀리 수없이 많은 유정油井의 움직임이 한동안 펼쳐져 중국이 산유국임을 확인할 수 있었다.

우르무치에서 타슈켄트까지 하루 종일 버스여행을 했을 때는 수없이 많은 풍차발전단지를 지나쳤다. 천산산맥의 한 능선을 넘어서면서 점점 연두색 초원이 나타나는 호숫가에 건설되고 있는 거대한 풍력발전소를 만났다. 중국 최대로 800기基를 넘는다는 풍력단지(述板城風力友發帖)였다. 한때 중국이 석유를 수출할 때도 있었으나 경제 확장으로 세계 화석연료 시장의 블랙홀로 되어가고 있다.

신강성 서북부지역은 풍차발전기를 세울 수 있는 사막지대이고 보면 풍차나 태양광발전소의 적지이고, 화석자원과 더불어 에너지의 주요 원천으로 중요성이 인정되는 곳이었다. 신강성 성도省都 우르무치에 이르는 사막지대를 지나면서 중국이란 나라를 다시 생각해 보았다. 세계풍력에너지협회/WWEA 보고서에서 풍력발전용량 1위 미국과 2위 독일을 차례로 제치고 세계 최대 풍력 발전국이 된다는 전망이다.

중국은 태양전지 패널의 최대 생산국이며 CO_2 배출을 없애 꿈의 발전으로 불리는 '청정석탄발전', 별칭 'Green Gem'의 상용화를 가장 먼저 실행할 국가로 꼽고 있다. 청정에너지 혁명의 원류를 보면, 미국의 경우 1977년 지미 카터 대통령 당시부터 막대한 투자로 태양전지 패널시장과 풍력 대비 시장을 독점하다시피 해왔다.

중국의 최고지도자 덩샤오핑鄧小平이 당시 학자들의 충고 편지를 받고 즉시 국책첨단지원사업 '863계획'(86년 3월)을 수립·시행해 왔다. 세기 지도자들의 예지에 따라 당시 관심이 낮은 미래 계획을 추진해 온 결과 오늘날 대성공을 거둔 것이다. 연전 시사주간지 <뉴요커>지는 중국의 풍부한 노동력 국가 차원의 투자와 거대한 국내시장 등 규모의 경제가 청정에너지산업에서도 위력을 발휘했다는 것이다.

통칭 차이나 프라이스(중국식 저가공세)가 세계적 경쟁업체들의 의욕상실증을 유발하여 솔라그린·GE 등은 미국 내 공장을 폐쇄함은 물론 BP 생산도 중단하고 중국 제품을 사 쓰기로 했다는 것이다. 청정에너지의 원천기술은 선진국 회사의 소유물로 되어 있었으나 상용화 가능한 국책 투자와 대량생산 능력을 갖춘 나라는 중국이 유일하다는 것이다.

미국과 함께 온실가스 배출국 1위가 된 중국을 "초록색으로 거듭났다"며, '뉴요커'는 중국을 녹색거인綠色巨人으로 지칭한다.

녹색산업이 새로운 성장 패러다임이 되면서 여러 나라들이 물밑 경쟁을 하고 있으나 역시 녹색의 리더십도 하루아침에 이루어진 것이 아니다. 많은 신재생에너지가 있으나 대량생산이 가능한 원자력이 공해가 적은 청정에너지로 인식되면서 에너지 시대의 새 경쟁 양상이 되고 있었다. 그러나 일본 대지진을 겪으면서 후쿠시마 원전 피해가 커지자 원전에 대한 새로운 공포감으로 모처럼의 원전 르네상스 시절을 되돌려 놓을 위기를 맞고 있다.

탈 원전脫原電 장기 계획을 수립해 온 독일에서는 탈 원전연도를 2050년까지 80%의 전력을 풍력과 태양광 등 자연 재생에너지로 대체한다는 과감한 계획을 다시 2022년으로 앞당겨 수정한다고 발표했다.

대량 원전 수요국인 중국의 경우도 계획 변경이 있을 것으로 보인다. 상대적인 청정에너지의 원천으로 잡았던 대량 전력 공급 원천인 원전에 집중되는 시스템에 대한 우려감이 살아나기 때문인 듯하다.

한국의 경우도 대용량 발전소 문제와 더불어 원전의 재조정 논의가 대두되고 있다. 그러나 우리는 진정으로 무공해 그리고 소모되지 않은 자연의 힘이 개발을 기다리고 있다. 바로 서해 바다다. 다른 지역에서 보기 드문 조위 차潮位差가 큰 해안이다. 이 천혜의 자원이 드디어 빛을 보게 될 것이다.

한국의 기회, 한국 특유의 녹색혁명

지구 기후 시대를 맞아 녹색성장·녹색혁명의 구호는 선택이 아닌 현실로 우리 앞에 와 있다. 성큼 다가오는 환경 규제, 녹색시장을 선점하기 위한 선진국들의 치열한 경쟁, 개도국의 선진국 책임론과 재정 지원, 기술 이전 요구 등 여기에는 양극화로 의견 조정 없이는 아름다운 용어만큼의 선순환을 기약할 수가 없다. 선진국은 기왕의 다소비형 생활양식에서 절약을, 개도국은 공해형산업을 억제하고 성장 속도를 조절하는 공식으로 단순화해도 이를 해낼 리더십을 발견하기가 어렵다.

한국 대통령의 선언처럼 녹색성장은 세계 경제의 새 패러다임으로 하여 각국이 솔선수범하는 길이 최선의 길이다. 한국도 역시 공해발생률 상위 국가로 모범을 보여야 하고, 이에 여러 조치를 취해오고 있다. 17개 신성장 동력산업을 선정하여 그 중 6개 녹색기술산업을 포함하고, 향후 5년간 GDP의 2% 수준을 투입하기로 했다.

「저탄소녹색성장기본법」의 제정에 따른 녹색 관련 법규와 제도를 정비하고, 특히 코펜하겐 한국선언에는 세계환경그린연구소/GGGI 설립으로 세계적인 석학을 초청하는 녹색 R&D 등 녹색 조정국의 깊은 뜻을 담고 있다. 한국의 독특한 녹색환경과 기재를 활용하여 지구적 사업에 기여하는 한편, 초기 산업으로 격차가 크지 않은 새 산업에 경쟁력을 높여 좁은 국내시장보다는 넓은 수출시장을 선점하는 녹색 선도국가의 이득을 누릴 수 있어야 한다.

세계가 화석연료 비중을 줄이는 원칙에 합의하고 신재생에너지의 비중을 높이는 대안을 놓고서 단기간에 대량 대체 에너지의 공급은 역시 CO_2 배출 없는 원전이 대안 에너지로 간택되어 있었다.

후쿠시마 원자력발전소의 방사능 유출 사고 복구가 끝나지도 않은 상태에서 2011년 5월 하순 프랑스에서 열린 G8 정상회의에 참석한 정상들의 활동상항은 각기 고뇌에 찬 느낌을 지울 수가 없다. 사태의 당사국인 일본의 간 나오토 총리는 총전력수요량의 50%로 채우겠다는 원전 대체 계획을 바꾸어 '선 라이즈 플랜'이라는 대담한 에너지 전환 계획을 발표했다. 태양광을 축으로 하는 새로운 에너지 정책을 내놓은 것이다.

독일은 대량으로 확보하고 있는 풍력·태양광 등 자연의 재생에너지에 대한 원천기술을 바탕으로 새로운 시장 공략을 계속할 것이다. 문제는 원전 의존율 80%가 된다는 원전 대국이며, 수출 주도국인 프랑스 대통령의 위치는 묘한 대조를 이루었다.

탈 원전을 선언한 독일과 일본의 원전 대체 계획의 원전 불신 바람을 막고, 세계 원전시장의 주도권을 확보하기 위해 혼신의 노력을 한 것이다. 그는 당장 원전을 대체할 대량 에너지원이 없고 안전한 원전이 유일한 대안임을 강조했다. G8 정상회의를 계기로 오히려 자국의 차세대 원자로의 선전에 힘을 쏟았다.

러시아는 조만간 가동 예정인 차세대 원전을 새롭게 자랑하면서 항공기의 충돌에도 견디는 4중重의 안전장치를 내세우면서 강한 수출 의욕을 보이고 있다. 일본도 베트남에 원전수출 시도를 배제할 것 같지는 않았다. 특히 프랑스가 계획 중인 ERP는 기존 원자로보다 40%가 비싸 수출용으로는 경쟁력이 없다는 판정이 내려졌지만, 오히려 일본 원전사고 이후 새로운 활로가 열렸다는 평가이다.* 즉 프랑스는 일본의 원전사고 이후 세계 원전시장에서 비싸더라도 안전한 원전을 세계 기준으로 만들어 저가 공세를 펼치고 후발국들을 경쟁에서 봉쇄한다는 전략인 듯하다.

한때 UAE 대형 원전 수주에서 패배한 프랑스가 권토중래하는 모습이다. 한국 원전이 위기를 맞고 있다. 한국형차세대원전 계획에 필사적인 노력을 기울이면서 소형 원전에서 대형화에 이르는 안전 위주로 맞춤형 시장 수요에 맞는 고도의 전략이 나와야 한다.

독일의 원전 폐기 계획은 10년 전(슈뢰더 정부)부터 준비해 온 것이며, 이미 꾸준한 투자로 대체 에너지 비율 17%(2010년 기준)를 2022년까지 40%로 끌어올린다는 목표다. 그러나 보기에 따라서는 아이러니가 숨겨져

---

* 「G8 서미트의 원전전쟁」, 조선일보, 2011년 5월 30일자.

있다. 전력 부족 시 화력발전의 확대와 필요한 경우 이웃 원전 대국 프랑스의 전력 수입도 고려하고 있다는 것이다.

우리의 경우는 독일과 일본처럼 태양력과 풍력 쪽의 누적된 노하우가 취약하여 3% 미만의 재생에너지 비중에 지나지 않는다. 그 동안 쌓아올린 대량 전원이 원자력발전 외에 천혜의 서해 바다의 힘이 넘쳐나고 있다.

서해안의 조위 차는 세계적이다. 우리나라 최초의 시화호 조력발전소 가동을 보면서 인근 해역의 어마어마한 에너지 원천에 상업적인 개발 가능성이 가시권에 들어오고 있다.

신재생에너지에도 그 부지가 문제되기도 한다. 대형 원전(100만kW) 1기 건설에 월드컵경기장 넓이면 되는데, 같은 양의 전기를 얻기 위해서 풍력은 50배 그리고 태양광발전소는 150배의 발전단지가 필요하다는 것이다. 따라서 좁은 땅에서 보다 넓은 사막지역이 발전 효율 면에서도 경쟁력이 있어 보인다. 송전기술의 발달로 아프리카 사막에서 발전하여 유럽으로 송전하는 방법이 추진되는 것도 맞는 이치인 것 같다.

같은 맥락에서 몽골 고비사막에서 생산한 풍력전기를 끌어와 베이징·서울·도쿄에서 사용하자는 소프트뱅크 손정의 회장의 원대한 꿈이 소개되고 있다. 몽골 풍력을 모두 전기로 만들면 연간 8100TWh(테라와트, 1조 와트)로, 일본 연간소비전력의 8배나 되는 어마어마한 양이다. 손정의 회장은 '자연에너지재단'을 만들어 '아시아 수퍼그리드Asia supergrid' 구상을 발표했다.

유럽은 오래 전부터 바다 밑에 해저 케이블을 깔아 전기를 교환해 왔다. 일반적으로 수퍼그리드는 대륙 규모의 광활한 지역에 고압전력망을 깔아 수력·풍력·태양광·조력 등 재생에너지를 효율적으로 생산·관리하는 것을 말한다. 소프트뱅크와 손잡은 데서테크Desertec 재단은 햇볕이 풍부한

북아프리카 사막과 바람이 거센 북유럽지역을 고압전력망으로 연결해 유럽 전역에 재생에너지를 공급한다는 원대한 계획을 추진 중이다.

손 회장의 구상이 완성되면 아시아 수퍼그리드를 통한 각 지역의 전력 교환과 거래가 가능해질 것으로 보아 동북아지역에 엄청난 에너지 합력의 시대가 가시화 될 것이다. 따라서 녹색에너지사업은 각국의 여건에 맞는 방법으로 경쟁력을 이어나갈 때 성공 확률이 높다.*

서해 바다 자원의 조기 개발과 더불어 바다 풍력발전단지의 개발도 가시권에 들어와 있다. 지방자치단체의 과당 경쟁을 조정하면서 고도의 기술 개발이 가져올 '그리드 패리티**의 시기를 노려 서해의 대량 발전 풍력 단지를 적극적으로 계획한다면 여기도 큰 기회가 있을 것이다. 서해안은 다도해·천해·굴곡이 많은 해안선 등 잘 활용하면 한국 특유의 녹색혁명을 가능케 할 황금 해안이 될 것이다.

서해의 황금 해안을 지나 남해안으로 들어서면 더없이 많은 국립다도해 해상공원이 나타난다. 그 속에 2012년 여수세계박람회가 바다의 이름으로 열렸다. 이 시기를 지렛대로 삼아 다도해 개발과 녹색관광자원의 보고를 만들어 주변 국가와 세계인의 즐거운 Fun Land 그리고 이미 추진 중인 Sun Belt 계획으로 Green Tourism의 메카로 들어가 보자.

---

* 「한·중·일 협력시대」, 매일경제, 2012월 4월 5일자.
** 재생에너지 생산 단가가 화석연료를 사용한 전기 생산 단가가 같아지는 것.

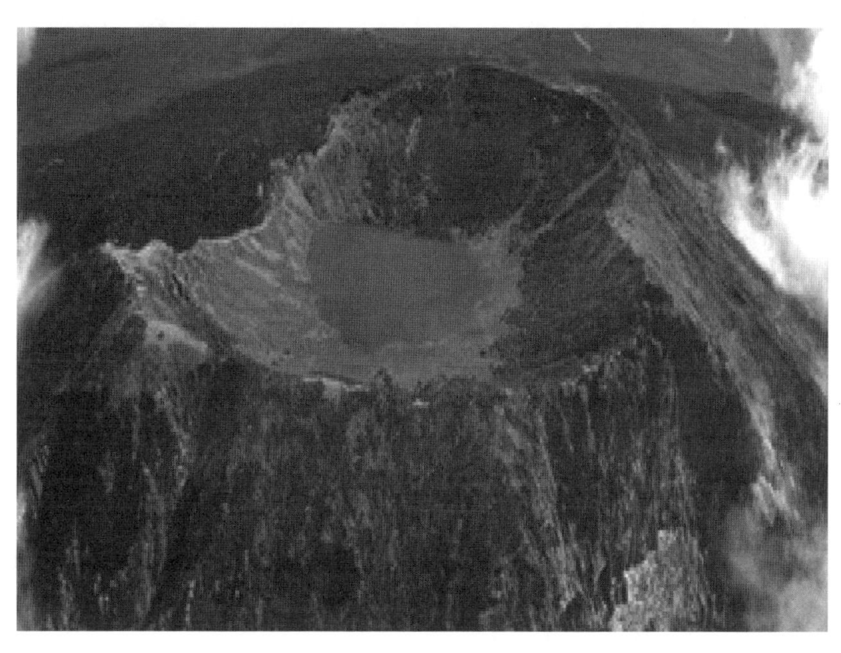

3장.
녹색의 한반도
Green Tourism의 보고寶庫 현장을 가다

황금 해안, 서해의 다도해와 천해淺海 그리고 바다의 움직임은 신비스럽게도 바다의 에너지Energy를 응축하고 풀어버리듯 태곳적의 날갯짓을 반복하고 있다.

우리에게는 황금 해안, 쾌속 성장해 온 중국 세계의 공장에서 세계의 시장으로 자라는 중국과 황해를 일의대수一衣帶水로 마주하고 있는 곳이 우리의 서해안이다.

중국의 동해안을 따라 발달해 온 해안 특구의 연장선상에서 상해上海지구는 소주·항주 등의 도시가 어우러진 메가폴리스로 발돋움하면서 2010년 상하이EXPO를 성공적으로 마무리함으로써 대륙 현대화의 꿈이 익어가고 있다. 어찌 보면 18세기 중엽 세계적인 경제적 파워를 갖는 시점을 복원해가는 중국을 보고 있는 듯하다. 중국 성장 경제의 황금 해안 건너편 한국의 서해안에도 엄청난 변화가 진행 중이다. 양안의 교역량 증가에 따라 평택항구는 대중對中기지로 커가고 있다.

변산반도 해상국립공원을 지나 새만금에는 세계 최장의 방조제 33.9㎞가 준공되었다. 중국 상해 외항의 해상 교량 길이 31㎞를 능가하는 바다의 만리장성이 이곳에 자리하고 있다. 20년 대역사로 대한민국의 지도를 바꾸어 놓게 된다.

남하하여 목포 일원의 다도해 그리고 진도로 이어지는 명승고적지, 남해의 이순신 장군 대첩지大捷地가 첩첩이 이어진다. 일본 수군을 수장시킨 명량해전 바로 그 자리 울돌목에는 빠른 해류로 새 청정에너지를 생산하는 조류발전소를 세워 세계에서 처음으로 상업 발전에 성공했다.

상해에 세계박람회는 내어주었지만 여수에서 바다를 주제로 한 바다 EXPO는 건졌다. 작지만 여수EXPO가 뭔가 일을 낼 것 같다.

여기서 시작되는 한려수도는 새만금과 더불어 세계적인 명품 해상 다도해를 만들어 주변 인구 대국들의 쉼터를 제공할 수 있을 것이다. 이에 세계 제1의 조선기지 거제도를 거쳐 창원에 이르면 주남저수지와 우포늪을 배경으로 2008년에는 세계의 친환경 회의 람사르 총회가 열렸다. 2011년 10월에는 유엔사막방지협약/UNCCD 당사국 회의가 역대 최대 규모로 대책 회의가 잇따라 열리면서 굴뚝 없는 관광자원화 회의장(컨벤션센터)을 제공하고 있다. 한국의 산업기지 울산을 거쳐 천년의 수도 경주, 세계 제일의 제철소 POSCO를 지나 동해로 북상하면 설악과 세기의 DMZ, 비무장지대에 다다른다. 동해안의 해안도로가 끝나는 지점, 눈 아래 보이는 해금강까지 언제쯤이면 시원스럽게 관통할 수 있을까. 아!

그리운 금강산을 부르면서 한반도를 분단한 250㎞의 DMZ를 가로질러 임진강 어구 강화섬에 다다른다.

강화섬은 말 그대로 보물섬과 같다. 역사 현장에다 천연자원 그리고 대륙 침략과 개화기 겨레의 영욕을 고스란히 안고 있다. 또한 다른 나라가 갖지 못한 천연자원 황금 해안의 바다 힘이 넘쳐난다.

지구촌의 온난화로 몸살을 앓으면서 그린과 생태 복원을 외치고 있는 때 람사르총회 및 유엔사막방지협약 회의와 더불어 경주에서는 UN세계관광기구총회 등 대형 관광 회의가 잇따라 열리면서 한반도는 그린 투어리즘의 메카처럼 되어 간다.

경주를 찾은 유엔기구 관리들은 한결같이 한국은 그 자체로 세계적인 녹색 관광지가 될 수 있는 자연자원과 역사문화가 어우러진 녹색 관광의 잠재력이 충분하다는 것이다. 녹색생태관광은 관광산업의 메가트렌드로 자리 잡아가면서 다른 관광 분야보다 빠른 속도로 성장하면서 생태관광 비중도 크게 증가할 것으로 전망한다.

정부는 한때 서해의 교역·과학 벨트·시화호 개발 등을 강조하고, 서남해의 다도해국립공원을 아우르는 선벨트Sun Belt로 동해의 에너지 및 관광 그리고 DMZ 생태관광지역으로 발전한다는 구상을 발표한 바 있다.

우리나라의 서·남·동해와 분단의 자국인 DMZ를 둘러보면 말 그대로 녹색 생태관광을 위한 인프라는 무궁무진하다. 세계적인 생태 공원인 우포 습지, 순천의 광활한 연안생태공원, 세계적인 생태환경보호지역으로 주목 받는 DMZ 외에도 4대강 치수사업도 환경 개선의 현장 실습지로 떠오른다. 대한민국만이 갖는 서해의 조력자원화를 통한 최대의 무공해 바다자원의 동력화 현장 등을 모아 엮으면 말 그대로 생태관광 그린에너지 투어리즘의 메카가 되기에 부족함이 없다.

세계 관광의 새로운 개념인 Green Tourism의 관점에서 한반도를 둘러보는 그린투어의 1번지는 서해의 시화호가 그 시발점이 되어야 한다.

당초 담수호로 만들어진 시화호가 돌이킬 수 없이 부식되면서 바다와 통수通水하는 과정에 환경 변화의 기폭제가 된다. 감히 제방을 쌓으면서 시작하기 어려운 조력발전기를 그 자리에 쉽게 설치하면서 서해의 높은 조위 차를 확인하게 된 것은 금세기의 위대한 발견이다. 바다의 힘에 의한 에너지 혁명이 시작된 것이다.

서해의 응축된 바다의 힘
조력발전의 메카

시화호의 부활, 평택항의 성장

시화호는 당초 농업용수 및 공업용수로 사용될 담수호로 만들면서 대부도 등 서해의 섬들을 연결시킨 방조제로 건설되었다. 그러나 호수의 부식은 전화위복의 계기가 되었다. 담수호를 포기하면서 기존 방조제를 허물어 바다와 트는 그 자리에 조력발전기를 장치하게 된 것이다.

해수 유통으로 시화호의 수질과 생태계의 서식환경이 현저히 개선되면서 주변 지역의 MTV 도시계획 등 지역과 연계된 시너지 효과와 더불어 최초의 대량 청정에너지를 향유하는 지역이 된다. 썩은 시화호는 녹색경제 시대를 맞아 Green Energy원으로 화려하게 거듭난 것이다.

이 녹색 첨병은 직선으로 가던 방조제가 작은 가리섬에서 구부러지는 곳인 대부도 쪽 제방 아래 2만 5400kW짜리 터빈 10기를 설치하여 총 25만 4000kW 시설용량의 조력발전소를 건설하면서 세계 최대의 조력발전 지역으로 발돋움하게 된다. 발전 방식은 초저낙차 발전으로 단류식창조발전시스템이다(밀물시 발전). 이미 팔당발전소에 들어와 있는 발전기(Bulb)로 낮설지 않은 노하우를 쌓아 왔다.

조력에 의한 상업 발전은 1967년 프랑스의 서북 해안 랑스 하구에 건설되면서 드골 대통령의 높은 코가 한 치나 더 높아졌다고 할 만큼 제해制海 자연자원의 활용이라는 면에서 각광받았던 곳이다. 당시 석유 등 화석연료에 비하여 건설 단가가 워낙 높아서인지 랑스발전소 이후 몇 군데의 시험 발전소 외엔 세계적으로 조력발전소 건설 소식이 들리지 않았다.

몇 차례의 석유 파동을 거치면서 높은 단가의 석유 가격은 경제적으로 한계자원이었던 자연자원이 햇빛을 보게 된 것이다.

우선 시화조력발전소만으로도 현존하는 세계 최대의 랑스 조력을 능가하고 있으나, 서해의 황금 해안에 부존하는 엄청난 바다의 힘에 의한 불소모성 청정에너지는 개발 방식에 따라 무한정의 새로운 자원이 된다.

바다는 육지의 열 배 넓이를 가지고 있으나 다도해에다 얕은 바다를 가진 자연조건에서도 서해는 단연 조력발전의 적지이다. 특히 한반도의 경우 태안반도에서 시작해 강화도에 이르는 사이의 조위 차가 크고, 그 이남이나 북쪽으로는 간만의 차가 현저히 줄어들고 있다.

시화조력발전소에서 남으로는 가로림만의 천혜의 요지가 있고, 시화호의 북쪽으로는 인천 앞바다 영종도 서북지역과 그 위로 강화 해역에 강화조력이 계획되어 있다. 서해의 슬픔과 통렬한 아픔, 안보의식을 높이게 된 백령도는 이 지역보다 외해에 위치해 있지만 천안함의 선수 부분 철구를 하루저녁 사이에 수 킬로미터씩 옮겨버린 바다의 힘을 목격하지 않았는가. 그들이 원한다고 해도 그쪽 해주지역으로 올라가면 현저히 낮아진 간만의 차이로 발전이 불가능하다.

발전기는 시화호에서 보듯이 돌출 부분이 없이 제방 아래에서 조용히

발전하면서도 공해가 없고 소음도 바다 속으로 잦아든다. 그리고 그 둑 위에 직선의 해상 하이웨이가 되면 바다를 통해 침투하기 어려운 방공 요새가 된다. 환경단체와의 일전이 남아 있다 해도 다음 과제로 하고, 여행 의 시작지인 시화호를 떠나서 남하한다. 시원하게 뚫린 서해안고속도로를 달리다 보면 서해대교에 이르러 평택당진신항의 발달과 그 규모를 보면 대중국 수출기지의 모습으로 각인되면서 오른쪽 바다 위에 수출용 자동차 부두에 빼곡히 정렬된 영롱한 색깔의 차들을 보게 된다.

평택항은 1986년 국제무역항으로 지정되었으나 2000년 컨테이너선을 띄우면서 본격적인 상업항으로 성장했다. 당초 8개의 선석이 33개로 늘어 났고, 자동차 전용석까지 갖추는 신항으로 발전했다. 평택당진항이 누리 고 있는 지리적 조건은 매우 좋다. 평균수심 14m의 서해안 항구로는 5000 톤급 이상의 대형선박 접안이 가능할 뿐 아니라 수도권 남부의 산업단지 와 외특전용단지 등의 밀집지역을 배후지로 하고 있다.

최근에는 안성·평택·아산 등지에 자동차회사와 제철소 등 산업기반 시설이 확대되고, 전자 등 첨단산업 및 대학연구소 등의 산업 클러스터 등 글로벌 네트워크 형성이 가능한 곳이다. 2008년부터 미주와 유럽으로 항로를 확장하면서 중국 일변도이던 항구가 세계로 뻗어나가면서 쾌속 항진을 하고 있다. 컨테이너 전국 4위, 자동차 처리량 2위 등 최근의 물동량 이 증가하면서 부산신항, 광양항과 더불어 3대 국책항이 되고 있다.

꽃게잡이 어항이던 작은 포구가 지금은 공식 평택당진항으로 되어, 이 름 그대로 당진·아산만 일대를 커버하는 큰 항구로 변모한 것을 보면서 격세지감을 느낀다. 최근 평택당진항의 확장 공사가 갓 마무리된 신항을 내려다보면서 서해대교를 건너 남단의 횡단도에 세워진 서구풍의 휴게소 를 보면서 닿은 곳이 당진 땅이다. 그리고 서산으로 들어가면서 느리고 정겨운 전형적인 충청도 말씨가 다가온다.

해미읍성과 성지 순례

이 지역을 지나면서 역사의 현장, 충절의 고장들을 그냥 지나칠 수는 없다. 서산 IC를 빠져나오면서 제일 먼저 떠오르는 곳이 수덕사다. 개심사·덕산온천 그리고 윤봉길 의사를 모신 충의사와 유관순 성지 등 다른 곳에 비해 성역시 해야 할 유적지가 많다.

특히 윤봉길 의사는 약관 25세의 나이로 1932년 4월 중국 상해 홍구공원에서 침략자로 승승장구하던 일본군의 천장절기념식 전승기념행사장을 폭파하는 장렬한 거사를 성공시켰다. 이때 일본국 사령관인 시라카와白川 대장이 즉사하고 군 수뇌급 여러 명이 중상을 입었으며, 대한민국 국기를 세계만방에 선양하였다. 윤 의사 거사는 100년 전 경술국치 이후 안중근 의사의 하얼빈 역사에서의 이토 히로부미伊藤博文 저격 사건과 기미년 (1919. 3. 1) 민족 독립운동에 이어 항일투쟁사의 맥을 이어갔다. 충의사는 1968년 윤봉길 의사의 생가 인근에 사당을 세우고 정화사업을 계속하면서 사적지의 모습을 갖추었다.

그리고 역사의 현장에서 빼놓을 수 없는 곳이 바로 해미읍성海美邑城이다. 남도의 낙안읍성과 진도의 남가석성 등과 더불어 비교적 원형이 잘 보존되어 있고, 모두가 조선시대 해안지역에 출몰하던 왜구와 관계가 있다는 점이다. 태종 때(1416년) 축조하기 시작하여 세종 3년에 완공된 성 둘레 1800m, 높이 5m 평지의 원형성체(Fortress)로 원형原形이 온존하다.

덕산에 주둔하던 병마절도사가 옮겨 와 효종 때(1651년) 청주 상당산성으로 이설되기까지 230년간 병마절도사 영지로, 외지에 근무하던 충무공 이순신이 병사영의 군관으로 부임하여 복무하였던 기록이 남아 있어 감회가 새롭다. 1579년 병마절도사 이전移轉 이후에 해미읍성이 되고, 문무를 겸한 겸영장兼營將이 배치되어 호서좌영湖西左營으로 명명되었다.

한편, 해미읍성은 조선 후기 천주교 박해 및 집단 순교지로 유명하다. 한국 최초의 사제 성聖 김대건 신부의 증조부가 이곳에서 옥사하였다. 선학들의 영향 아래 천주학이 크게 번성하였고, 병인양요와 오페르트 외 남연군 묘(1868년, 대원군 선친) 도굴 사건 이후 박해가 극심해진다.

당시의 겸영장은 내포지방 13개 군·현의 군권도 쥐고 있어 이곳 신도들을 모두 잡아들여 처형한 신도 수가 1000여 명에 이른다고 한다. 당시 천주교 박해 시 수가 너무 많아 해미천에 웅덩이를 파고 생매장했던 곳에 해미순교탑(1975년)이 세워지고 천주교성당(2003년)이 세워졌다. 많은 사람이 생매장되었다고 전해지나 성당 매립 사망 확인자 명단에는 135명, 성명 미확인 47명 등 182명이 새겨져 있는 이곳은 우리나라 최대의 순교 성지로, 매년 수만 명의 성지 순례 행렬이 이어진다.

해미읍성은 군사·행정·천주교도의 순교지로서 수많은 역사의 표적들이 전란 때 그리고 일제 강점 하에 모두 파괴되고 철거된 뒤 호서좌영 등 일부 관아만을 복원하고 있다. 한때 일제의 신사가 지어 지는 등 치욕의 역사를 치렀다. 최근에는 공원화로 정비되어 있으나 텅 빈 공간에 역사적인 애환과 한恨이 가득한 곳으로 여겨지는 역사 현장에서 잠시 멈추어 상념에 잠겨본다.

가로림만 조력과 태안의 생태 보고

해미읍성을 뒤로 하고 해양자원을 캐러 가야겠다는 생각으로 태안을 거쳐 북상해 603번 도로를 타고 먼저 다다른 곳이 가로림만으로 향하는 조용한 시골길이었다. 물은 두 차례 오고나가지만 아름다운 바다 호수처럼 느껴지는 청정지대로, 요지에는 미적 감각을 살린 모텔과 찻집이 자리 잡고 있다. 한참을 달렸을 때 확 트인 대양을 만난 듯한 곳이 바로 가로림만의 남쪽 끝이다. 마곡의 남단 포구에는 막 잡아 올린 생선들을 처리하느라고 분주하게 움직이는 어부들의 모습이 보였고, 여느 포구처럼 횟집도 몇 군데 열려 있었다.

바로 이곳이 해양에너지 조력발전 최적지의 하나인 가로림만이다. 바다 남단과 불과 2㎞ 거리의 북쪽 어구를 이으면 바로 대산공업단지로 연결된다. 북으로는 당진항과 아산만이 바로 지척이다.

지금 도로를 타고 대산공단을 가려면 수십 ㎞를 돌아서가야 하고, 그 사이의 여러 해안초소를 거쳐야 할 것이다. 바로 이 바다에 2㎞의 방조제가 건설되면 세상이 완전히 달라진다. 무공해 그리고 소모되지 않는 청정전기 생산이 가능하다. 발전 방식에 따라 차이가 있겠으나 2㎞의 방조제는 해상 하이웨이로 대산읍을 순식간에 잇고, 남쪽 하감포에서 시작되는 서해의 해수욕장이 바로 코앞으로 줄줄이 다가선다.

방조제는 가로림만의 큰 호수를 만들어 새로운 풍경을 만들고 수많은 해안초소가 필요 없게 된다. 2㎞의 둑이 수십 ㎞의 굴절 해안을 단순한 내수면의 굴곡으로 만들어버린다. 내륙의 호수처럼 변한 만灣 안쪽에는 새로운 어장이 가능한 곳이다. 양식과 해조류 등 새로운 방식으로 넓은 만을 이용하는 길이 열린다. 이곳에서도 환경단체의 걱정이 많은 곳이나 최소한의 자연 훼손과 바다 에너지의 활용이라는 엄청난 성과를 충분한 설명으로 최선의 대책이 강구되어야 한다.

시화호 방조제는 6㎞에 달하는 길이로도 전력 생산량에서는 가로림만

2km의 조력저수지와는 비교가 안 된다. 바다를 막아 죽음의 호수가 된 시화호는 조력발전소를 세우면서 청정에너지뿐만 아니라 바닷물의 순환을 복원하여 환경 문제도 해결한 것이다. 조력발전은 방조제 건설에 막대한 비용이 들기 때문에 이곳 가로림만이 최적지란 이유는, 만 어구 2km만 막으면 큰 조력저수지가 마련되기 때문에 항상 최적의 후보지였다. 그런데 시화호의 부식 사건으로 순서가 바뀐 것뿐이다.

생태환경과 관련하여, 시화조력발전소의 경우 시화호 수질은 외해수와 같아져 조력발전소가 인근 수변 지역 및 호수 내 수역의 생태계에 미치는 영향은 크지 않게 복원된 것을 전문가들은 확인하고 있다.

지도를 보면 태안해상국립공원이 바로 가로림만 남단 언덕 너머에 있는 것처럼 보이나 지금은 도리 없이 태안 쪽으로 나와서 해상국립공원 상단인 학암포로 가는 길을 택했다. 그래도 이 10km의 지방도는 너무도 아름답다. 태안의 백일홍 가로수는 일품으로, 포도나무처럼 키가 크지 않고 버들처럼 꽃씨 날개도 없다. 아담하게 자라면서 여름과 가을 내내 꽃을 선사한다. 학암포로 가기 전 바로 앞에 구레포해수욕장이 있다. 공개하기 싫은 매우 아름답고 때 묻지 않은 곳이다. 해안이 완만하여 아이들의 안전에도 문제가 없다. 이곳에서 고개 하나를 넘으면 신두리해수욕장으로 연결된다.

해수욕장 서북편 안쪽으로 가면 흔치 않은 사구가 있다. 바로 태안 '신두리해안사구'로, 금세기 들어 자연유산인 천연기념물로 지정된 지구과학기념물이기도 하다. 폭 500m에 길이 1.3km의 넓이에 해당화가 드문드문 피어 있고, 갯메꽃·갯그령·좀보리사초 등 처음 듣고 보는 식물이 신비스러울 뿐 아니라 바다 쪽에는 황금빛 모래가 쌓여 있다. 그 남쪽으로는 십리포·백리·철리·만리포로 이름 지어진 해수욕장이 남으로 이어지며,

내륙 쪽에는 천리포수목원이 자리하고 있다.

미국인으로서 한국에 귀화한 지식인 밀러(한국은행 근무)가 평생 공들여 조성한 수목원으로, 한국인도 해내지 못한 수목원에 귀한 식물들을 가꾸고 보호해 온 숲이다. 태안해상국립공원은 남쪽으로 이어져 꽃지해수욕장을 지나 천수만의 남쪽 어구에까지 넓은 해안과 섬 바다를 포괄하고 있다. 꽃지는 인근 개발지의 영향이 얼마나 참혹한지를 웅변하는 산 증거다. 인근 지역의 꽃박람회 위락지 개발 및 해안도로 개설이 생태계에 영향을 끼쳐 해수욕장 모래를 파도가 쓸고 나가 폐허처럼 변하고, 인근 포구는 모래 언덕으로 폐항의 위기에 놓여 있다.

폴더문화에 익숙한 바다 둑(제방)의 나라 네덜란드도 자연 파괴인 공장지물들은 파괴해 생태 복원 작업을 한다고 했다. 지방 방백들의 기념비적인 성과물 만들기 덕에 깨진 생태문화 복원이 시작되어야 한다고 생각된다.

태안반도와 육지 쪽 홍성지역 사이에 넓은 천수만이 있다. 안쪽으로 일부 간척지로 만의 넓이를 좁히고 있으나 이곳 역시 대용량 조력발전이 가능한 곳으로 보인다. 신중히 보호하고 재생에너지(Green Power)의 세계적인 기지의 대망을 이룰 수 있는 또 다른 후보지이다.

세계의 최대 역사, 황금 들판 새만금

5천년 역사상 최대 역사役事의 하나인 새만금방조제가 완공되었다. 20년에 걸쳐 공사 중단과 시행을 반복하면서 총연장 33.9km의 방조제가 마무리된 것이다. 변산반도와 군산시를 잇는 방조제는 가력도와 신지도, 야미도 및 비용도를 연결해 세계 최장의 명물을 만들어 낸 것이다.

외국인들이 바다의 만리장성이라 부를 만큼 현존하는 최장의 네덜란드 주다치방조제(32.5km)를 능가한다. 바다 둑의 기저 넓이가 평균 290m, 최대 높이 36m의 방조제에 들어간 토사 1억 2000만㎥는 상상하기 어렵다. 새만금방조제의 완공은 외곽 시설의 준공으로 새만금의 꿈을 이루려는 시작에 불과하다.

당초 단순 농지 확장 목적에서 새만금의 토지 이용 계획은 다양하게 진화하고 있다. 새만금 내부 개발 사업에는 2020년까지 총 212조 원이 투입되며, 조성될 용지면적은 2만 8.000ha에 이른다.

새만금간척지에는 세계 규모의 재생에너지단지를 포함해 산업용지, 관광레저, 국제 업무 및 생태환경, 과학 연구, 농업용지 등으로 구분하여 각기 친환경적 허브의 비전을 담고 있다. 탄소제로지역으로 선포하면서 첨단산업융합, 신재생에너지, 리사이클링 개발 전략과 관광레저 및 생태환경 영역을 넓게 잡은 구상은 금세기 산업 요체인 신산업을 망라한 설계는 동북아의 새 녹색환경 중심지의 육성 의지가 뚜렷하다.

새만금간척지 사용 계획에는 당초보다 70%인 농업용지가 30%로 줄어들고 있으나 인접 녹지와 수질개선 공간, 야생조류 및 습지보존개발구간 등 21%의 권역을 합하면 농업 생태 공간이 과반수 지역을 덮고 있다. 녹색환경의 이상과 수변의 명품 복합도시 건설을 아우르는 녹색·생태 관광의 새로운 꿈을 이루기에 충분하고도 멋있어 보인다.

전체 국토의 많은 부분이 바다보다 낮은 네덜란드의 특성상 간척용 방조제의 기술력은 세계적으로 유명하다. 최장의 주다치방조제도 해일 피해와 홍수조절용으로 건설되었으나 농업에서 관광과 바이오 첨단산업 등이 접목되면서 세계적인 최고의 간척지로 진화해 온 것이다.

방조제 축조시의 환경 복원을 위해서도 새만금의 과반수 농업환경구역을 확보한 것은 천혜의 기회다. 마음만 먹으면 이곳에 모든 새 농경기술의 세계적 실험장으로 그리고 첨단농업기술의 요람으로 마음껏 그림을 그릴 수 있다고 생각된다.

네덜란드 뿐 아니라 덴마크의 농업기업화 정책, 뉴질랜드의 고부가가치 농업 및 전략적 글로벌 마케팅 전략, 일본이 추구하는 자연 유기농 제품의 부활과 대량생산 전략 연구 등을 참고하는 기회도 갖게 된다.

동진강과 만경강 자락의 농업용지도 고품질 농경으로 세계시장을 바라보는 차원에 접근해야 한다. 농업도 단순한 벼농사에서 다양한 작물과 원예단지, 대규모 농어업회사, 농산물 클러스터, 자연 순환 유기농농업단지 등으로 변모한다.

신재생에너지 쪽에서도 바이오 작물재배단지도 구상되고 있다. 이제 농업도 단순한 1차 산업이 아니다. Bio나 IT, 나노가 복합되는 첨단화의 실마리를 잡아간다. 농림부 장관도 이러한 농업의 세계적 기반 확충을 위해 카길이나 네슬러 같은 대형 유통 물류회사의 설립 지원을 강조하고 있다. 더욱이 새만금 도시를 아리울(물+울타리의 뜻)이라는 순수 우리말로 된 국제도시를 계획하면서 암스테르담이나 베네치아 등을 모델로 세계적인 수변도시를 만들겠다는 꿈이 아니길 바란다.

새만금은 주변 부국들의 관광 요람 단지로 첨단 농업이나 유기농 녹색산업 등 Green Tourism의 세계적인 명품 도시 지역으로 승화될 것이다. 네덜란드와 다른 방조제 기술도 지구촌의 부족한 땅을 넓히는 기술 상품으로 어려운 나라를 돕는 길이 될 것이라 생각된다. 인공 섬 방식의 신항만과 더불어 군산공항에 국제선을 띄워, 대중국 물류 및 관광 거점으로 육성하는 등 국무총리를 위원장으로 하는 위원회가 새만금종합개발계획을 조종해나갈 것이다.

서해의 힘과 다도해해상공원 프로젝트

시화호·가로림만·천수만의 조수 간만 차이에 이어 서해의 얕은 바다는 바람을 이용한 해상풍력발전으로 바다의 힘을 살려내는 시도가 구체화되고 있다. 바로 영광 앞바다의 해상풍력발전 클러스터를 활성화하여 전라남도에서 5GW의 대단위 풍력설비단지를 계획하고 있다. 인근 도道와의 유치 경쟁을 하고 있으나 많은 단지가 기여한다면 나쁜 일은 아니다.

영광은 영광원전 6기(600만kW)와 더불어 정부의 해상 풍력 로드맵에 따라 해상전력설비단지를 만들어 신재생에너지, 친환경 전기자동차의 선도지역으로 발전에 기여한다는 구상도 있는 듯하다.

전라남도에서 추진하는 5GW 풍력 프로젝트에 대한 투자선의 평가도 높은 편이어서 세계 풍력시장 점유율 1위(20%) 기업인 덴마크의 베스타스를 위시하여 풍력제어시스템의 세계적 기술을 보유한 독일의 SSB웬드시스템스, 풍력발전프로젝트 개발에서 설비 생산까지 일괄 생산체계를 갖춘 바드 사 등이 전라남도에 투자 의향을 보인다고 한다.* 이에 따라 국내 투자도 촉진될 것으로 전망하고 있다. 전남이 추진하는 5GW 해상발전프로젝트는 400만 가구가 일 년 동안 사용할 수 있는 전력량으로 놀라운 일이다. 해상풍력은 부지 부담 없이 세울 수 있다는 장점으로 보아 바다는 또 하나의 서해 그린자원에 추가된다.

시화호를 시작으로 가로림만·천수만 등의 녹색에너지원의 유력 후보군을 거쳐 글로벌 명품 복합단지 새만금에는 세계 최대의 신재생에너지단지도 들어선다. 영광의 바다 풍력도 이 선에서 이어지는 친환경에너지의 연장선상에 있다. 남쪽으로 이어지는 무안국제공항은 서해의 무한한 가능

---

* 매일경제, 2011년 4월 16일자.

성을 용해하면서 마주보는 중국·동남아 그리고 세계로 이어질 환금해의 서남부를 커버하는 소중한 공로空路가 될 것을 기대한다.

무안 앞바다는 사실상 육속화 되어 있고, 떨어진 섬들도 페리로 건널 수 있어 수운과 육운의 융합으로 멋진 여행길이 열려 있다. 지도·중도 그리고 임자도의 천일염은 정제염과는 전혀 다른 맛을 자랑한다. 특히 신안군 신의도의 염전은 갯벌 천일염으로 유명하다.

전 세계 갯벌 천일염생산량(40만t)의 6분의 1 정도를 생산하는 세계 최대 규모의 '갯벌천일염농장'이다. CJ식품연구소 분석에 의하면, 세계적 명품 브랜드인 프랑스의 '게랑드소금'보다 훨씬 높은 비중의 마그네슘과 칼슘 성분 그리고 게르마늄 성분이 많게는 3배 이상이 함유하고 있어 그 우수성 이 입증되어 일부 대기업이 글로벌 브랜드화에 나서고 있다고 한다. 청정 갯벌 천일염은 전 세계에서 프랑스·한국 등 일부 지역에만 남아 있다. 우리 는 이곳에서도 세계적인 그린산업·그린 명품을 추가하게 되는 셈이다.*

잇대어 천여 개의 섬으로 엮어진 신안군으로 이어진다. 이제 이 섬들은 목포 광역권에 들어온다. 여러 해 동안 답보 상태였던 '서남해안 관광레저 도시개발사업', 'J프로젝트'(전라남도가 2004년부터 추진)도 F1/Formula One 세계자동차경주대회 개최의 초기 성공을 계기로 사업 추진에 힘이 실릴 전망이다.

F1사업은 전남의 미래 성장 동력으로 추진하는 J프로젝트의 선도 사업 으로서 주요 비중을 차지하고 있다. F1경기장을 포함한 삼포지구에는 경 기장과 연계된 연구 및 교육 시설, 체육 마리나 시설 등이 들어서는 동양 최고의 모터스포츠 클러스터가 형성된다. 이 사업 계획에는 대형 골프장 ·호텔·요트 시설의 건설이 포함되어 있다.

---

* 조선일보, 2011년 11월 17일자.

신안 바다의 500개 섬을 잇는 레저타운 구상도 나와 있다. 이 속에는 김대중 전 대통령의 생가가 있는 하의도를 포함하는 국제휴양지로 개발한다는 구상인 듯하다. 이 섬들은 상당 부분 육속화 되어 있고, 일부 다도해해상국립공원에 잇대어 있어 넓은 해역을 민간투자만으로는 어려운 점이 보인다. 실제로(일명 다이아몬드프로젝트) 이 사업들이 정체 상태에 있는 점과 청정해역의 정상 개발을 위해 치밀한 설계와 외자 등 재원 조달의 정상화가 필요하다고 생각된다. 신안군에는 홍도·흑산도·우이도·동백군락지 등 천혜의 자연이 빚어 낸 서남해역의 보석들이 포함되어 있다. 서해와 남해를 잇는 수많은 아름다운 섬들을 제대로 개발하는 사업으로 남해안의 Sun Belt 구상을 연계 프로젝트로 삼아 21세기 친환경 서남해 관광시대의 별자리가 되게 해야 한다.

신안군에 있는 섬의 군락 및 F1경기장 등 J프로젝트의 배후 중심 도시는 목포다. 서남해안의 최대 도시이며 유명한 유달산의 노적봉, 영산강의 황포 돛대, 자연사박물관 등 볼거리가 많다. 그러나 영산강 기슭에 자리한 고하도를 아는 사람은 그리 많지 않을 것이다.

이순신 장군이 무고로 파직 당한 뒤 옥고를 치르고 나서 정유재란이 일어난 1597년 8월 삼도수군통제사로 재임명 교서를 받았다. 무너진 조선 해군을 수습할 겨를도 없이 그 해 9월 명량해전에 임한다.

이순신 장군은 바로 이 시절 왜의 재침 대비와 서해 수호를 위해서 수군의 재건이 너무나도 절실했기 때문에 조선함대의 통제영을 고하도로 옮겨 군량미 비축과 병선 재건의 여유를 가졌던 곳이다.

남해의 다도해해상공원과
Sun Belt 구상

명량해전 대첩지 그리고 조류발전의 성공

임진왜란의 격전지 명량해전으로 잘 알려진 울돌목은 명량해협으로, 한때 해상왕 장보고 시절부터 한·일·중을 연결하는 교역로인 서·남해를 싸고도는 바닷길의 길목이었다. 우수영 터 언덕에서 내려다보는 울돌목의 소용돌이 물결을 보면서 왈칵 눈물이 쏟아졌다.

이순신 장군이 옥에서 나와 백의종군하다 우수사로 재임명돼 남은 배 12척으로 왜선 130척을 맞아 싸운 곳이라고 생각하니 감회로 가슴이 벅차왔다. 세계 해전 사상 전무후무前無後無한 전승全勝 전적도 뛰어난 전략만으로 이루어진 것이 아니라는 점이다. 전투에 임하여 목숨을 바친 불굴의 투혼, '生卽死, 死卽生, 즉 "살고자 하면 죽고, 죽고자 하면 산다"는 정신의 힘이라고 생각되기 때문이다.

부족한 지원 세력은 강강술래로 동원된 남장한 부녀자로 위장하고, 울돌목에 가로질러 걸쳐 놓은 쇠사슬까지 많은 이야기가 전해오고 있으나 목숨을 건 장수를 따르지 않을 부하들이 있겠는가. 승리는 지략과 담력과 투혼 그리고 지형지물의 철저한 활용이었으리라.

임진왜란 사상 가장 극적인 이 전투에 임하면서 전임자가 잃은 수백 척의 전함에 불평함이 없이 오히려 "尙有12隻, 微臣不死/상유12척 미신불사" 즉, "아직 12척의 배가 남아 있고 소신 또한 죽지 않았다"라는 시구로 선조 임금의 걱정을 덜고 장병들을 격려한 것은 너무나 유명하다.

긍정적인 마음은 곧 일당백—當百의 무서운 힘을 발휘하며, 조류가 하루 네 번 바뀌는 울돌목의 바다 속으로 왜선을 수장시켜 대승을 거둔 것이다. 더욱 감격스러운 것은 왜란의 대승첩지에 새로운 산업의 불꽃이 일어나고 있다는 사실이다.

여러 해에 걸쳐 해저 시설물 설치에 실패해오던 중 지난해 드디어 성공하면서 처음으로 해류발전기 장착을 해냄으로써 조류발전潮流發電의 상용화 시대를 열게 된 것이다. 목말라 하는 전원, 그것도 무공해 녹색자원을 추가하면서 대량 발전을 가능케 한 것이다. 진도 앞바다 명량해협의 상업발전이 성공한 스토리에 더하여 해상 다도해 진도의 부속 도서인 장죽수도와 맹골수도에 대량의 조류발전이 가능하다는 소식이다.

한때 격전지였던 해역이 녹색자원의 보고가 된다는 것이다. 동서발전(주)가 울돌목에서 9만kW, 장죽수도와 맹골수도에서 40만kW의 천연자원이 개발을 기다리고 있다. 이미 이 부분에서 선진국인 독일 기술진이 답사를 끝낸 상태라고 한다. 신재생에너지 전문업체인 레네테크 사(독일)와 포스코건설이 공동 추진하는 조류발전은 첨단수평축기술로 발전 장비가 해저에서 작동해 해상 선박의 통행을 방해하지 않는다. 특히 윤활유를 쓰지 않는 터빈을 사용하는 등 아름다운 주변 다도해해상공원을 오염시키지 않고, 세계 최대 조류발전단지를 개발하는 쾌거를 동시에 이룬다는 것이다.

이곳은 19세기(1816년) 프랑스 탐험가 Basil Hall의 상조도 일대 기행문이 세인트헬레나 섬St. Helena에 유배돼 있던 나폴레옹Napoleon Bonapart에게 보고된 일화가 있을 정도로 아름다운 다도해가 이곳에 펼쳐져 있다.

진도는 우리나라 섬 중 제주도와 거제도에 이어 세 번째로 큰 섬일 뿐 아니라 크고 작은 섬 260여 개를 거느린 도서군락으로는 가장 아름다운 해상공원으로 꼽힌다. 정부가 추진하는 남해안 선벨트Sun Belt종합계획안의 다도해권 해양 레포츠의 허브로 각광받는다. 테마별로는 이순신 장군 등 역사자원을 활용한 해상영웅벨트(진도·완도·거제), 남도문화탐방벨트(해남·진도·통영) 등으로 조성된다.

역사적으로 보면 큰 섬, 기름진 섬이란 것에 너무 많은 역사적 사실이 숨 쉬고 있다. 명량해협의 길목이며 진도대교가 건설되기 전까지 진도의 관문이던 벽파진은 일본에서 남해와 서해를 거쳐 중국으로 이어지는 고대 해로의 일부다. 몽골에 무릎을 꿇은 고려 조정에 반발한 삼별초 군사들이 1000여 척의 배로 내려와서 이곳에 상륙했다. 삼별초가 여몽麗蒙연합군에 패(원종 11년, 1270년)한 후 이곳에 와서 왕손인 승화후承化候, 온溫을 제왕으로 옹립하고 용장산성에 터를 잡아 투항한 고려 조정에 대립하고 정부를 세웠다. 각종 건물을 짓고 왕을 황제로 칭하고 '오광五鑛'이라는 연호를 사용한 역사가 기록되어 있다.

이듬해 여몽연합군과의 치열한 전투에서 패해 황제 온이 죽고, 삼별초의 지도자 배중손도 전사하면서 일부 군사가 제주도로 건너갔으나 1만 명의 진도 주민이 포로로 잡혀가는 수난도 겪었다. 삼별초의 대몽항쟁 거점이었던 용장산성에는 황궁 터와 온 왕릉이 남아 있다. 진도섬의 남단에 높이 4m, 둘레가 520여 m의 둥근 석성이 잘 보존된 상태로 남아 있다.

삼별초가 해안 방어용으로 쌓았다는 설이 있으나 실제로는 15세기경 세종 19년 수군만호부가 설치된 이후 쌓은 것으로 보인다. 해미읍성처럼 왜구의 침입을 막기 위한 조선조 정부의 해적을 방어하는 위민爲民정책을 엿볼 수 있는 곳이다. 오늘날도 민가가 살고 있는 남도석성은 재평가해야 할 유적으로 보인다.

진도를 이야기하면서 빼놓을 수없는 것이 민속·예능·노래·춤 등 수없이 많다. 조선 후기 한때 추사 김정희의 문하에 들어가 남화의 대가로 성장한 소치 허련小痴 許鍊이 이곳 출신이다. 손자인 남농 허건南農 許建이 남종화의 대를 이어 운림산방을 남화의 성지로 복원해 놓고 있다.

강강술래 외에도 유명한 진도아리랑, 진도씻김굿, 남도들노래, 다소극 등 다양하며, 견품犬品을 자랑하는 진돗개의 원조도 이곳이다. 이북의 풍산개와 더불어 한반도의 명견 이야기 등 진도의 명품을 다 여기에 늘어놓을 수 없다.

해상제국의 꿈을 키운 장보고의 땅 완도 청해진

정말로 오랜 세월 우리의 해안을 따라 괴롭혀 온 왜구의 역사는 끈질기고 길었던 것 같다. 1200년 전 신라 후기에 혜성처럼 나타난 해상왕 장보고 시절의 기록으로 보면, 남서해의 중국 해로에는 왜구보다 당나라 해적들이 신라 상선을 위협하고 해안지역을 약탈하는가 하면, 신라의 아녀자를 잡아다가 노예로 팔았다고 한다.

통일신라 후기로 가면서 장보고가 태어난 8세기 후반 나라의 기강이 무너지면서 지방 통제력이 약해졌다. 당나라에 머물던 장보고는 해적들이 창궐하여 신라인들을 노예로 끌고 간 것을 보고 분격하면서 해상 장악의 꿈을 키워왔다. 그리고 장보고는 일찍이 당나라로 건너가 서주(지금의 강소성)절도사의 부군인 무영군武寧軍에 들어가 뛰어난 무예와 자질을 인정받아 30세에 소장小將이 되었다.

당나라는 당시 선진국으로 신라인들에게는 오늘날의 American Dream처럼 'Tang China Dream/唐夢'이었고, 장보고는 당몽을 잡고 크게 성공한 장수였다. 바로 완도는 장보고가 고향에 돌아 온 후 이곳 청해진을 기지로 삼아 羅·唐·日의 해역을 장악하는 위대한 업적을 남긴다.

요즈음 크고 작은 섬들이 대교로 연결된 도로를 통하여 육지화 되어 완도의 청해진도 접근이 어렵지 않다. 완도대교를 건너 오른쪽으로 가면 해신 등 수많은 사극의 촬영장 터가 있고, 대교에서 왼쪽 방향으로 10여 분을 가면 완도군 장자리 청해진유적지 바다에 장도가 떠 있다. 하루에 두 번씩 밀물일 때는 섬에 들어갈 수가 없었으나 지금은 장도와 본섬을 잇는 아름다운 다리가 놓여 있다.

이곳 장도 출입구에 해당하는 서남쪽 갯벌의 해안선을 따라 목책의 흔적이 보인다. 가슴 설레게 하는 1200년 전 장보고 활동지역의 생생한 흔적이다. 원래는 방어용 목책인 듯 굵은 통나무를 섬 둘레에 박아 놓은 그루터기다. 오랜 세월동안 소금과 모래자갈 속에 묻혀 있다가 태풍 사라 호(1959년) 때 장도의 모래를 쓸어가면서 그 모습을 드러냈다. 목책은 서남향 300m 정도인 것으로 밝혀지고, 방사선 탄소연대 측정 결과 840년경으로 확인되면서 장보고의 청해진 설치 활동시기와 대체로 일치한다는 것이다.

목책의 그루터기들은 바닷물에 절어 조개껍데기가 달라붙어 천년 세월을 용하게도 살아 숨 쉬듯 나란히 들어나 있다. 1991년부터 시작된 유적 발굴 결과 장도의 2중 성곽의 흔적이 발견됐다. 내성은 돌계단으로,

외성은 진흙과 자갈을 섞어 쌓았다. 이곳 외성은 신라시대의 판축법版築法으로 쌓아 올린 890m에 달하는 판축 토성이 목책과 더불어 견고한 성을 이루고 있었다. 2001년까지 여러 차례의 조사에서 출토된 유물 3만 여 점의 대부분이 9세기 유물로서 장보고의 장도 전성기 때 것이었음을 확인했다고 했다.

장보고의 활동상황과 기록들은 국내보다 해외에서 더 알려져 왔다. 중국과 일본뿐 아니라 동남아와 중동, 아프리카 지역까지 그 선단의 흔적을 찾을 수 있다. 중앙일보 창간 특집으로 '장보고 시리즈'를 준비하면서 국내 요지는 물론 일본의 규슈와 나라, 중국의 산둥성·닝보·상하이, 중동과 아프리카의 오만, 카이로 등을 현장 취재하면서 장보고의 활동을 입체적으로 재구성해 낸 것이다.

장보고에 대한 국내 역사 자료가 많지 않은 것은 통일신라 말기 왕권을 위협한 반역자로 기록되었기 때문인 듯하다.

김부식은 『삼국사기三國史記』「본기本記」에서 장보고를 반란자로 표기했다. 중국『사기史記』에 장보고에 대한 위대함이 표기된 것을 인지하고 「김유신 열전列傳」에서 을지문덕 장군의 지략과 장보고의 의리와 용맹함을 평가했다고 한다. 그러나 세월이 흐르면서 왕조에 대한 충성을 강조하는 경향에 따라 장보고에 대한 사적이 역사에서 사라져갔다.

이와는 달리 장보고에 대한 기록은 장보고와 동시대에 살았던 당나라 시인 두목杜牧의『번천문집樊川文集』과 일본 수도승 엔닌圓仁의『입당구법순례기入唐求法巡禮記』에 남아 있다. 이처럼 장보고는 중국과 일본의 정사正史에 기록된 보기 드문 한국인으로 기록되고 있다.

김부식에 의해 반역자 낙인이 벗겨진 장보고는, 왜구와 서해 전역의 해적을 소탕하여 나·당·일의 해로를 장악하고, 중동·아프리카와의 교역로를 튼 위대한 개척정신과 중국 해안의 신라방 정착의 인물로 존경받던 극동 해상의 패자로 재조명해야 한다. 중앙일보의 '장보고 시리즈'(2009년 10월)는 장보고 정신의 위대한 부활의 기폭제가 될 것을 믿는다.

일본의 수도승 엔닌의 일기가 아세아 전문가인 에드윈 라이샤워 하버드대 교수에 의하여 영역英譯되어 『Ennin's Travels in Tang China/엔닌의 당 여행기』(1955년)가 출판됨으로써 장보고는 세계에 널리 알려졌다. 라이샤워는 9세기 신라인들의 해상활동의 중심축이었다고 평가하고, 극동 3국에 걸친 해상상업제국의 무역왕(The Trade Prince of the Maritime Commercial Empire)으로 극찬했다. 라이샤워는 이 연구로 박사 학위를 받았고, 엔닌의 여행기는 마르코 폴로나 콜럼부스에 비교가 안 되는 고대의 여행 기록으로 각광받았다.

완도 청해진의 발굴 작업은 계속될 것이나 그 간의 업적을 기리고 복원된 선박 등 고증자료를 모아 장보고기념관이 개설되었다(2008. 2). 완도를 돌아보면서 1200년 전 청해진을 중심으로 해상무역을 주도했던 위대한 터전에는 세월의 변화에 따라 바다가 전부 미역 등의 양식과 가두리양식장으로 변해 있는 해역을 보면서 깊은 감회에 빠졌다.

완도 근해의 해저암반에는 맥반석 구역이 많아 바닷물이 청청해 멸치와 다시마 등 해산물의 맛이 좋다. 특히 완도에서 생산되는 톳과 함초에 함유된 아연·칼슘·마그네슘·철분과 노화예방의 에스트로겐 함량은 장어나 우유의 수십 배라고 자랑한다. 바다의 불로초로 일컬어지는 톳 생산량의 대부분이 일본으로 수출되고 있다.

완도 순환도로를 달리면서 다시 1200년을 회상해 본다.

통일신라의 개혁 군주인 흥덕왕(828년) 시절, 무영군 소장직을 걷어차고 귀국해 바다의 꿈을 키운 장보고에게 청해진 대사직을 내리고 1만 여 명의 군사를 거느리게 한 것도 놀랍다. 장 대사는 왜구와 해적을 소탕하고 나당羅唐 해로와 신라·일본 교역로의 중추를 완전히 장악한 뒤, 중국에는 견당매물사遣唐買物使가 인솔하는 선단을 그리고 일본에는 회역사廻易使가 인솔하는 무역 선단을 보냈다는 특별한 문서가 있다.

해상 물류를 완전 장악하고 고급 물품의 생산 교역 특히 먼 지역 물품의 중개무역을 한 것으로 보인다. 국내보다는 중국 쪽에 더 많은 유물이 있다. 적산포에 법화원을 세워 신라방 거주민의 정신적 지주가 되었고, 장전匠田 500석을 거두는 법화원은 그의 재정적인 실력을 웅변하고 있다.

옛 일을 생각하면서도 완도는 남도지역으로 약간의 아열대식물이 잘 자랄 수 있다고 느끼면서 완도 포구에서 승선하여 청산도로 가는 배에 올랐다. 40여 분 후 아름다운 섬에 이르러 <서편제> 촬영장과 마을을 답사하는 정취와 청산도의 돌담길 보호지역을 걷는 흥미 있는 여행이었다. 하지만 거의 모든 초등학교가 문을 닫는다는 이야기를 들으면서 새삼 다급한 인구 문제는 곧 우리의 장래를 보는 줄자처럼 마음을 졸여 왔다.

남도의 여러 섬들을 답사하며 느낀 것은 장보고가 활동하던 신라의 선박기술이 이순신의 거북선으로 이어지고, 오늘날 세계 제일의 조선 왕국을 이루어낸 원류일 것이라 생각하며 다시 한 번 장보고의 위대함을 느꼈다.

순천만 갈대습지와 전라좌수영 그리고 여수EXPO

지리산을 휘돌아 남해로 내달리는 섬진강의 넓은 자락에서 순천시가 세계의 생태공원 도시로 변모하는 모습을 볼 수 있다. 습지는 자연과 인간이 공존하는 "순천자존順天者存 역천자망逆天者亡", 즉 "하늘에 순응하는 자는 살고, 하늘의 뜻을 거역하는 자는 망한다"는 것이 바로 순천만이 하늘의 뜻에 맞게 가꿔 온 갈대숲이 세계 유일의 온전한 연안습지, 순천만이 자연생태공원으로 자리 잡았다. 끝없이 펼쳐진 갯벌과 갈대숲, 천연기념물 흑두루미 등 수백 종의 철새도래지 순천만은 순천시의 자랑대로 대한민국의 생태 수도, 세계 5대 연안습지의 생태관광 보고寶庫이다.

순천만은 갈대밭만 2.3㎢(70만 평)로 끝이 보이지 않는다. 그리고 연이은 28㎢(800만 평)의 갯벌로 이루어져 있다. 순천만의 발견은 늦은 편이나 갈대숲의 자연 확장이 이루어지면서 2003년 습지보호지역으로 지정되고, 2006년 람사르 협약에 정식으로 등록되어 세계적인 생태자원이 되었다.

사계절의 모습이 다른 습지, 황금빛 가을 숲을 지나 겨울이 되면 흑두루미·노랑부리저어새·큰고니·검은머리물떼새 등 희귀종 국제보호조류들이 찾아든다. 순천만자연생태관 자료에 따르면, 이곳에서 발견되는 철새는 총 230여 종으로, 우리나라 전체 조류종의 절반가량에 이른다고 한다.

갈대는 개펄과 더불어 수질정화작용이 뛰어나며, 일 년 동안 7번 색깔이 바뀌는 칠면초를 비롯하여 함초와 갯마취 등 30여 종의 식물이 서식하고 있다. 그 속에는 검은색의 논게·칠게·짱뚱어 등 갯벌 생물이 함께 어울려 살고 있다. 석양이 되면 이 논게들이 갈대를 타고 잎 쪽으로 올라와 코앞으로 다가온 놈을 잡을 수 있다. 그리고 가을이면 화사하게 붉은색으로 변한 칠면초군락과 황금빛 갈대의 물결, 드넓은 검은빛 갯벌이 만나는 신비로운 풍경이 펼쳐지면서 철새들의 보금자리를 제공한다.

순천만 인근에는 옛 모습을 간직하고 있는 낙안읍성과 천년 고찰인 선암사·송광사·고인돌공원 등 볼만한 유적이 널려 있다. 그 중 낙안읍성樂安邑城은 작은 마을 토성을 세종 조에 이르러 석축을 가미하여 읍성의 모습을 갖추었다. 왜구의 창궐에 대응한 세종대왕의 백성 사랑이 돋보이듯 현재까지도 동헌 건물 등이 잘 보존되어 있다.

여수 인접 도시들과 여수와 광양은 산업기지로 삼각대에 놓여 있는 순천만의 생태환경이 더욱 중요시 될 뿐만 아니라 늘어나는 관광객의 접근로로 녹색 경전철을 준비하고 있다 한다. 특히 2012년 여수세계박람회에 이어 2013년 순천만국제정원박람회가 잇따라 열려 환경 관련 국제박람회가 녹색성장의 세계적 전범典範이 되어가는 듯하다.

전라좌수영 거북선의 고향

여수시는 산업도시이며 한려수도가 시작되는 곳이기도 하지만 오랜 전통의 조선 해군 본거지 중 하나다. 이곳은 전라좌수영 자리, 진남관鎭南館은 현존하는 국내 최대의 목조건물로서 국보로 지정되어 있다. 그러나 무엇보다도 이순신 장군의 체취가 짙게 묻어 있는 곳이다. 옥포해전을 비롯해 사천해전·당포해전 등을 지휘하면서 승첩을 쌓아 나라를 지킨 곳이 바로 전라좌수영이기 때문이다.

진남관 아래 입구 쪽에 마련된 기념관에는 옛 진남관을 재현하는 모형의 동영상은 당당했던 진남관을 연상케 하고 있다.

임진왜란 당시 일본의 침략 야욕을 연전연승으로 꺾어버린 조선수군의 좌표인 진남관은 그들에게 수난의 상징처럼 되어, 일제는 300년 전의 패배를 지우듯이 성벽을 잘라내고 조각과 비석 등의 유적들을 허물었으니 다시 온전히 복원했으면 하고 생각했다.

여수에는 이순신 장군이 군령을 시행하던 고소대와 전쟁 중 문안드리지 못한 어머니를 가까이 모셔 두고 조석으로 문안을 올렸다는 고음천('충무공 자당 기거지'로 안내되어 있음) 등 장군의 효행을 보는 듯하다. 특히 임진왜란 당시의 거북선 실체를 인양하지 못하는 아쉬움 속에 옛 설계도에 따라 건조된 거북선이 여러 곳에 만들어져 있다.

세계에서 유래를 찾기 어려운 철갑선의 탄생지가 바로 여수였다. 좌수영의 선소가 세 군데 있었다고는 하나 현재는 시전동 선소船所만이 그 유래를 전해줄 뿐이다. 일본 해군의 전력은 선상에 기어올라 단병전에 능하다는 점에서 등에 창칼을 꽂은 철갑선인 거북선을 앞세워 돌진했던 점은 유래를 찾아볼 수 없는 전투 방식이다. 거기에다 화력이 우세한 조선 해군의 근접 포격은 능히 위력을 발휘했으리라 짐작된다.

여수시 시전동 선소는 1995년 국가사적(392호)으로 지정되어 주변 정리를 해놓았다고 하나 일제강점기의 선소 파괴 행위는 용인될 수 없는 만행이다. 선소의 행태는 그런대로 모양을 갖추고 있으나 선박 건조의 대장간의 주춧돌·유허 뫼·공덕비뿐만 아니라 각종 자료와 그 많은 도구 등을 훔쳐가거나 훼손해 이순신의 유적을 철저히 유린한 것이다.

이순신 장군은 1571년, 임진왜란이 일어나기 1년 전에 전라좌수사로 부임해오면서 왜적 침입에 대비하여 하루도 헛되이 보내지 않았다. 시전동 선소도 이때 거북선을 건조하고 수리하던 곳의 하나다. 해군의 주력선인 판옥선을 건조하고 화포를 장착하는 등 재정비를 하면서 수군을 강력한 훈련으로 단련했다. 그러면서 장군은 새로운 해전海戰 방식을 구상한 듯하다. 새로운 돌격선을 생각한 것이다.

거북선은 조선 초기부터 있었다는 설이 있으나 임진왜란 당시 이순신 장군의 지시로 나대용이 건조 책임을 맡았다. 공격선을 선봉으로 삼은 새로운 전략은 이순신 장군의 지략으로 민족의 창의성을 세계에 알린 공로는 지극히 크고 높다.

진남관에서 남하하면 돌산섬이 보인다. 지금은 돌산대교로 육지화 된 섬이지만, 이곳에도 이순신 장군은 살아있다. 다리를 건너 국도를 내려가면 전라남도 수산종합관이 서 있는데, 꽤 큰 현대식 건물 뒤편이 바로 무술목이란 곳이다. 간만의 차가 높아 물이 가득해지면 섬 사이를 잇는 목이 물에 잠겨 만灣처럼 보이는 지형이지만 썰물이 되면 암반이 들어나는 무서운 목이다. 이 장군은 이 지형과 수세를 이용해서 일본 해군을 쳐부수었다.

울돌목에서 벌어진 명량해전에서 패배한 일본군이 부산 쪽으로 도망가는 것을 무술목으로 유인했다. 이곳으로 들어온 60여 척의 왜선이 모두 좌초됐다. 유인 시점과 시간이 정확했다. 지형지물을 이용하는 전술에 말려 섬멸된 것이다. 사람들은 이곳을 '무서운 목', '무술 목'으로 불리어지면서 향일암向日庵을 향하는 길목에서 이순신 장군을 다시 만난 것이다. 돌산섬 남쪽 끝 산허리에 놓여 있는 암자 향일암은 천하의 절경으로, 역대 주한 외국대사들의 평론상 상위에 놓인 곳이기도 하다.

쪽빛 남해가 바로 내려다보이는 곳에 장대한 동백나무와 남방계의 특이한 나무들에 둘러싸인 신비로운 굴길을 지나면 원효대사가 참선한 바위가 나온다. 아름다운 배들이 심심치 않게 지나다니며 신호한다. 여기서 남해다도해국립공원의 연결지대를 구상할 수 있었다.

'살아 있는 바다 숨 쉬는 연안' 2012 여수EXPO

여수의 명물은 역시 동백 숲의 아름다움을 간직한 오동도다. 그 연결지점에 여수세계박람회가 자리 잡았다. 주제처럼 바다 위에서 열리는 첫 번째 박람회가 세계 105개국의 참가 속에 열렸다. 기후 변화에서 오는 환경 문제와 자원 고갈 등 해결책을 바다에서 찾으려는 염원이 담겨 있다.

기존의 박람회가 전시 위주였다면 여수는 체험 위주의 박람회로 준비되어 볼거리가 많다. 주최 측이 자랑하는 필수 코스 4선選을 둘러보면, 첫 번째가 빅오/Big-O다. 5300평 규모의 해상무대에 세운 지름 43m의 원형구조물 디오/The O*가 원형 공간에 오색 안개를 뿜고 워터 스크린에 3D 영상으로 이미지를 띄워 멀리서도 보이게 한다. 그리고 두 번째로 63씨월드 6배 규모 크기의 아쿠아리움, 좌우사방에서 볼 수 있는 360도 아쿠아돔 수조는 300여 종, 3만 여 마리의 해양생물이 장관을 이룬다.

세 번째가 스카이타워다. 폐 시멘트 사이로(저장고)를 친환경적으로 재활용한 여수엑스포의 상징물이다. 1호기의 대형 파이프오르간은 반경 6km까지 소리가 들려 세계에서 가장 큰 소리를 내는 오르간으로 기네스북에 올랐다. 2호기는 해수담수화시스템의 바닷물 정수과정을 직접 보고 생명자원을 마셔보는 체험관 역할을 해낸다.

다음이 국제관 한 가운데를 가로질러 천장에다 첨단장비와 화려한 조명으로 무대가 마련되어 있다. 엑스포디지털갤러리/EDG, 천장에 펼쳐진 218m의 발광다이오드/LED 전광판에 압도된다.

바다와 인류의 공존을 주제로 한 주제관은 국내에서는 최초로 바다 위에 세워졌다. 기후환경관·해양산업기술관·해양문명도시관 등에서 4차원 영상으로 심해 6000m 바닷속을 탐험하며, 수중 미래도시와 남극 체험도 가능하다. 해양기술관에서는 해조류로 만든 미래 자동차도 선보였다.

여수엑스포를 위한 접근로 개발로 KTX역이 엑스포장에 들어와 있다. 그러나 이곳 교통 인프라의 핵심은 광양과 여수 묘도를 잇는 이순신대교다. 주탑 높이 270m로 세계 최고의 높이다. 서울 남산(262m)보다 높은 두

개의 주탑 사이 거리인 '주경간장'도 1545m로 이순신 장군을 기념하여 그의 탄생연도 1545년과 같이한 것이다. 임진왜란의 기지 여수는 이순신 장군의 수많은 이야기들과 함께 엑스포를 치르면서 거듭나게 될 것이다.

대교의 시발점에 접한 광양만에는 세계 제1의 경쟁력을 자랑하는 POSCO의 광양제철소가 바다 가운데 세워져 있다. 그 바로 앞바다가 노량 해역이라니 금석지감의 감회가 크다.

대성운해 400년 역사와 마주하다

꿈에도 잊을 수 없는 노량 앞바다를 향해 가면서 임진왜란의 전세戰勢 흐름을 바꾸었던 격전지 진주성을 지나칠 수가 없다. 논개 이야기는 유명하지만, 임진왜란 후기 격전장에서 1차 승리를 거둔 이곳 진주대첩은 행주대첩 및 한산대첩과 더불어 임진왜란 3대 대첩의 하나다.

진주성은 7일간 혈투에서 승리를 거두었으나 진주목사 김시민은 마지막까지 지휘하던 중 적의 총탄에 전사한 그의 동상은 의젓했다. 남하해 오는 일본 군사 2만 명의 적과 맞선 진주성 내의 군민 4000명이 싸움에서 승리한 것이다.

진주성 전투는 이순신 장군이 한산대첩을 승리로 이끈 두 달 만에 일어났다. 다윗과 골리앗의 싸움에서 승리한 것은 바로 바다의 큰 승리에서 오는 병사들의 사기가 충천했던 작용도 있었을 것이다. 왜군은 전라도로 가는 육로를 터야 하는데, 그 길목을 지키는 요충지가 진주성이었다. 도요토미 히데요시의 특별 명령으로 집결된 10만 대군에 항거하여 2차 전투에서는 10일간을 더 버티지 못하고 무너졌다.

그러나 임진왜란 중 가장 치열한 전투에서 일본군은 패배의 충격으로 그들의 전략을 수정할 수밖에 없었던 전투였다. 여기에 의기義妓 논개가 왜장을 껴안고 남강에 투신했다는 역사적 사실을 알리는 '의기사'가 진주성 촉석루 바로 옆에 모셔져 있다.

진주성은 남강을 끼고 둘레가 4km에 이르는 큰 성이다. 여러 번의 개보수를 통해 공원으로 꾸며져 아름다운 성채로 남아 있지만, 최대 격전지에 수천 명의 희생이 따랐던 곳이다.

진주에는 임진왜란 전문관인 국립진주박물관이 개설(1984년)되어, 임진왜란과 관련된 많은 자료를 소장하고 있다. 많은 유적들을 뒤로 하는 아쉬움을 안고 일거에 삼천포대교를 건너 녹색과 푸른 바다가 만나는 길을 따라 미끄러지듯 들어간다.

남해 사람들이 '보물섬'이라 부르는 원시림과 쪽빛 바다 사이를 스치듯 지나는 상쾌함은 오존의 바닷바람 탓이려니 하고 가다 보면 독일마을이 나타난다. 1960년대 독일에 갔던 광부와 간호사들이 귀국 후 조성한 마을이다. 집 구조가 그럴 듯해서인지 제법 이국적인 풍경이다.

또 한참을 가다 보면 높은 산 중턱에 프랑스마을이 있어 멀리서 보아도 이국풍의 조용한 마을 정취가 물씬 풍긴다. 남해의 남단에 이르니 이름도 정겨운 상주 은모래해수욕장이 나온다. 해수욕장 좌우 언덕에 자태를 뽐내고 있는 해송을 보면서 해안을 따라 남면 쪽으로 가면, 또 하나의 외국마을을 만나게 된다. 바다와 멀지 않은 넓은 구릉지에 세워진 미국 마을이다. 마을 어귀에는 성조기가 손님을 맞는 듯하지만, 그곳에 살고 있는 사람은 한국 사람인 것 같다는 느낌이다. 아무튼 해안의 다랭이마을 언덕 위 다락논하며 볼거리가 너무 많다. 작은 포구를 포함해서다.

남해에도 해발 705m의 꽤 높은 금산錦山에는 또 하나의 명물이 있다.

서해 석모도의 보문사와 동해 낙산사의 홍련암과 더불어 3대 관음성지의 하나인 금산 보리암이다. 암자에서 내려다보이는 바다, 상주해수욕장이 멀리 보이는 산과 바람의 멋진 풍치를 한꺼번에 보는 정취가 그럴 듯했다. 또 다른 이야기는 이성계가 개국의 야망을 품었을 때, 어느 고승의 예언에 따라 100일 기도를 했다는 자리도 보존되고 있다.

풍경에 취해버리면 갈 길을 잊을세라 노량 전적지를 찾아 내려갔다. 노량 바다의 관음포, 대성운해大星隕海 삼도수군통제사 이순신 장군이 순국한 역사의 현장에 온 것이다.

1598년 11월 18일 자정에 장군은 출전기도를 올렸다. "약섬기수若殲其讐 사역무한死亦無恨"(원수를 섬멸한다면 죽어도 여한이 없겠나이다.)

1598년 11월 19일, 02시경 조명朝明연합함대 150척 대 왜함 500척의 전투가 시작되는 새벽 내내 치열한 전투에서 승기를 잡아 수많은 왜선을 불태우고, 04시경 잔당을 관음포로 몰아 패해서 도망치는 왜선 50여 척을 추격 공격하다 09시경 유탄에 맞아 선실로 내려가·순국하기 전 마지막 유지가 '전방급신물언아사戰方急慎勿言我死'였다. 조카 이완이 명령대로 그의 죽음을 알리지 않고 독전하니 적은 물론 아군 병사들도 알지 못했다.* 이렇게 임진왜란의 마지막 대해전은 승리로 마무리되었다.

이순신 장군이 순국한 관음포 앞바다가 내려다보이는 작은 언덕에 첨망대瞻望臺가 세워져 있다. 노량해전의 마지막 격전지, 도주하는 적을 몰아쳤던 관음포 바다를 한눈에 조망할 수 있는 자리에서 400년 전 전투 상황과 마주하고 섰다. 텅 빈 노량 앞바다에 쌍방 700여 척의 함선이 부딪치면서 수백 척의 배가 불타고, 수만 명의 병사들이 수장되는 피의 바다였을 노량·관음포 바다는 호수처럼 조용하다.

---

* 선조수정실록.

노량해전의 승리를 확인하고서 도주하는 적장을 추적하다 순국한 장군은 추격을 막던 막료들을 물리치고 선두에서 독전하다 유탄으로 순국한 것을 보면, 죽기로 각오한 군세를 이길 적이 어디에 있겠는가.

대성운해大星隕海, 그 해 11월 하순의 차가운 바다, 마지막 결전에서 대승을 거두고 승천한 것이다. 세계 해전 사상 유례가 없는 여러 기록을 남기면서 순국한 바다, 그 노량해역에 충무공의 영혼이 깃들어 있는 듯 지금은 적막하기만 하다.

전쟁 중에도 그치지 않았던 당쟁은 위대한 성웅 이순신을 호국 영령으로 남겼는지 모른다. 그 난리 통에도 이순신의 파직 명령을 거부한 영의정 류성룡은 대신 파직을 자청하지 않았던가.

이순신 장군의 최후에 관한 여러 설과 추리들이 많으나 장군이 전투에 임하면서 속갑옷을 입지 않았다는 이야기가 있다. 그리고 최근 중국과 일본에서 발간되는 이순신에 관한 책에는 명나라 장수가 이순신 장군을 명나라 장군으로 천거한 사실은 무언가를 시사하는 듯하다.

관음포 앞바다 해안인 이곳은 이 충무공의 영구가 처음 육지에 안치되었던 곳이다. 순국한 지 234년이 지난 1832년, 순조 32년 왕명으로 단을 쌓아 비각을 세우고 '이락사李落祠'라 칭하였다. '大星隕海' 편액이 붙은 묘비에는 홍문관대제학 홍석주가 비문을 썼다. 지금은 저 멀리 포항제철의 광양공장 건물들이 아득히 정면으로 보이고, 오른쪽 방향에는 사천화력발전소의 장대한 굴뚝이 더 가까이 보인다.

그리고 관음포만에는 거북선 모양의 이순신 영상관이 세워져 있다. 왜군 함대를 무찌르며 추격전을 벌이던 충무공의 순국 영상을 재현하는 돔형 입체영상관(138석)은 임진왜란 최후의 전투지인 노량해전의 격전을 입체영상으로 보여준다. 2층에는 『난중일기』를 비롯하여 임진왜란의 전투

기록화 등 잘 정비된 자료를 관람할 수 있다.

지금은 남해대교가 노량 바다를 가로질러 남해도를 육지와 연결해 놓고 있다. 대교 남단 남해 땅에는 '충렬사' 사당이 있고, 노량 앞바다에 거북선이 떠 있어 그 외양과 더불어 함포를 쏘던 포구와 지붕에 창칼을 꽂은 거북 등을 한 귀선(거북선) 내부를 볼 수 있어 어린이가 좋아하는 학습장이 되어 있다. 임진왜란 마지막 해전의 유적지 곳곳에서 이순신 장군의 정취가 진하게 깔려 있다.

한산도 승첩지와 거제도의 엄청난 역사 현장

통영은 한산섬의 배후 도시이며, 이순신 장군의 도시라 해서 한때 충무시로 불리기도 했다. 조선시대 300년 역사를 이어온 삼도수군통제영이 있던 계획 군사도시로서 정평이 있는 조선수군 기지였다.

이곳에는 이순신 장군의 신위를 모시는 '충렬사'를 위시하여 많은 전각과 전시관 등 이 장군의 위엄을 추모하는 정이 깃들어 있는 곳이다.

이순신 장군을 존경했던 정조가 내탕금을 내어 간행(1795년, 정조 19년)했다는 『이충무공 전서』가 완성되자(14권 8책) 이곳 '충렬사'에 보냈다고 한다. 통영 앞바다 20분 거리에 삼도수군통제영이 있던 한산도 제승당은 이순신 장군의 체취가 그대로 묻어나는 유적들이다. "한산섬 달 밝은 밤에 수루에 홀로 앉아"로 시작되는 시조가 바로 이곳 수루戍樓에서 읊어진 곳이다. 전쟁에 임하는 이순신 장군의 잠 못 이루는 인간적인 고뇌를 엿볼 수 있는 임란의 현장이기도 하다.

오늘날 남해를 여행하면서 빼놓을 수 없는 곳이 세계 4대 해전의 하나인 한산도대첩이 있던 곳, 한산도 앞의 넓은 바다이다.

임진년(1592년) 6월 육전에서 연패하면서 평양이 함락되고, 선조가 의주로 몽진하는 와중에서 그 해 7월 조선수군의 한산대첩으로 임진왜란의 전세를 바다 쪽에서 완전히 돌려놓는 계기를 만들었다.

임란이 일어난 후 여러 차례 바다 전투에서 조선수군의 위력을 확인한 왜군은 해상의 패전을 만회하고 제해권 장악을 위해 이 해역에 병력을 증강하고 있었다. 일본함대 규모는 100여 척으로 와키사카 야스하루脇坂安治의 제1진 70척은 웅천 방면에서, 구키 요시타카九鬼嘉隆의 제2진 40척, 그리고 제3진 가토 요시아키加藤嘉明도 많은 병선을 이끌고 합세하였다.

조선수군은 이순신 장군과 전라우수사 이억기가 49척을 거느리고 여수 좌수영을 출발하여 노량에서 경상우수사 원균의 함선 7척과 합류한다. 그리고 일본함대 70여 척의 와키사카 야스하루 1진이 거제와 통영 사이의 좁은 해협에 들어왔다는 정보에 따라 판옥선 5~6척을 보내 일본 함대를 한산도 앞바다로 유인해내는 데 성공한다. 늘어나는 조선함대를 추격하면서 예정대로 일본함대가 한산도 앞바다에 당도했을 때 도망치던 조선함대는 뱃길을 돌려 대기하던 함대와 함께 학익진鶴翼陣을 펼치면서 일본함대를 포위망 속에 집어넣었다. 이 전법은 학이 날개를 편 모양이라 하여 붙여진 이름이나, 육전에 사용되는 포위 전략의 전형을 해전에 응용한 대담한 용기가 돋보인다.

일본 전함은 조선의 판옥선에 비해 크고 속도가 빨라 일본함대의 정면에 있던 조선함대에는 많은 피해가 우려되었다. 하지만 급격한 회전이 어려웠고, 3면 포위 측면 공격에 크게 당황한 왜군은 조선함대의 전략과 압도적인 화포의 화력에 지리멸렬되었다.

여러 역사 자료를 모아 보면 철갑선과 이순신 장군이 당시 우세한 함포인 현자총통·지자총통·승자총통을 한꺼번에 쏟아 붓는 일시 집중 타격의 속전속결 전술이 주효하여 완벽한 승전을 이룩한 것이다. 이순신 장군의 이러한 해전법은 세계 해전사海戰史에 오르게 될 것이다.

얼마나 치열하고 완벽한 전투였는가는 승리의 결과가 상황을 뛰어 넘고 있다. 고작 56척의 조선함대가 59척을 격침시키고, 14척이 조선수군에 나포되어 왜 해군의 제1진 73척이 모두 괴멸되었다. 8900여 명의 전사자를 내고 수백 명이 도주했다는 기록은 정말 놀랍다. 이에 비해 조선함대 쪽은 침몰 선박은 없고 전사자 19명, 부상 114명으로 믿기 어려울 만큼의 완벽한 승리였다. 수백 년 후 일본 해군은 러일전쟁 때 해전에서 이 학익진 전법을 원용하여 승리했다고 한다.

오늘날 조용하고 드넓은 한산 앞바다에는 휑하게 거북선 등대만이 떠 있는 듯하지만, 이곳 전투를 기획하고 준비하면서 밤잠을 설치던 이 충무공을 기리면서 한산대첩을 정리해 보자.

한산대첩은 임진왜란 초기 전투에서 육전의 패배를 바다에서 만회하고, 남해 통과를 봉쇄하는 제해권을 확보하면서 전세를 뒤집는 계기가 되었다. 김시민 장군의 진주대첩, 권율 장군의 행주대첩과 함께 임진왜란 3대 대첩으로 이어지는 승리와 의병 봉기의 원동력이 되었다. 또한 한산대첩은 이순신 장군이 백의종군 후 겨우 12척으로 적을 물리치면서 화려하게 부활한 명량해전 그리고 마지막 적을 끝까지 쫓다가 전사한 노량해전 등 임진왜란의 3대 해전으로 기록되고 있다.

충무공 이순신 장군은 기록상 23전 23승의 전무후무한 전승으로 기록되고 있다. 학익진 전법과 같은 신속하고 일시 집중 타격하는 변화무쌍한 전술과 전략은 현대 해전의 귀감이 되어 영국 해군사관학교는 한산대첩(1592년)을 살라미스 해전(기원전 480년)·칼레 해전(1588년)·트라팔가르

해전(1805년)과 더불어 세계 4대 해전의 반열에 올려놓았다.

한산대첩 이후 이순신 장군이 삼도수군통제사에 임명되고, 여수에서 한산도 삼도수군통제영으로 옮겨져 조선수군의 전진기지가 된다. 이렇듯 서남해안은 충무공 이순신 장군의 이야기가 영원의 수호신처럼 긴 여운으로 우리의 가슴속에 살아 숨 쉴 것이다.

한산섬을 돌아가면 멀지 않은 곳에 우리나라에서 세 번째로 큰 섬인 거제도가 이어진다. 해저터널과 거가대교 등으로 육지와 연결되면서 섬이라는 느낌은 사라졌지만, 세계적인 조선산업기지로서 그리고 6·25전쟁의 아픈 상혼을 담고 있는 포로수용소가 있었던 곳이기도 하다.

한국은 세계 상위권 조선소를 모두 석권하고 있듯이 울산 현대중공업을 필두로 대우해양조선과 삼성중공업이 자리 잡아 세계 2, 3위의 위용을 자랑하고 있다. 최근에는 이곳 조선소에서 건조한 첨단장비를 갖춘 잠수함이 수출길에 합류한다는 소식이 이어지고 있다. 특히 고가의 LNG운반선이나 화학선·쇄빙선과 해상구조물 시추장비 등 첨단의 수송 장비를 세계로 공급하고 있다.

거제도가 육지와 연결되기 전 섬이었던 거제도는 6·25 참전 UN군에 의해 1951년 2월 개소되어 한때 17만 여 명의 포로를 수용했던 자리다. 한국전쟁 발발 1년 만에 1951년 7월부터 휴전회담이 시작되었으나 1953년에야 휴전 협상이 성립하는 듯 보였다.

당시 이승만 대통령은 휴전에 찬성할 수 없었다. 한국은 1953년 4월 휴전에 대한 항의문을 트루먼 미 대통령에게 보내고, 한국 요구가 받아들여지지 않을 경우 한국군을 UN군에서 빼내어 단독 행동을 할 것을 분명히 했다. 휴전은 곧 한국이 다시 남침 당할 것을 뜻하기 때문이다. 휴전 방침을 굳힌 미국과 유엔의 강행 계획에 이승만 대통령은 분개했다. 더욱이 반공포로까지 중립국 송환위원회에 넘기라는 공산 측 요구에 양보한데 대해 반발했다.

마침내 이승만 대통령은 미국과 유엔이 제멋대로 반공포로 문제나 휴전 문제를 처리할 수 없다는 것을 보여주기 위해 극단적인 행동에 나섰다. 1953년 6월 18일 새벽 2시, 2만 7389명의 반공포로를 석방해 일제히 수용소에서 탈출케 했다. 세계를 놀라게 한 역사적 사건이 일어난 것이다. 이 소식을 듣는 순간 면도기를 떨어뜨린 것으로 알려진 영국의 처칠 수상과 미국의 아이젠하워 대통령이 당황하면서 강한 비난을 해왔다.

그러나 미국은 휴전 이행을 위해서도 이승만 대통령을 달래지 않고는 해결되지 않는다는 것을 알고 특사를 보내 협상을 시작한다. 여기서 이승만 대통령은 휴전에 동의하는 조건으로 한미동맹 체결을 요구했다. 경제 원조와 무기 지원도 요구하게 된다.*

국제 정세 판단에 형안을 가진 이승만 대통령은 위기를 기회로 바꾸면서 세기적인 빅딜Big Deal을 한 것이다. 개별 국가와 동맹 관계를 맺어 본 일이 없는 미국을 묶어내어 '한미상호방위조약(1953. 10. 1)을 정식으로 조인하고 한국에 2개 사단의 미군 주둔, 한국군 20개 사단의 무장 지원과 경제 부흥을 위한 원조까지 얻어내는 데 성공한다. 대한민국은 미국의 방위력 아래 경제 발전과 자유 및 번영을 누려온 것이다. 이렇게 해서 지금도 미군은 한국 방어를 위해 주둔하고 있다.

이러한 역사적 배경을 놓고 거제포로수용소 유적공원을 둘러보는 감회가 엄청나다. 이곳은 공산군 포로들의 살육 폭동과 탈출 등 엄청난 사건들이 숨 쉬는 진정한 역사의 현장이다. 섬 주변의 아름다운 해변이다. 인공으로 조성한 자연식물원과 같은 외도가 저만큼 밖으로 나가 있다.

* 이주영, 『이승만과 그의 시대』. 기파랑, 2011.

우포, 창원 통합시 그리고 부산의 부활

한려수도 시발점인 통영과 남해안 조선 벨트를 지나면 사천의 항공우주산업 클러스터가 있다. KAI(한국항공우주산업주식회사)의 활주로에는 초음속 고등훈련기 K-50의 굉음이 그치지 않는다. 늦었지만 항공산업은 신성장동력산업임에 틀림없다. K-50은 경쟁력을 갖고 터키나 인도네시아 등지로 그리고 멀리 남미로도 수출의 길을 넓혀갈 것이다.

옛 마산은 로봇산업도시로 비상하고 있다. 마산의 상징인 '태권 V'가 우뚝 서 있고, 여러 종류의 로봇과 더불어 아이들은 대형 로봇의 조정실에 앉아 로봇을 움직인다. 2014년에 문을 열 '로봇 랜드'의 가상 풍경이다.

예정된 '로봇 랜드'는 도쿄 디즈니랜드와 비슷한 규모로 꽤 큰 설계다. 로봇 체험장인 '로봇 킹 덤', 친환경 공간에 사이보그와 인조인간형 로봇이 체험하는 '에코 로봇'과 최첨단 놀이시설을 갖춘 '로봇 아일랜드' 등 3개 구역이 핵심이다. 첨단기술과 관광이 만나는 테마파크 '로봇 랜드'의 키워드는 재미다. Fun Land 개념은 이곳에서도 유용할 것 같다.

경남지역에는 조선소·자동차·기계산업 등 대형공장이 밀집되어 있어 로봇기술 수요가 많아 산업용 로봇이 조립라인에서 사람을 대체하고 있다. 로봇산업은 자동차산업의 시장 규모를 능가하는 성장 산업으로 성장하고 있다*.

새로 출범한 창원 통합시는 이웃한 마산·창원·진해를 합한 대한민국 통합 도시 제1호로, 인구 108만의 광역시를 만들었다. 세 도시의 특성을 살려 그 시너지 효과를 극대화 한다는 것이다.

마산항의 변신으로 한국의 시드니를 꿈꾸며, 마산만을 워터프런트(수변

---

* 「로봇도시 이륙준비 끝」, 권세진 월간조선 기자.

공간)로 만들어 관광레저를 개발하는 친수 공간을 조성하여 누구나 즐길 수 있는 해변 레포츠 시설이 들어선다.

해군사관학교가 있는 벚꽃 도시 진해는 통합시의 동부지역에 베네치아 같은 해양관광지역을 조성한다는 것이 새 창원시의 꿈이다.

한국에서 가장 아름답다는 한려해상국립공원은 진해·통영·남해로 이어지는 해안선이 남프랑스의 지중해를 능가한다고 경상남도 관계자들이 말한다. 지중해와 달리 이곳은 해상국립공원에 수백 개의 섬이 떠 있고, 기후조건이 탁월하여 우리나라 최고의 건강 휴양지라 할 수 있다. 1월 평균기온이 2.5℃, 8월 25.3℃, 연평균기온이 15℃ 내외의 온화하고 쾌적한 기온은 휴양지 경쟁력의 기본 요소가 되고 있다.

진해구에는 복합 레저지구로 특히 마리나항(명동지구)을 조성해 남해안의 선벨트와 연계한 해양관광 중심지로 발전시킨다는 것이다.

마산·창원·진해 통합시의 중심인 창원국가산업단지는 옛 창원의 기계산업 메카에서 동북아 실리콘벨리를 선언하면서 연구개발(R&D)로 새로운 변화에 나섰다. 한국전기연구원 등 4개 국책연구소를 비롯해 기업 부설 연구소 280여 개가 있고, 대학 4곳이 참여하여 학·연 클러스터를 형성하고 있다. 한편으로는 스마프 그리드 사업을 통한 지능형 에너지사업·그린공장·2차 전지·태양광 주택·전기자동차 하부구조를 구축하는 등 녹색 클러스터도 함께 추진하는 등 통합시의 시너지 효율을 높여나가고 있다.

람사르가 지정한 주남저수지와 우포늪

창원시 인근에는 철새 천국인 주남저수지가 있다. 매년 180여 종의 새들이 관찰되며, 특히 겨울철에는 하루 평균 1만에서 2만 마리, 여름철에는 5~6천 마리가 찾아오는 귀중한 철새도래지다. 국제자연보호연맹의 자료

목록에 올라 있는 가창오리 떼를 비롯하여 멸종 위기의 부리큰기러기·쇠오리·청둥오리 등 수천 마리의 철새 떼 군무를 보기 위해 겨울철이면 수만 명의 탐조객이 찾아온다.

2008년 11월, 환경올림픽으로 불리는 람사르협약 총회가 주 무대인 주남 저수지와 우포늪을 배경으로 열렸다. '건강한 습지, 건강한 인간'을 주제로 160개국 대표 UNEP/유엔환경계획 등 30여 개 국제기구 및 NGO 대표 등 2000여 명이 참가하는 늪 보전 국제환경회의다.

우리나라 최대 람사르/습지보호지역인 우포늪은 영겁의 시간이 녹아 있고 또 살아 움직이고 있다. 우포늪 자료에 의하면, 1억 4000만 년 전에 생성된 긴 역사가 지구의 숨결을 쌓아올린 세계적인 원시 자연 늪지로 생태계 보고라 불리듯이 멸종위기의 동·식물 등 1200여 종이 서식한다.

여름의 우포는 거대한 초록 융단을 깔아놓은 것 같은 짙은 초록빛 위에 수많은 수생식물이 뒤덮고, 물속에 사는 왕버들나무는 신비스럽다. 수생 식물의 결실과 단풍 색상이 찬란한 우포의 가을 늪은 환상적인 정취를 뿜어낸다. 우포늪은 1998년 3월 람사르협약에 처음으로 등록되면서 세계 적인 생태계의 보고로 평가받기 시작한다.

람사르협약Ramsar Convention은 습지의 보호와 지속 가능한 이용에 관한 국제 조약으로, 공식 명칭은 "물새서식지로서 특히 국제적으로 중요한 습지에 관한 협약"이나 축약해서 '습지에 관한 협약(Convention on Wetland)'으로 사용한다.

환경 보전에 관한 국민 의식이 높아지면서 늪지 보전에 관한 공감대가 이루어져 왔다. 늪지는 고산늪지·내륙늪지·연안늪지로 나누어져 왔다. 고산습지의 대표 격인 강원도 대암산 용늪과 한라산의 물영아리오름을 들 수 있고, 연안습지는 그 장대함을 자랑하는 순천만 갯벌과 무안 갯벌이 대표 격인 연안습지보호구역이다.

우포늪은 전형적인 내륙습지로 울산시의 무제치, 충청남도의 무응습지 등이 있다. 현재 우리나라가 가입한 람사르 습지는 우포와 순천만 습지를 포함해 11곳이 지정되어 있으며, 습지보호구역으로 10곳이 있다.

제10회 람사르창원총회에서는 인류의 복지와 습지에 대한 '창원 선언문'이 채택되면서 이의 이행과 더불어 창원에는 동아시아람사르지역센타/RRC-EA가 문을 열었다. RRC-EA의 운영 활성화를 통한 동아시아 지역 습지 보전에 관한 친환경 허브 기능을 하는 한편, 2012년 개최되는 여수엑스포에서는 해양 환경보호와 기후 변화 등에 관하여 '여수 선언'이 있다. 남해안은 다시 지속 가능한 발전과 생태 보호를 연결하는 중심 고리 역할을 해낼 것 같다.

우리나라는 넓은 땅을 가진 것은 아니지만 서·남해안과 그 내륙에도 엄청난 친환경적 자연자원이 즐비하여 진정으로 그린 투어리즘은 자연과 역사적 사실 그리고 그린산업 현장을 융합하는 새로운 개념의 관광 루트를 세계에 내놓아도 손색이 없다는 생각이 든다.

동북아 물류 거점 부산의 부활

진해에서 바다 쪽으로 가면 바로 물류의 중심지 부산으로 이어진다. 부산은 일찍부터 물류 중심지로 성장하면서 항만의 자연 환경이 훌륭하다. 우리의 해상항로가 미국과 일본을 거쳐 중국과 동남아 그리고 유럽으로 이어지는 주간선항로主幹線航路의 중심부에 있기 때문이다.

부산항의 개발과 북항의 확장으로 부산항은 경쟁력을 갖춘 동북아 물류 중심으로 세계 5위의 항구도시다. 앞으로 대륙철도와 연결되는 경우 TKR, TCR, TSR 등 대륙노선과 규슈와의 해저 연결이 이루어질 경우 부산은 대륙 연결의 관문이 된다. 영종도 확장으로 넓혀질 공로 수송의 허브 기능이 추가되면서 육·해·공의 극동 중심지로 부상할 것이다.

물류산업의 중요성은 역사적으로 보아도 타 산업보다 빠른 속도로 성장하고 안정적인 산업이라고 한다.

일시 인구 감소 시기가 있었으나 근년에 해운대 쪽의 BEXCOBusan Exhibition Convention Center에는 국제회의, 무역박람회 전시 및 컨벤션 개최지로서 그리고 부산국제영화제/BIFF 등이 정착되면서 이벤트화에 성공하고 있다. 특히 2011년 영화제는 작품 규모나 참가자들의 내용면에서 장족의 발전상을 보이고 있다. 영화제의 전용관으로 '영화의 전당'을 개관한 것도 세계의 영화제로 발돋움하는 계기가 된다.

해운대 누에마루에서는 ASEM총회를 훌륭하게 치를 만큼 저력을 가진 부산으로 다시 태어난 듯 해운대 센텀시티 일대에는 108층짜리 관광리조트와 솔로몬타워 월드비즈니스가 완공되면 해운대 일대의 스카이라인이 크게 바뀌게 된다. 수영만의 마리나베이 그리고 요트경기장은 새로운 관광레저의 새 동력을 제공할 곳으로, 외국 관광객이 즐겨 찾는 쇼핑센터·호텔·오피스 등 국제 비즈니스에 기여하고 있다.

2011년 11월에는 국제한상대회國際韓商大會가 열려 40여 개 국 3300여 기업인이 모여 한상들 간의 네트워크가 비즈니스로 이어진다. 이번에도 부산 BEXCO는 문자 그대로 MICE*의 고부가 관광자원을 유치하여 경제 효과뿐 아니라 교포 기업의 모국 연계 및 소통의 기회를 만들고 있다.

---

* 기업회의(Meeting), 포상관광(Incentives), 컨벤션(Convention), 전시(Exhibition) 네 분야를 통틀어 말하는 서비스 산업. MICE산업은 기업을 대상으로 한다는 점에서 일반 관광산업과 다르다.

동해의 낭만가도와
에너지 클러스터

천년 고도 경주, 신고리원전과 POSCO의 성공

부산광역시와 울산시가 맞닿는 경계에 한국의 원자력발전소 시원지대가 열린다. 월성 고리에 4기, 신고리에 4기가 그것으로, 그 중 일부는 건설 중에 있다. 신고리원진을 한국형 친환경원자로 APR 140만㎾의 대형 원전을 마무리하고 있다. 바로 이 모형이 아랍에미레이트/UAE에 수출하는 모델이다.

우리나라는 대담하게도 원자로를 건설하면서 수출에 성공한 사례로, UAE 관계 기관도 신고리 3, 4호기의 건설 과정을 주시하는 것으로 알려졌다. 산유 부국도 미래를 향해 원전 도입의 지혜를 발휘하고 있는 것이다.

원전은 다른 에너지에 비해 경제성이 뛰어나고 안정적인 대량생산이 가능한 유일한 전력원이면서 대기오염 물질의 배출이 없는 청정에너지로 분류할 수 있는 전원이다.

돌이켜 보면 우리나라는 두 가지 확실한 기초 자산을 가지고 있기 때문에 국제 곡물파동이나 석유파동에 강한 내성을 가지고 있다고 생각된다. 첫 번째로 많은 사료용과 밀 등 보조 곡물을 수입하지만, 기본 주곡인 쌀을 확보하여 식량 안보의 기반을 굳히고 원자력발전 덕분에 다른 경쟁국보다 저렴한 양질의 전기 공급이 가능했다.

일본의 지진사고 이후 일부 첨단기업의 한국 이전 등도 일본 전력요금에 비하여 3분의 1 수준인 동력 대가가 매력적인 것도 한 요인이다.

일본의 지진 이후 원자력발전에 대한 두 가지 흐름이 표면화됐다. 사고 당사국인 일본과 독일은 탈 원전脫原電정책을 선언하는가 하면, 프랑스 사르코지 대통령은 'G8 서미트'(2011년 5월)에서 "당장 원전을 대체할 에너지는 없다. 안전한 원전이 유일한 대안이다"라고 역설하여 상반된 정책을 천명하고 있다.

원전에 대한 신뢰성 문제와 핵폐기물 처리 문제가 향후 세계 원전시장의 중요 관건이 될 듯하다. 우리나라는 원전 운영의 안정성에 관한 한 세계 최고의 경쟁력을 갖고 있음은 각종 통계가 입증하고 있다. 다만 사용 후 핵폐기물의 재처리 문제는 협정 당사국인 미국과의 협상을 통하여 투명성과 신뢰를 바탕으로 핵주기 완성과 재처리물에 대한 선순환의 길을 터야 한다.

중간처리시설인 방사성폐기물처리장이 전북 부안에서 경주로 이전하도록 되어 한국방사성폐기물관리공단은 경주시로 옮겨왔다. 그러나 앞으로도 여러 난제들을 해결할 과제가 산더미처럼 많다.

천년 고도 신라의 향기

방폐장을 돌아 동해안을 따라 올라가면 신라인의 호국 의지가 담겨 있는 감포 앞바다의 대왕암이 나온다. 해안에서 200m 떨어진 바위섬이 문무왕의 산골처散骨處 또는 해중릉海中陵으로 알려진 대왕암이다.

동해의 용이 된 문무왕의 넋이 오르내렸다는 전설의 대종천을 따라 토함산 정상으로 오르면 천년 고도 경주 최고의 명품 석굴암과 마주친다. 8세기 중반(경덕왕 10년, 751년) 김대성에 의해 착공되어 사후에 완공되었다고 전해진다. 특히 본존불의 이상적인 아름다움은 완벽한 기하학적 기초 위에 통일신라의 문화와 과학의 힘 그리고 당시 호국불교 열정의 결정체로서 국보 중에서도 최고의 문화재로 평가된다.

동해의 수평선 위로 해가 뜨면 제일 먼저 본존불의 이마에서 빛이 나고 멀리 동해 대장암으로 보내어진다. 745m의 토함산 굽은 길을 굽이굽이 내려오면 통일신라의 정수 불국사에 당도한다. 석굴암과 같은 시기에 김대성에 의해 창건된 후 1200여 년 세월동안 여러 차례 중수되어 오던 중 임진왜란 때 다시 큰 참화를 입었다. 대웅전과 자하문 등이 겨우 남아 있었으나 1969년 대대적 발굴조사 후 지금의 비로전·관음전과 회랑 등을 복원(1973년)하여 본래의 모습으로 돌아왔다.

수많은 전각과 화재 속에서도 천년을 당당히 이어온 석탑, 국보인 다보탑과 석가탑은 불국사의 보배 중의 보배다. 석가여래의 설법이 참이라고 증명한 다보여래를 상징하여 조성한 탑으로 목조 구조물처럼 화려하다. 국보 20호로 지정된 다보탑은 통일신라 전성기의 작품으로 탑신과 구조의 기발한 착상이 뛰어나다는 평가를 받는다.

다보탑과 마주보는 또 하나의 석가탑은 전혀 다른 모습을 보여준다. 탑신도 간결하고 단순한 모습으로 통일신라의 전형인 3층 석탑의 완성을 보여주는 탑으로 완벽한 균형미를 자랑한다. 1966년 보수공사 중 석탑 안에서 사리자엄구와 세계 최고最古의 목판인쇄물인 무구정광대다라니경 (국보 136호)이 큰 손상 없이 원형대로 잘 보전된 채 발견되었다* 특히 이 탑은 무영탑이라고도 하는데, 이 탑을 만든 백제의 아사달과 그의 아내 아사녀의 그림자가 영지에 비쳤다는 전설이 전해져온다.

신라 천년의 고도 경주는 세계에서 유래를 찾아보기 힘들 정도로 역사 보존이 잘 된 도시다. 때문에 신라 유적을 답사하기 위해서는 체계적으로 정비된 국립경주박물관 전시장의 동선을 따라 유적을 파악해야 한다. 또 별관에는 안압지에서 출토된 유물과 천마총 유물, 에밀레종을 감상할 수 있다. 그리고 반월성과 안압지, 계림과 첨성대 그리고 대릉원의 천마총으로 이어지는 도보 답사 코스가 화려하다.

경주시 일원에는 시조 박혁거세의 오릉을 비롯하여 태종 무열왕릉 등 수많은 왕릉이 산재해 있고, 김유신 묘와 분황사·황룡사 등 천년 세월 신라인들의 신앙이 깃든 많은 유적들이 남아 있다. 그래서 남산 자체가 문화재란 표현을 쓰기도 한다.

이처럼 화랑도가 꿈꾸고 말 달리던 고도에서 '2011 경주세계문화엑스포'가 열렸다. "천년의 이야기·사랑과 빛 그리고 자연"이라는 주제로 공연과 영상 전시 부분 행사에서 되살아나는 천년 신라를 재현했다. 전 세계 47개국이 참여했으며, 다음 7회 엑스포는 2013년 터키의 이스탄불에서 "고대문명의 요람"으로 이어진다고 한다. 천 년 전 실크로드의 시발지인 이스탄불과 동방의 종착지인 경주가 21세기에 와서 새로운 문화 실크로드를 다시 이어가는 모습이 되어 가는 듯하다.

기술혁신으로 우뚝 선 한국 철강의 메카

천년 고도 경주를 뒤로 하고 동진하면 철강산업의 메카 POSCO를 키워낸 포항시에 당도한다. POSCO는 광양제철소와 함께 세계 최고의 경쟁력

---

* 『한국문화유산답사』 회편. 경주

을 가진 철강회사로 우뚝 섰으며, 광양공장은 모래펄에 파일공법으로 만들어진 땅 위에 건설된 제철소로 유명하다.

POSCO가 세계 제1의 경쟁력을 갖춘 비결은 끊임없는 기술혁신 때문이다. 대표적인 기술혁신은 파이넥스FINEX공법으로, 100년 동안 사용해오던 용광로를 대체하는 생산설비이다. 철광석 가루와 석탄을 섞은 용융 기술이 공정 단축과 오염물질, 생산 원가를 줄이는 공법이다. 이미 데모 플랜트를 성공적으로 가동하여 용광로 없는 쇳물공장을 상용 설비로 가동 중이다. 나아가 세계 최초로 연산 200만t 규모의 파이넥스 제3공장을 포항에 착공하였다.

제품 면에서는 차세대 자동차용 초고강도강TWIP鋼을 양산하면서 POSCO의 혁신기술이 집약된 강재를 사용할 경우 자동차 무게를 10% 줄일 수 있다고 한다.*

최근 이 지역 영남권의 변화는 에너지산업의 융복합화다. 국내 원전 총 21기 중 10여 기를 보유한 경북지역에 태양광·풍력·연료전지·바이오산업 등 녹색 신재생에너지와의 융복합 인프라구축사업이 진행 중이다. 영덕(풍력), 울진(태양광·해양바이오·원전), 포항(수소연료전지) 등을 중심으로 천혜의 자연조건을 활용한 지역 기능·산업별로 그린에너지를 특화시키는 '동해안 에너지 클러스터' 사업도 추진하고 있다.

천 년 전에 성립된 천년 고도古都의 찬란한 역사 재현과 현대 첨단 과학이 만나는 이 지역에 그린에너지와 스토리텔링이 겹겹이 쌓여 있다. 내륙으로 들어가면 안동의 하회마을과 도산서원의 퇴계 너들길 등 퇴계 선생이 사색하며 거닐던 길에 많은 후학 선비들이 남긴 기록과 시 등이 많은 이야기를 남기고 있다.

---

* 조선경제, Company & Innovation : POSCO편 2011. 8. 31.

동해 낭만가도가 품은 에너지와 설악의 최고 관광자원

동해안은 서해의 갯벌이나 간만의 차이가 없는 대신 아름다운 모래 백사장이 이어져 깊은 바다가 멀지 않게 다가선 곳이 많다. 청정하고 변화 많은 아름다운 해안선이 멋진 드라이브 코스를 만들어내는 데 바로 7번 국도다. 풍광이 빼어난 240㎞의 해안도로를 연결해 조성한 코스로, 한국의 대표적인 드라이브 코스인 동해안의 낭만가도浪漫街道(Romantic Road of Korea)다.

경북 울진을 지나면 삼척 땅 원덕이 나온다. 이곳에서 시작하여 삼척항을 지나 북평·정동진·강릉 경포대를 거쳐 38도선 상의 주문진·양양·낙산사·대포항에 이르는 시원한 바다는 일상의 번민을 쓸어버릴 듯 장쾌하다. 그리고 계속 북상해 속초·고성에 이르면 북한에 연접한 통일전망대 넘어 꿈의 해금강이 보인다.

이렇듯 간단히 우리나라 도상의 토끼 등을 종주한 느낌이지만, 낭만가도가 품고 있는 역사·관광·산업의 시너지는 엄청나다.

우리나라 원자력발전소는 모두 7개소에 21기가 가동 중이다. 그 중 영광원자력발전소를 제외하고는 15기가 모두 동해안이 안고 있다. 영남지방 위쪽 울진원전(6기)에는 신고리와 같이 신울진원전이 건설되면서 차세대 원전이 들어서고 있다.

대량 원전지대를 벗어나면 낭만가도가 시작되는 셈이다. 그 중에도 아름답다는 삼척 정라 중심의 낭만가도인 새천년해안도로가 있다. 1999년 새천년을 앞두고 개통된 이 길은 '한국의 아름다운 길 100선'에 뽑힐 정도로 주변 해수욕장과 더불어 바다를 끼고 돌아가는 해안도로의 전형을 보여준다.*

강릉·금진 중심의 금진항과 정동진·등명해안이 아름다운 강릉에서 대관령을 넘어가면 2018년 동계올림픽 개최지로 확정된 평창으로 이어진다. 강원도 산골 평창이 3수 만에 세계 최대의 겨울 제전을 유치한 것이다. 이곳은 국제대회를 준비하면서 전철과 고속도로 등 인프라가 정비되어 영동과 동해안이 새로운 그린투어 메카로 변할 것이다.

88올림픽을 치룬 한국은 스포츠 4강에 올라 세계를 놀라게 했을 뿐 아니라 대한민국의 국격國格을 높여주었고, 당시 동구권을 각성케 하는 계기가 되었다고도 한다. 이에 비해 동계올림픽은 구체적으로 경제적 효과가 크고, 한국의 브랜드 가치를 높여 국민소득 배가의 길목에서 경제에 활력을 줄 것으로 기대된다.

이처럼 국제 스포츠 행사는 우리가 염원하는 국민 통합과 엄청난 관광 특수 효과를 누리면서 알펜시아 등 시설의 사후 활용으로 남방의 눈 없는 나라의 겨울 관광휴양지로 발돋움 할 수 있을 것이다.

세계 최대의 양수발전소가 있는 양양 그리고 설악과 고성

이제 동해안으로 나와 우리나라 최대의 명산 설악산국립공원을 가는 길에 양양을 지난다. 바닷길에서 10분 정도 들어가면 시설용량 100만kW(20만kW×5기)인 우리나라 최대의 양수발전소가 있는 곳이다. 전력 소비가 적은 심야 시간대의 잉여전력으로 물을 댐 위쪽으로 퍼 올렸다가 전력 수요가 많은 낮 시간대에 전기를 생산 공급하는 시스템으로, 하부댐과 상부댐의 표고낙차 800m를 이용하여 발전한다. 동해안 쪽으로는 청송과 예천을 품고 있으며, 청평·무주·산청·삼량지 등 전국에 7개 양수시설이 건설되어 있다.

---

* 조선일보 주말 Magazine+2

서해의 조력전기가 양산되는 경우도 전기 생산과 소비 시간대 조정과 전기의 품질 향상을 위해서 긴요한 시설이다. 원전이나 조력전기 모두 대용량 발전에 해당, 양수발전 시설도 대용량으로 준비되어 있어 3개의 발전 시스템은 환상적인 콤비네이션이라 할 수 있다. 청정 무공해 에너지의 생산·저장·재생산의 기막힌 연계장치의 이점은 한국만이 누릴 수 있는 그린에너지의 순환장치로 세계에 내놓을 만하다.

양양발전소를 돌아 올라가면 남설악의 한계령을 타고 설악의 최고봉 대청봉에 이르는 길로 들어선다. 이 계곡으로 들어서서 천불동계곡으로 내려가면서 크고 작은 폭포와 기암괴석 그리고 붉은 몸통의 적송이 뿜어내는 향기에 취하다보면 어느덧 비선대에 도착하게 된다.

신선이 승천했다는 전설이 살아있는 이곳은 설악산 산행의 십자로라고도 할 수 있는 지점이다. 대청봉으로 가는 길과 반대쪽 마등령·백담사 길 그리고 울산바위와 설악산 중심부인 설악동으로 나가는 갈림길이 된다. 이 설악동에 자리 잡은 신흥사에서는 통일대불이 관광객을 맞아주는데, 이곳에 권금성으로 올라가는 케이블카가 있다.

설악산의 특징은 계절의 변화무쌍함이다. 비 온 뒤 무수히 많은 폭포수를 볼 수 있는 권금성 쪽 산상과 중턱의 모습뿐 아니라 비 맞은 설악은 색상이 변하는 특성을 지니고 있다. 광활한 여러 코스를 모두 섭렵할 수는 없지만, 설악의 단풍은 바로 기온과 습도의 선명함에 의존하여 청정지역에서만이 가능한 설악 단풍의 색상이 더욱 빛난다.

남쪽의 금강산이라 일컫는 설악산을 뒤로 하고 다시 낭만가도로 나와 속초를 거쳐 북상하면 고성 땅에 이른다. 드디어 경계에 이른 것이다. 장장 250km 한반도를 가로 지른 DMZ/비무장지대 동쪽 끝의 시작이 고성이다.

낭만가도는 동해 Blue Ocean과 Green Energy를 양쪽에 끼고 북쪽으로 가다가 길이 끝나는 곳에서 멈추었다. 지척에 해금강을 둔 낭만가도는 언젠가 해금강을 관통하는 새 길이 시작되어 함경도에서 내려오는 7번 국도와 만나는 날, 동해의 낭만가도는 세계의 낭만가도(Romantic Road of World)가 될 것이다.

이곳에는 금강산 해금강이 보이는 최북단 전망대 외에도 잘 보존하고 보호해야 할 DMZ 초입에 DMZ박물관이 최근 문을 열었다. 한국전쟁 냉전의 모습과 60여 년 간 원형 그대로 보존된 DMZ 생태환경이 잘 정리되어 있다.

그 외에도 금강산자연사박물관과 화진포해양박물관이 있다. 이곳 화진포는 6·25전쟁 시 수복된 지역으로 주변 경관이 뛰어나 김일성 별장과 이승만 대통령의 별장 기념관이 있었던 곳이지만, 지금은 이들을 한데 묶어서 역사안보전시관을 만들었다.

죽음의 DMZ, 세계의 생태공원이 된다

DMZ 생태관광지를 관통한 TKR

독일이 통일된 후 지구상에 유일한 분단국가로 남은 대한민국, 산과 들 그리고 강 위에 그어진 군사분계선 250km에서 남북이 2km씩 후퇴하여 만들어진 비무장지대(Demilitarized Zone)는 누구도 함부로 들어설 수 없는 금단의 땅이 되어버렸다. 1953년 7월 27일, 정전협정에 의해 남쪽으로 2km 떨어져 동서로 그어진 남방한계선 밖에는 철조망과 군 부대시설이 그 날의 아픔을 증언하고 있다.

휴전은 말 그대로 항구적인 상태라기보다는 전쟁의 일시 정지 상태가 아닌가. 60년의 긴 세월동안 한반도를 가로 지른(250km×4km) 채 남아 있을 줄 그 누가 알았으랴. 그런데 이 땅이 생태계 보고가 되어 슬픈 냉전의 상흔이 인류 유산이라는 아이러니를 낳고 있다.

이 비무장지대 안에는 희귀 동·식물 등 자연 생태계의 보고일 뿐 아니라 여러 개의 땅굴이 발견되었다. 군사분계선을 땅 속으로 넘어온 이러한 남침 땅굴은 얼마나 더 있을지 잘 모른다. 분단의 역사와 자연사의 복원을 함께 하는 DMZ는 새로운 차원에서 조감된다. 고성 통일전망대에서 내륙 쪽으로 서진하다 보면 백두대간에 이어진 향로봉에 당도한다.

향로봉도 금강산이다

향로봉은 금강산 1만 2천봉 중의 하나로 높이가 1296m이다. 정상에서는 DMZ* 너머로 금강산 봉우리들이 손에 잡힐 듯 셀 수 있다. 설악산과 동해가 내려다보이는 경치가 수려한 이곳은 이미 희귀식물 서어나무류·금강초롱·함박꽃나무·하늘말나리 등이 서식하며, 계곡에는 칠성장어·산천어·금강모치 등 보호어종과 수달·사향노루·산양 등 희귀 포유류도 살고 있어 천연기념물 보호구역으로 지정되어 출입이 통제되고 있다.

가칠봉과 대암산이 지척에 있어 남북 생태계의 접점일 뿐만 아니라 대암산 용늪은 고원습지로 람사르협약에 제일 먼저 등재되어 그린투어의 시원을 이룬다. 용늪에는 특이한 지리적 기후로 수천 년 동안 풀이 썩지 않고 쌓여 이탄층의 고원습원이 발날되어 있다. 그 속에 퇴적된 식물의 잔해가 남아 있어 까마득한 옛날 한반도의 기후와 식생을 연구하는 귀중한 자료로 보호받고 있다.

또한 용늪이 있는 대암산 북방에 제4땅굴이 발견되어, 제3땅굴 이후 12년 만에 발견되어 사회적 충격이 컸다. 이 남침 땅굴 발견으로 인해 서부·중부에 이어진 전선에서 자행되는 만행을 확인할 수 있었다. 휴전선 앞 100m까지 관람이 가능한 이 땅굴 입구에는 충견비가 서 있다. 땅굴 수색에 앞장서 지뢰를 탐지하고 몸을 던져 분대원을 구해준 군견 '헌트'를 기린 것이다.

---

* http://www.VisitKorea.or.kr

휴전선에 얽힌 이야기는 너무나 많다. 당시 수력발전소인 화천댐은 남쪽의 주요 전력 공급원으로 휴전 막바지에 이를 점령하기 위해 치열한 전투가 벌여졌다. 그때 국군 6사단이 인해전술로 몰려드는 중공군 3개 사단을 격파하여 수만 명이 호수에 수장되었다. 이승만 대통령이 이 전투를 기념하고 치하하여 명하기를 '오랑캐를 격파한 호수'라 하여 지금까지 '파로호破虜湖'라 불리어지고 있다.

파로호를 거슬러 오르면 어마어마한 높이의 댐이 등장한다. 높이 125m의 '평화의댐'이다. 이 댐을 건설한 사연을 알면 전쟁이 끝난 것이 아니란 걸 새삼 느끼게 된다. 북한강 상류에 건설한 북쪽 금강산댐(임남댐)이 수공水攻, 즉 물을 터트려 한강 수계를 초토화한다는 정보에 따라 어린아이 돼지저금통까지 턴 국민성금으로 착공한 댐이다.

댐 축조에는 여러 억측이 분분했으나 착공 당시 80m이었던 것을 125m로 높여 금강산댐 용량보다 크게 만들었다. 평화의댐은 건천乾川으로 물이 차 있지 않다. 금강산댐 물로 수공을 했을 시 이를 막는 방어용으로 만든 대응 댐이기 때문이다.

안타까운 분단의 상징 그 경관과 더불어 안보관광지로 각광받을 뿐 아니라 평화의댐 상류에는 자연스럽게 청정습지가 만들어지고 생태계의 보고로 거듭나고 있었다. 또한 이 평화의댐 '세계평화의종공원'에는 세계 최대의 범종(37.5t), 즉 1만관은 세계의 분쟁지역에서 모아 온 탄피와 포탄 등으로 만들어진 평화를 소리에 담아 기원하는 절박함이 담겨 있다.

분단의 처절함은 끝없이 이어진다. 철원고지에는 백마고지와 제2땅굴·철의 삼각지 등 최고의 격전지가 있고, 궁예의 옛 터전 그리고 수복 전엔 북한 땅이었던 철원 마을에는 노동당사의 잔해 등 역사와 전쟁의 파편들이 즐비하다.

이곳에서 연천 쪽으로 나오면 오래된 역사 한 토막과 마주한다. 쇠락한 천년 신라를 고려 태조 왕건에게 나라를 넘겨준 통일신라의 경순왕릉이 이곳에 자리하고 있다. 유일하게 경주 밖에 안장한 이 릉은 고려 조정의 율례대로 송악의 100리 길을 넘지 못하고, 현재의 남방한계선 아래 고랑포 성거산에 안장됐다고 한다.

1974년 11월, 이 고랑포에서 처음으로 남침 땅굴이 발견되었다. 당시 7·4남북공동선언이 발표되는 등 남북 화합의 물고를 트는 시기여서 우리 국민들의 놀라움과 배신감은 너무나 컸다. 또한 고랑포는 김신조의 124군 청와대기습시도 사건 등 남북 대립이 빚은 비극의 사건들인 무장공비 침투 루트로 자주 이용되던 길목들이다.

임진강에서 가장 번창했던 고랑포, 결코 매장할 수 없는 스토리가 겹겹이 쌓여 있는 곳을 뒤로 하고 수도의 생명줄 같은 임진각 지역으로 나서면서 본격적으로 DMZ 인접 지역으로 가는 길목에 들어서게 된다. 꿈에도 그리던 자유의 다리가 이곳이다.

1953년 7월, 포로 교환으로 국군과 유엔군 포로 1만 2000여 명이 이 다리를 건너 자유의 품으로 돌아왔다는 뜻에서 ‘자유의 다리’가 된 것이다. 이 자유의 다리를 넘으면 현재의 민통선 안으로 들어가 경의선 도라산역에 이른다.

DMZ를 뚫은 대륙철도 타고 제3땅굴을 가다

2000년 남북정상회담 이후 경의선 복원공사가 진행되어 2003년 6월 14일, 분단 56년 만에 남방한계선 철책에서 700m 남쪽에 출입국사무소가 설치되었다. DMZ 너머 북한 땅 개성공단은 이곳에서 연결된다. 도라산역 이정표에는 평양 205㎞, 서울 56㎞로 간결하게 표시하여 경의선 상의 하나의 역이 되었다.

평양에서는 TCR/Trans Korean Railway와 연결되어 있다. 이미 우리 철도도 물리적으로는 대륙연계철도에 접속되어 있다는 사실에 놀라움을 느꼈다. 변덕스런 북측의 무지와 교활함으로 텅 빈 출입국장이 사람들로 붐비는 날이 올 것이고, 또 언젠가는 사라지게 될 것이다. 그러나 인근의 제3땅굴은 한반도의 현실 그대로를 보여준다.

돌이켜 보면 1970년대 중·후반은 시련의 연속이었다. 1974년 11월 연천의 제1땅굴, 1975년 3월 철원 북방의 제2땅굴이 발견되고, 1976년 판문점 공동경비구역의 도끼만행사건으로 미군 장교 2명이 즉사하는 끔찍한 도발 행위가 있었다. 그리고 1978년 10월, 이곳에서 제3땅굴이 발견되었다. 최근 서해 연평도 만행까지를 놓고 보면 50년 한국전쟁 이후 북측의 끊임없는 무력 도발이 있었다.

제3터널에서는 300m 정도 모노레일을 타고 지하 73m 깊이로 내려가면서 군사분계선에 수백 미터 거리로 접근할 수 있었다고 느끼면서도 철저히 위장되고 억지 부리던 모습이 떠오른다. 중립국 장교 한 사람이 남침인지 북침 루트인지 어떻게 아느냐는 질문에 안내장교의 답변이 명쾌했다. 그들이 작업상 물을 북쪽으로 흐르게 하였고, 발파 화약 장전 방향이 남쪽으로 향하고 있다는 현장 확인으로 충분했다고 한다.

도라산전망대에서 북한지역을 바라보면 5만 명의 북한 노동자가 일하고 있는 개성공단이 눈앞에 다가와 있는 것처럼 가깝게 느낀다. 그리고 도라산 북방 4㎞ 지점에 세계와 함께 호흡하는 판문점이 있다.

군사분계선 상에 놓여 있는 남북 간 테이블에서 설전과 타협과 분탕질로 60년 세월을 보냈다. 이곳에서 1953년 7월 정전협정이 이루어졌으며, 군사분계선에서 남북으로 1.6㎞ 구간에 설정된 정방형의 구역이 유명한

JSA공동경비구역이다.

판문점은 냉전시대 최전방 그리고 한국인에게는 뼈아픈 상처만 남아 있지만, 포로 교환·남북적십자회담·총리회담·남북군사회의 등을 개최하는 팽팽한 긴장 속에서도 평화를 잡으려는 노력은 이어져 왔다.

JSA로 가는 길목에 대한민국 최북단 마을인 대성동 자유의 마을이 있다. DMZ 안에 조성된 유일한 마을이다. 그리고 바로 군사분계선 너머 북한지역에 기정동 마을이 있다. 100m가 넘는 초대형 국기게양대에 태극기와 인공기가 나란히 나부끼고 있는 지역이기도 하다.

DMZ 비무장지대는 상처투성이의 금단지역이다. 명시적으로 DMZ 안에 있는 시설 지역은 판문점 JSA와 대성동마을과 기정동마을이 유일한 지역이다. 남침 땅굴 때문에 남방한계선이 전진 관찰이 가능해진 것을 제외하면, 한반도를 가로 지른 250㎞의 철조망에 가려진 DMZ는 분명 새로운 자연유산이 되어 간다.

한때 정부는 서해안을 지식첨단산업을 중심으로 하는 신산업벨트로 개발하고, 남해안은 물류와 휴양산업, 동해안에는 에너지 관광 벨트 그리고 남북 접경지대의 DMZ는 세계적인 생태공원 평화 벨트를 조성한다는 4대 벨트 기본 구상을 발표한 바 있다.

DMZ의 희귀생태자원과 문화유산 그리고 격전지의 역사 현장을 세계의 공동자산으로 활용하는 방법 등이 논의되어 왔다. 마침 세계의 환경올림픽이라 불리는 2012년 세계자연보호총회가 제주도에서 개최되면서 한국 특성의 발제 하나로 DMZ의 생태 환경적 가치가 세계적인 관심사가 될 것으로 보인다.

세계적으로 이만한 Green Issue가 흔하지 않을 뿐만 아니라 이를 계기로 글로벌 이슈화함으로써 접경지대의 갈등을 해소하는 실질적 대안으로 접경지역 환경자원을 평화적으로 공동 이용하는 사례가 될 것이다.

환경산업이 녹색성장의 중핵을 이루어가면서 청정한 산업사회가 경제성장과 융합하는 모습으로 전개될 때 남북이 모두 윈윈하는 모범적인 한 사례를 이어갈 수 있을지도 모른다.

새 그린에너지 바다 힘의 본고장에 들어오다

자유의 다리를 건너 임진각을 지나 서진하면 군사분계선은 임진각 안으로 들어가면서 임진강이 마치 경계처럼 되어버린다. 남방한계선이 강변의 철조망을 따라 내려오면서 한강과 임진강이 만나는 곳에 오두산 통일전망대가 자리하고 있다. 탁 트인 강변 너머 북한 땅을 바로 조망하는 경관이 빼어난 곳이다. 북한지역과 비무장지대의 폭이 가장 좁은 곳으로, 북한의 조성 마을을 볼 수 있을 뿐 아니라 멀리 개성 송악산이 시야에 들어온다.

임진각과 한강 하구는 습지보호구역으로 겨울이면 희귀 새들의 군무를 볼 수 있다. 그리고 강변 한계선을 따라가면 김포반도 북단에 위치한 또 하나의 전망대 애기봉이 나온다. 북한지역의 농촌과 선전용 위장 마을을 관찰할 수 있는 곳이다. 비무장지대는 강화도로 이어지면서 철새도래지로 그리고 수많은 해양생물이 둥지를 트는 해양 생태계의 보고寶庫로 들어간다. 특히 비무장지대 안에 있는 강화도의 비도와 석도는 새들의 천국이다.

강화도 북부 민통선을 다시 통과해 들어가면 제적봉制赤峰에 세워진 DMZ 끝자락 평화의 전망대에 이른다. 이곳에서 지도에도 없는 신비의 가상 섬을 만나게 된다. 남북경제협력사업이 운위될 때 가끔 등장하는 노들섬이다. 한강과 임진강, 북한쪽 예성강이 만나는 드넓은 하구지역의 모래톳이 밀물 때 잠겼다가 썰물 때 모습을 드러내는 신비로운 곳이다.

인천·개성·황해도지역이 지근거리에 있는 이 노들섬은 여의도의 서너 배 넓이로, 남북이 마음만 열면 개발할만한 가치가 있어 보인다. 광양제철소는 모래톳 위에 세워진 세계적인 제철공장이 아니던가.

강화도는 지붕 없는 역사박물관이라 할 만큼 국권 수호와 수난의 역사 그리고 성지로 잘 알려져 있다. 고려의 대몽對蒙항쟁 시기에 임시 수도로 삼아 조선반도를 지켰으며, 조선시대에는 문호 개방 압력을 막는 초입에서 병인양요·신미양요·운양호 사건 등 외세 침입이 있을 때마다 맨 앞에서 사투를 벌인 유적과 문화재가 집중되어 있다.

고려 고종이 강화도로 천도하여 쌓은 강화산성은 강화읍을 둘러싸고 있으며 4대문이 당당하다. 고려가 몽골에 항전하던 39년간의 궁궐터인 고려궁지가 있다. 결국 몽골에 항복하여 고려궁은 헐렸지만, 그 규모는 고려 수도인 송도를 빙불케 했다니 놀라운 일이 아닐 수 없다.

강화에는 호국 혼이 깃든 50여 개 돈대와 12진보鎭堡가 있어 섬 자체가 요새화되어 있다. 1871년 신미양요 때 가장 치열한 격전지였던 광성보는, 당시 전사한 무명용사의 무덤과 유재연과 이재순을 기리는 쌍충비각이 용맹했던 항전을 상징하고 있다. 또한 민족의 성산이라 할 수 있는 마니산은 백두산과 한라산의 중간 지점에 위치해 있고, 마니산 정상에는 단군왕검이 하늘에 제사지냈다는 전설의 참성단이 있다. 10월에는 개천대축제 등 행사와 더불어 전국체전의 성화聖火도 이곳에서 채화된다.

강화에는 많은 역사와 스토리텔링 소재가 쌓여 있다. 역사와 더불어 많은 명승지가 서울에서 한 시간 거리에 있어 우리는 너무 행복하다. 강화

8경에는 서해 낙조와 손돌목의 급한 조수의 물결, 보문산의 암자석불, 초진지의 대포 등 셀 수 없이 많다.

또한 강화도에서 빼놓을 수 없는 것이 세계 5대 갯벌로 꼽히는 해양생태계의 보고 '강화 갯벌'이다. 강화도 남부와 석모도·불음도의 주변 섬 지역으로, 썰물 때는 해안선에서 직선거리로 10㎞에 달하는 거대한 갯벌은 또 다른 녹색 자연유산이다. 그리고 최근에 조성한 '강화 나들길' 146㎞는 자연 경관과 고려·조선 시대·일제강점기의 역사 유적을 엮어 압축해 놓은 듯 아름다운 워킹 코스다.

이렇게 아름답고 오랜 민족의 역사가 살아 있는 강화도 해역은 21세기 녹색 에너지 시대의 청정에너지 공급기지로 거듭날 것이다. 강화도와 교통도·석모도를 잇는 강화 조력과 강화도 남쪽으로 장봉도(남측 방조제)·영종도·강화도를 잇는 동측 방조제로 이어지는 인천조력발전소 건설 계획이 추진되고 있기 때문이다.

이 지역 발전 규모가 200만㎾를 넘는 부존량을 가지며, 특히 아래쪽 인천 조력의 환경조건은 세계 최대의 조력발전 기지로 손색이 없다. 극동 허브 공항인 인천국제공항의 이륙장 끝에 만들어지는 인공섬에 잇대어 들어 설 발전소는 세계 녹색 에너지의 관광 포인트가 될 것이다. 하루에 두 번 썰물 때만 발전할 수 있어 보완적인 발전 시스템이라 할 수 있다.

환경단체가 우려하는 갯벌 파괴나 상실은 조전潮電의 원리가 자연 상태의 썰물과 밀물의 원리를 이용한 것이기에 상류 갯벌에 크게 영향을 미치지 않을 것이다. 수자원 활용을 위한 내륙댐 건설도 환경 파괴를 이유로 오랫동안 진전이 없을 뿐 아니라 그 많은 물을 바다로 내보내 수자원 이용률이 매우 낮은 상태다.

육지 댐/Dam은 유수지로 만들어 댐 안쪽은 수몰되게 될 것이다. 그러나 조력댐은 물을 담아 두는 댐이 아니다. 시화호의 경우 당초 담수댐으로 만들어져 갯벌에 물이 차면서 생태계 파괴와 부식 영양화가 시작되었다. 하지만 다시 해수화로 돌려놓으면서 위쪽 갯벌이 살아나 원래대로의 생태계 복원이 시작되었다.

에너지 불모지인 한국의 서해는 황금 해안이다. 여러 반대 이론이 있다 해도 그 나라의 자연과 지형적 상황에 따라 개발 가능한 모든 자원, 즉 한계자원까지도 이용해야 하는 시대다. 공해 대체 자원에 목말라하는 우리 형편에 여러 이점과 문제를 비교 평량해서 슬기로운 결론에 도달하도록 국민적 합의가 필요하다.

인천광역시는 한반도 중서부 요지에 인천공항의 확장과 함께 경인운하인 인천 아라뱃길이 열림으로써 임진강의 통로를 잃어버린 서울의 서해 해로를 연결했다. 한강을 오가는 뱃길이 바다로 나가는 항구 기능의 부활을 뜻하는 것이다. 중량 화물의 이동과 관광선 그리고 바야흐로 도래하는 요트 시대를 맞아 강과 바다를 연계하는 새로운 동력을 얻게 된 것이다.

조선·IT·자동차 공업의 발달된 기술로 세계 요트 시장 진출은 가시권에 놓이게 된다. 소득 향상과 더불어 요트 시대가 오면 아름다운 한강에서 하얀 돛을 단 요트의 군무를 보게 될 것이다. 또한 서해에 연접된 경인 아라뱃길의 인천터미널 좌우 양쪽 청라지구와 수도권 매립지에 대한 재평가가 영종도 개발과 더불어 북인천지역 발전을 견인해나갈 것이다.

인천은 1883년 근대 초기 산업화를 이끌어왔고, 1981년 독립 직할시로 승격된 뒤 1995년 인천광역시가 되었다. 인구 280만 서해안의 최대 도시이며, 서울의 관문으로 황해경제권 시대의 중핵 도시가 되어 간다.

2001년 3월, 인천공항 개항 이후 2003년에는 송도·영종·청라 3개 지구를 포괄하는 최초의 경제자유지역으로 지정되면서 한반도 한가운데서 세계를 향하여 기지개를 폈다. 그리고 2009년 10월, 국내 최장의 인천대교 개통으로 인천공항이 15분 거리로 단축되어 동북아 교역의 최적지에 입지한 인천경제자유구역은 새로운 각광을 받고 있다. 주변 인구 밀집지역의 동북아 최고 비즈니스 도시로 자리매김하면 3시간 비행거리 안에 세계 인구의 1/3이 밀집해 있는 것에 주목할 필요가 있다.

인천 앞바다의 불소모성 무공해 청정에너지인 조력발전소가 건립되면, 송도의 그린 인증 도시와 강화도 등의 수많은 스토리텔링 그리고 인근 DMZ의 생태 공원화 계획과 더불어 글로벌 녹색환경 교육장으로 각광받을 것이다. 공항서비스평가(ASQ)에서 공항 사상 처음으로 7년 연속 세계 1위를 차지한 인천국제공항은 금후 2, 3단계 확장 공사와 함께 명실상부한 이 지역 허브공항으로 발돋움하면서 급증하는 관광객의 흡수와 항공 물류 중심지의 기능을 굳혀 갈 것이다.

2014년 9월에는 우리나라에서 세 번째 열리는 아시안게임이 인천에서 개최된다. 40억 아시안의 함성이 49개 경기장에 울려 퍼지면서 인천광역시는 도시 정비의 기회를 갖게 된다. 송도에는 한국판 오페라하우스가 만들어져 2014년 아시안게임 이전에 개관하여 이 지역과 수도권 문화 수요를 수용하는 공간으로 활용될 것이다.

120년 역사의 인천항은 새로운 물류 허브로 거듭나는 여러 계획과 함께 인천·개성·해주를 잇는 3각 경제 클러스터를 추진한다는 청사진을 펼치고 있다. 당장은 어렵더라도 중국의 홍콩·광동·선천에 상응하는 경쟁 지역을 상정하는 꿈은 언젠가 이루어질 수 있기를 바란다.*

---

* 「한국의 심장 인천이 다시 뛴다」, 매일경제 2011년 9월 2일자.

세계의 섬이 된
제주도 올레길

　　제주도는 남국적인 정서를 안겨주는 이색적인 풍광이 신선하다. 항상 출렁이는 바다와 푸름을 간직한 가로수들은 우리가 남쪽에 왔다는 것을 새삼 느끼게 해준다. 또한 이름부터 생소한 제주시의 구실잣밤나무, 서귀포의 담팔수 가로수 등은 정원수처럼 새롭지만 정감이 간다. 그래서인지 여러 번 다녀왔으나 한 번노 실방한 석이 없다.

　　처음 제주도를 찾았을 때는 한라산 횡단도로인 5·16도로가 갓 생겼을 때로 기억된다. 한라산 중턱을 지나는 길은 아열대지대의 원시림을 뚫고 제주시와 서귀포를 연결하는 2차선 도로는 정말로 아름다웠다. 지금도 이 도로는 좁게 구불구불 다칠세라 흘러 내려가는 길은 어느 듯 대자연의 일부가 되어 있는 듯 원시를 호흡하고 지나간다.

　　제주도의 얼굴은 역시 한라산이다. 남한에서 제일 높은 1950m의 국립공원으로, 꼭대기에는 휴화산의 큰 웅덩이에 물이 고인다. 백두산처럼 용솟아 오른 물이 아니기 때문에 우기에는 물을 머금고 있다. 횡단도로 쪽으로 내려 뻗은 능선들의 철쭉과 억새 그리고 아열대식물들이 장관을 이루면서 계절마다 그 아름다움을 연출한다.

성산읍 일출봉은 바다 쪽으로 내민 182m 높이의 분화구형 섬 모습이다. 큰 사발 모양의 방목지와 사면의 절벽에 둘러싸여 바다 궁전을 연상시키는 성산 일출봉은 수성화산 폭발 과정을 보여주는 세계적인 모델이다. 유명한 하와이의 다이아몬드 헤드나 남아공의 테이블 마운틴에 비해 또 다른 비경을 지키고 있다.

또 제주에는 천제연폭포·천지연폭포·정방폭포의 3대 폭포가 있다. 그 중 정방폭포는 바다로 떨어지는 동양 유일의 해안 폭포다. 또한 매거하기 어려울 만큼 많은 자연 중 빼놓을 수 없는 것이 세계 최장(8928m)의 용암동굴인 만장굴이다.

이처럼 한라산과 성산 일출봉 그리고 만장굴을 위시하여 제주도는 일찍이 '세계자연유산'으로 등재(2007년)되었다. 그에 앞서 2002년에는 생물권 보호지역으로 지정되고, 2010년 세계지질공원 인증으로 세계 유일의 자연 환경적 가치를 학문적으로 인정받았으며, 2011년 11월에는 '세계 7대 자연 경관'으로 선정되어 세계의 섬이 되었다.

'세계 7대 자연 경관' 선정은 스위스 뉴세븐원더스New 7Wonders재단이 추진한 세계적인 이벤트다. 이 재단은 2007년 세계 신7대 불가사의(7 Wonders) 선정으로 세계의 이목을 집중시켰다. 7대 불가사의에 선정된 페루의 마추피추와 요르단의 고대도시 페트라, 중국의 만리장성 등은 세계의 관광 명소로 입지를 굳혔다.

'7대 자연경관' 선정은 2007년부터 '섬, 화산, 폭포, 해변, 동굴, 숲' 분야별로 세계 네티즌이 추천한 440곳에서 골라내어 최종 28곳의 후보군에 들었다. 인터넷과 전화 투표는 전 국민의 성원 아래 국내외 합해서 1억 표 이상을 얻은 것으로 추정하고 있다.

이번에 세계 7대 경관에 선정된 곳은 제주도를 위시하여 브라질의 아마존, 베트남의 하롱베이, 아르헨티나의 이구아스폭포, 인도네시아의 코모도국립공원, 필리핀의 프에르토 프린세사 지하강, 남아공의 테이블 마운틴이다. 모두 관광 특수를 기대하나 자연경관을 지키고 유지하는데 더 높은 가치를 부여해야 할 인류의 유산들이기도 하다.

제주도는 자연유산도 뛰어나지만 대한민국의 중요한 전진기지이기도 하다. 제주섬의 남방 149㎞에 있는 이어도과학기지와 대륙붕 해역의 자원 보고로 알려져 있다. 이곳은 태평양으로 열려 있는 해양 한국의 최남단 영토로, 우리가 실효적으로 지배하고 있는 과학기지가 많은 해양 정보를 제공하고 있다. 이어도는 파랑도라고도 하는데, 민요인 이어도타령으로 살아 있다.*

이어도 해도상의 명칭은 Socotra Rock으로 1900년 영국 상선 Socotra호가 부근 해역을 항해하다가 발견한 데서 유래한다. 최근 중국이 자국 대륙붕의 연장선상에 있다는 주장을 강화하면서 인근 해역에 대한 권리주장을 해오고 있어 분쟁의 소지가 있는 곳이다. 제주 해역은 연안 해역과는 달리 조류의 영향권에 있어 장차 참치어장으로서 유망하다는 판단도 있다.

제주의 자연 경관과 자연 그리고 장차 해양 해군기지로서 주변 해양 주권과 교통로를 확보할 제주기지의 임무는 막중하다. 강정항은 이 모든 국익을 뒷받침하는 해군기지임과 동시에 대형 크루즈가 접안할 수 있는 미항으로 거듭날 것이다. 세계적인 미항인 호주의 시드니나 하와이가 관광지와 해군기지로 병용하고 있음을 상기해야 한다.

옛 탐라국의 역사를 가진 우리나라 제일 남쪽에 위치한 섬으로 주민들의 독특한 생활문화와 육지와 다른 언어를 구사하는 해녀들의 섬으로 유

---

* 「세계 7대 자연경관 제주」, 조선일보 2011년 12월 5일자.

명하다. 바람, 해녀, 돌이 많다 해서 삼다도三多島라고도 부른다. 육지와 떨어져 있어 한때는 많은 고관들의 유배지로서 그리고 삼별초가 몽골에 대항하여 대몽항쟁의 최후를 장식한 곳이기도 하다. 이처럼 제주도는 역사와 자연, 특이한 민속·문화·재미 그리고 보물섬, 자연종합박물관으로 예찬되고 있다.

제주의 또 다른 매력은 인간과 자연이 공존하고 있다는 아름다운 융합의 길이 등장한다. 세계적인 명품 대열에 올라선 '제주 올레길'이 제주 자연유산의 가치를 한층 높여주고 있다. 제주말로 "걸으멍 놀멍 쉬멍 올레길 갑서"와 같이 제주 올레는 걸어서 여행하는 이를 위한 길, 그리고 온전히 걷는 사람들만의 길로 단장되어 있다. 주로 해안과 숲 그리고 언덕의 명승길을 따라 제주섬을 도보로 순환하는 길이다.

이렇게 보면 제주도는 자연이 우리에게 내린 축복임에 틀림없다. 육지에서 보기 드문 난대성식물이 자연으로 자생하는 늘 푸른 정글 숲을 조용하게 지나면서 엿볼 수 있어 태고의 비밀을 들여다보는 신비함도 느낀다. 또 지구상에서 한라처럼 눈 내리는 난대는 흔한 일이 아니라는 사실이다.

지난해 제주도가 세계 7대 자연 경관에 선정될 수 있을까를 염려했으나, 알고 보면 제주만큼 완벽한 자연 경관을 갖춘 곳은 없었던 것 같다. 다시 말하자면 단품이 아닌 인류가 보존해야 할 자연자원을 완벽하게 가꾸었다는 점에서 긍지를 가질 만하다.

더욱이 평창동계올림픽이 확정되는 해에 '세계 7대 자연 경관'으로 선정되어 세계의 관광 목적지로 부상할 전망이 크다. 제주도는 이미 주요 국가의 정상회의를 여러 번 개최해 널리 알려졌으며, 레저와 공해 없는 MICE의 고급 관광자원으로 활용됨에 손색이 없다.

세계 7대 자연경관 선정은 공업 국가인 대한민국의 이미지를 세계적인 자연유산을 가진 친환경 국가로 국가 브랜드 가치를 드높이는 데 기여할 것이다.

'한국 방문의 해'의 마지막 해인 2012년 특별 이벤트의 주요 메뉴로, 7대 자연 경관을 선정하여 젊은 한류의 매력과 더불어 우리가 지금껏 추적해 온 Korea Green Tourism을 집대성하는 계기가 된 것이 너무 기쁜 일이다.

세계의 자연 경관을 지키고 보전하면서 결코 난개발이 되지 않는 고품격 관광지로 발전시켜 역사·문화·자연·인간이 융합하는 Tourism의 표준이 되게 했으면 좋겠다.

II부
에너지 혁명

4장.
새로운 에너지 혁명 시대

에너지 혁명 시대와
그 파장

에너지 기후 시대와 새로운 산업혁명

지난 수십 년간 쌓아온 변화 요인들이 몇 개의 변곡점을 거치면서 우리에게 엄청난 시대의 틀, 즉 패러다임의 변화를 경험하게 하였다. 동구권 붕괴 후 초극적 세력이 된 미국이 패권국가로 안정적인 균형을 이루기가 무섭게 나타나는 권력 이동(Power Shift)의 가시적 현상은 어제를 의심하게 한다. 2008년 월가에서 시작된 금융 파동이 미국의 세계적 영향력만큼의 세계 경제 위기를 몰고 왔다. 1930년대 대공황의 경험에 비추어 각국이 공조하여 위기를 타개하려는 노력이 심판대에 오르기도 했다.

18세기 후반 증기기관에서 시작된 산업혁명 이래 산업 변화와 더불어 쌓여온 지구적 환경 재앙의 누적이 인류의 삶 자체를 위협하고 있다. 이 두 개의 사건을 세기의 변곡점으로 인식하는가에 따라 새로운 혁명의 시대를 맞이하게 된다. 하나의 시스템이 또 다른 시스템으로 대체(이전)되는 현상을 쉽게 표현하는 방법이기 때문이다.

미국의 초극적 지위를 바탕으로 G7 선진국 과두체제에서 G20의 다극체제로 바뀌어가는 전이추세가 하나이고, 지금 환경시대의 핵심으로 떠오르는 에너지 문제가 새로운 산업시대를 여는 제3의 산업혁명시대의 개막을 알리는 계기가 되고 있다.

생태적 현대화(Ecological Modernization) 개념을 창안한 마틴 에니케Martin J·nicke 베를린 자유대 교수는 박원순 변호사와의 대담에서 제3차 산업혁명은 1990년대부터 시작되었다고 했다. 에너지 소스가 화석연료인 석탄과 석유에서 재생에너지로 바뀌거나 고효율 청정에너지로 가면서 오는 산업 시스템의 변환을 이끈다는 것이다.

『코드 그린Code Green』의 저자 토머스 프리드먼은, 인류가 직면한 환경적 요인과 에너지 문제를 아울러 우리가 살고 있는 시대를 에너지 기후 시대/ECE Energy Climate Era로 명명하면서 그린혁명을 통한 청정에너지 공급으로 환경 문제를 해결한다는 것이다. 이 같은 변환의 핵심은 에너지 혁명시대라 이를 만큼 빠른 기술 발전과 투자로 수많은 종류의 대체 에너지 상용화가 진행되고 있다. 이 중에는 화석연료의 고갈 추세와 고가화로 종래의 한계자원이었던 자연자원이 개발되고, R&D 투자와 아울러 대량투자의 실행을 통하여 가격 패리티의 조기 달성을 가능하게 하고 있다.

또 다른 에너지산업에 대한 충격은 에너지원이 화석연료와는 거리를 둔 전력에너지 체계로 대체 수렴되면서 이미 자동차산업은 엔진·기계 산업에서 첨단 전자 장비를 장착한 전자 제품화 추세로 이동하고 있다. 석유산업의 퇴조와 재생에너지 그리고 전원의 전기 형태로 가는 과정에서 자동차산업 혁명을 먼저 이끌고 있는지도 모른다. 바로 전원 혁명, 즉 플러그 혁명으로 볼 수 있다.

중국은 최대 인구 대국에 걸맞게 이미 세계 자동차 최대 생산국으로 떠올랐다. 자동차 생산 종주국인 미국에서 일본으로 그리고 중국으로 새이동이 이루어지고 있다. 중국 시장은 소형 저가차에 친환경차 등 다양한 제품 수요와 동부와 내륙이 다른 지역적으로도 분화되고 다원화된 시장에서 토종기업과 외자기업이 치열한 경쟁을 하고 있다. 놀라운 것은 최근 중국 정부는 전기자동차를 국가 7대 전략산업으로 지정해 엄청난 연구개발비를 쓰면서 적극적 지원에 나서고 있다.[*]

중국은 세계의 저가제품 공장에서 그리고 유인우주위성을 쏘아 올리면서 우주자원 탐사의 꿈을 실현하는 한편, 뒤를 좇는 것(Catch-Up)만으로는 불가능한 선진화를 뛰어넘기 위한 전략으로 친환경 전기차 선점에 나서고 있다. 이에 따라 산업 패권 이전移轉의 전환점에서 세계시장에서 나름대로 선전해 온 한국차도 새로운 도전에 봉착하게 된다.

중국의 자동차 대수는 2008년 기준 6000만 대(안전도 4%)로 3억 대의 미국을 제치고 CO_2 배출국 세계 1위에 올랐다. 연간생산대수 1위에 오른 중국은 2011년 누적차량 보유대수가 1억 대를 돌파하고 있다. 이 속도로 인구 비례 한국 수준의 보유대수를 갖게 되면 4억 대를 초과해 매연 공해는 황사와 더불어 한반도에 또 다른 심각한 환경 문제를 유발하게 된다.

여기서 한국의 대응은 무엇인가. 선진 시장에 나와 있는 하이브리드 전기차·연료전지차와 같은 중간 제품 모양의 친환경차를 뛰어 넘어 바로 무공해 차종인 전기차나 수소차로 진화해야 한다.

여기에 한국의 강점인 IT를 활용하여 전자화 시대를 선도하는 창조적인 돌파력으로 에너지 혁명 시대를 슬기롭게 열어가야 한다. 특히 중국의 대형 공해에 앞서 전기차 생산의 뛰어넘기 전략을 적극 지원하면서 앞서 광활한 시장을 선점하는 일거양득의 전략이 필요하다.

---

[*] 「테마 진단」, 매일경제 2011년 2월 10일자.

중국이 공해형 자동차를 양산하기 전에 무공해 자동차 개발에 협력하여 광역시장을 선점하면서 새재생에너지 상용차의 가격 패리티 효과를 누리게 되면 창의적인 선린 협조의 상징이 될 것이다. 그러나 여기서 끝날 일은 아니다. 또 다른 플러그 혁명이 태동하고 있다.

플러그 혁명과 수소차 시대의 개막

2011년 3월 하순, 일산 킨텍스에서 열린 '2011 서울모터쇼'에 등장한 연료전지 중형세단 콘셉트 카인 현대자동차 블루스퀘어/Blue², HND-6는 자동차 에너지 혁명의 새로운 희망을 열어주었다. 친환경차 경연장이 된 이 모터쇼에서 하이브리드차·전기차 등 다양한 친환경차와 나란히 등장한 '수소연료 전기자동차'가 눈길을 끌었다. 친환경 브랜드인 블루드라이브+수소 H²의 숫자 2를 합성하여 Blue²(블루스퀘어)로 명명된 수소차의 실용화가 현실로 다가온 것이다.

물리적 계산으로 우주의 75%가 수소로 되어 있다고 한다. 이 같은 무궁한 자원 때문인지 일찍이 1930년대 독일에서 수소엔진을 개발했다는 기록과 세계 2차 대전 때 수소를 이용한 잠수함이 출현했다고 한다. 그러나 전후 석유 시대의 경제성에 밀려났다가 석유 고갈과 환경 문제가 대두되면서 2000년 초부터 각국이 상용화 경쟁에 나서고 있다.

GM은 2010년 상하이모터쇼에서 쉐보레 에퀴녹스 GM의 4세대 수소전지차를 차세대 친환경차로 내놓았다. 1회 충전에 최대 320km(시속160m)를 주행할 수 있다. 현대차는 2000년 들어 수소차 개발에 참가했다. 여러 시행착오를 거쳐 2010년 '투싼 ix 수소연료전기차/FcEV Fuel Cell Electric Vehicle'로 최고 주행거리 650㎞(시속 160㎞) 기록을 확보했다. 2012년 4월에는 1억 원대의 파격적인 가격으로 양산 준비를 마치고 덴마크 정부와 수출 MOU 체결로 유럽 공략에 나선다.*

수소차는 무궁무진한 수소를 기본 원료로 사용할 뿐 아니라 원리도 간단하다. 연료전지의 음극을 통해 수소를, 양극을 통해 산소를 공급하면 이온 화반응으로 전기가 발생하는데, 이 전기로 모터를 돌려 자동차를 구동시킨다. 수소차 효율의 우수성이 뛰어난 것은 이미 알려져 있다. 그러나 수소차의 상용화가 늦어지는 이유는 경제성 때문이다. 수소차 가격이 종래의 차보다 2배 이상 높으리라 예상하는 것은 연료전지 전극에 전지의 스택에 들어가는 촉매재 귀금속(백금) 때문이다. 따라서 스택에 들어가는 백금 양을 최소화하는 기술과 수소연료전지의 내구연한을 늘리는 문제가 남아 있다. 그 외에도 가장 기본적인 문제는 주유소와 같은 수소 충전 인프라가 수소차 상용화의 기본 전제가 된다.

지식경제부에서는 '한국수소경제비전 2030'에서 2013~2020년 연료전지 자동차 시장을 형성하고, 그 이후 시장 확대를 본격화 한다고 밝히고 있어 상용화에는 긴 시간이 소요될 것으로 예상한다. 전문가들도 2015년 이후 선진국 중심으로 상용화될 것으로 전망하고 있다.

차세대 미래의 자동차가 수소의 친환경차라는 데는 이론이 없다. 그러나 그 과정에서 하이브리드차/HEV, 전기자동차/EV로 진화하면서 전기차에서도 이미 기계적 요소가 퇴화하고 전자 장치화하면서 공해 문제는 극복된 듯 보인다. 엔진이 모터로 대체되고, 연료탱크가 전기 배터리로 바뀌어 자동차의 에코 시스템이 완성되면 수소연료전지차/FCEV의 등장으로 그린카Green car 경쟁의 종결자는 수소차일 수밖에 없을 것이다.

---

* 「현대차 수소車 올 1천대 양산」, 팍스넷 토론실, 2012. 4. 5.

에너지 효율화는 제3의 에너지자원

산업 패권의 전환기에는 새로운 기술이 종래 기술을 대체하면서 새로운 틀을 만든다. 효율 문제와 더불어 산업 원동력이며 산업혁명의 기반이었던 석탄·석유·가스 등 공해자원인 화석연료군이 지고, 태양광·태양열·풍력·조력·조류 등 무공해 불소모성자원 등 신재생에너지와 저공해에너지로 분류되는 원전이 대체 에너지로 합류하게 된다.

에너지산업 간 기술적 대체 패러다임의 변화 속에 빼놓을 수 없는 것이 에너지 효율이다. 에너지 효율 문제는 제3의 에너지자원이 될 만큼 현실적인 파장이 큰 개념으로 다가오고 있다.

첫 주제는 흔히 말하는 에너지 세이빙은 생활 주변에 실재한 냉난방·조명·전열기 전자제품과 일상화된 자동차 사용 채광 식탁의 음식물쓰레기에 이르는 광범위한 소재에 탄소 발자국 문제를 투사하면 우리가 얼마나 많은 양의 에너지자원을 낭비하고 있는지를 알게 된다.

쉬운 비교를 해보자. 정부가 세워 놓은 국가에너지기본계획 상의 재생에너지 계획 목표가 2030년까지 총 소요액의 11%로 해놓고 그 목표 달성에 힘겨워 하는 모습이다. 이에 비하면 방만한 에너지 사용의 절약 캠페인, 탄소 발자국 인식 보급, 자동차 사용 방법 개선, 공해 발전소의 대체 촉진 시책 등으로 10% 절약이 훨씬 쉽다고 생각된다. 원유 수입액 10%를 줄이면 100억 달러가 넘는 자원으로 초대형 원전 2기를 건설할 재원이 되는 것이다.

둘째 주제는 더 근본적인 구조 개편의 기회로 삼아 산업구조 자체를 업그레이드해 나가는 결단을 실행하는 것이다. 경제가 어려울 때마다 산업조정·구조조정의 이름으로 거듭된 노력을 해왔으나 중후장대重厚長大

산업의 기본 틀은 크게 벗어나지 못한 듯하다. 서비스산업의 비중이 낮은 여백을 활용하고 산업 연성화軟性化 지식산업 등 고부가가치산업에로 나아가면서 이웃 세계의 공장과 멋진 교합을 이룰 수 있게 미래 산업을 선도하는 지혜가 필요하다.

중국의 내수시장 확장 효과는 한국의 중간재 공급국에 유리하다. 뿐만 아니라 이와 함께 고급 서비스산업의 동반 진출을 이룰 수 있다면 좁은 국내 서비스 시장의 새로운 기회가 될 수 있다.

에너지 효율이 상대적으로 낮은 상태에서 에너지 다소비형 산업구조의 장기적인 경쟁력 강화를 위해서라도 IT로 옷을 입히고 끊임없는 공정 개선을 병행해 나가야 한다. 여기서도 기본적인 문제는 에너지원단위 개선에 귀결된다.

에너지 효율을 측정하는 대표적인 지표로 총생산 대비 투입 에너지의 양을 뜻하는 것으로, 한국이 0.34로 미국 0.21, 독일 0.18, 일본 0.11보다 현저히 높다. 같은 단위의 부가가치 생산에 일본보다 3배의 에너지를 사용한다. 에너지 효율화로 에너지원단위를 낮추기 위해서는 산업 구조조정을 통해 에너지 저소비 산업에로의 전환은 녹색혁명, 즉 녹색성장으로 성장 패러다임을 바꾸어 타는 절호의 기회를 맞은 것이다.

지구 기후 문제와 에너지 문제를 동시에 진행한다는 점에서 Code Green의 에너지기후시대(ECE)의 진행 방향을 이해할 수 있다.

조력발전과 더불어
환상적인 에너지융합발전 시대 열어

천혜의 바다 에너지 서해는 황금 해안이다

에너지 부존자원이 없다고 해서 원유를 비롯해 97%에 상당하는 에너지자원을 수입하면서 고가화 하는 자원 덕분에 역으로 관심 밖의 한계자원이 자원 교체의 중심부로 진입하고 있다. 지구상 어느 곳에도 존재하는 바람과 태양의 힘이 북구의 강소국들과 독일에 자리를 잡더니, 근래에는 미국·아프리카 그리고 중국 대륙에 대량의 투자가 일어나고 있는 것이다. 우리나라에서는 작은 규모로 개발되고 있는 가운데 해외에서 비교적 대규모의 태양·풍력단지의 수주 실적을 올리고 있다. 자연 재생에너지 기술 습득은 늦었지만 건설·장착에는 경쟁력이 있어 보인다.

자연에너지 중에도 다른 나라에서 흔히 갖지 못하는 대량 발전 가능 에너지원을 가지고 있다는 사실이 쉽게 믿어지지 않았다. 그러나 시화호 통수通水 자리에 들어서는 시화호조력발전소가 모습을 드러내면서 그 동안 봉이 김선달 이야기나 조소꺼리였던 조수 낙차의 괴력이 돈이 들어가는 원료 없이 전기를 생산하는 것이 현실화되었기 때문이다. 해전에 강화조력 건설계획이 확정되어 강화도와 석모도 등 네 개의 섬을 연결하는 조지潮池에서 84만㎾의 대규모 발전소가 예약된 바 있다.

이 정도의 발전소만으로도 세계 최대 규모이다. 그런데 지난 해 다시 그 동안 방조제의 설치와 갯벌 보전 등 영향평가를 거쳐 대규모의 인천만 조력발전소가 새로 건설된다는 것이 세상에 알려졌다. 한국수력원자력(주)와 GS건설이 손잡고 영종도·장봉도·강화도로 연결되는 3면 16.2㎞의 방조제를 쌓고, 인천공항 활주로 남단 작은 인공섬에 44기의 발전기 터빈과 20개 수문을 설치하는 공사가 예정되어 있다.

인천만 조력은 2006년부터 한국해양연구원·한수원·GS건설 및 국토해양부가 국책사업으로 추진하여 2009년까지 타당성 조사를 끝내고 2011년부터 2017년 완공 목표로 건설될 예정이다. 밀물 때 20개 수문을 통해서 물을 가두었다가 썰물 때 터빈을 통해 발전하는 낙조식 발전 방식으로, 132만㎾(3만㎾×44기) 설계 용량으로 세계 최대 조력발전소가 된다. 영종도와 강화도 유역만으로도 216만㎾ 규모로 한반도의 최대 수력발전댐인 압록강의 수풍발전소의 3배가 넘는 대형 발전소가 연료 소모나 공해도 없이 지속 발전이 가능한 항구적인 대량 에너지 기지가 된다.

가동 중인 시화호(25.4만㎾)와 계획 중인 가로림만(52만㎾)까지 약 300만㎾ 용량의 조력발전소가 건설될 것이다. 한국해양연구원에 의하면, 당장 개발이 가능한 조력·조류 등 해양에너지만 650만㎾가 된다는 통계를 내놓고 있다. 조력전기의 발전 방식도 양조兩潮(썰물·밀물) 방식의 개선과 다도해를 이용한 복조형식의 연구개발 등 자연의 힘을 확대 이용할 여지가 많다. 남해의 빠른 해류를 따라 발전하는 조류발전과 파력발전 등을 고려한다면 1000만㎾가 넘는 바다의 청정 부존자원이 넘쳐난다.

호사다마好事多魔인가. 이 천혜의 서해 바다 황금 해안의 개발에 반대하는 지역 주민과 환경단체 그리고 지방정부와의 설득과 조율이 필요하다. 조력발전용 방조제의 건설로 일부 갯벌이 바다로 편입되거나 유속의 변화와 물이 고여 있는 시간 차이의 변화에 따른 생태환경을 면밀히 조사하여 수질이나 조류鳥類서식지의 관리 등 체계적 관리가 필수적이다. 바다에 생계를 걸고 있는 주민들의 의견을 수렴하고, 지역 발전 방안 등 주민에게 돌려줄 혜택을 배려하는 행정력도 발휘되어야 한다. 바다의 허파 갯벌의 자생적 복원 능력을 관찰하면서 개발과 지역 환경이 조화를 이루는 방법이 소망스럽다.

한편 영종도와 장봉도 등 섬으로 이어지는 방조제는 남으로 인천대교와 송도로 연결되고, 북으로는 강화도를 거쳐 임진강 하구의 노들섬으로 연결되는 꿈의 해상 하이웨이가 건설된다.

세계 최대의 Green Energy 융복합장치 가동

세계 경쟁력 1위를 고수하고 있는 인천국제공항은 동북아시아의 하늘길 허브 공항의 몫을 톡톡히 해내고 있다. 따라서 장차 통일 한국 공로의 중심 관광지, 물류의 허브, 서북 해상 하이웨이의 기점으로서 공포에서 평화 그리고 번영으로 나아가는 기폭제가 될 수 있다.

방조제 및 천해淺海(얕은 바다) 속에는 대단위 풍력단지를 조성하여 명실상부한 청정에너지 메카로 세계에 내놓을 녹색혁명의 뛰어난 테마 지역이다. 아름다운 조위 차가 아무 곳에나 있는 것이 아니다. 북쪽이 간절히 원해도 강화도를 지나 해주지역으로 올라가면 조위 차가 현저히 떨어지면서 발전이 불가능하다는 것도 불가사의한 일이다.

환경 문제(단체)도 이러한 여러 종합적 상황에서 환경 복원과 개선 쪽으로 전향적인 판단이 필요하다. 지자체 또한 세계 유일 최적의 무공해자원 개발을 위해 어민이나 환경단체 등에 충분한 이해를 구해야 한다.

한때 미국과 러시아의 사고로 마의 에너지였던 원자력발전이 녹색 에너지로 분류되면서 원전의 르네상스 시대를 맞은 듯했으나 일본 지진 피해로 다시 냉기류를 타고 있다. 그러나 국내 21기의 원전 운영과 예상 원전 8~10기를 가진 한국은 해외 수출길을 열면서 원전 강국의 길로 나서고 있다. 소수력이나 태양광·풍력처럼 소규모 발전과 달리 대규모 발전에 수반하는 문제도 덩치만큼 크다고 할 수 있다.

조력발전은 발전의 시차를 인위적으로 조절하지 못한다. 때문에 인류가 사용하는 시간대와 발전 용량의 미스매치가 일어나고, 대량 원전은 발전이 시작되면 임의로 조절할 수 없어 전력 소모가 적은 시간대에도 계속 발전되어 대량 잉여전력이 생긴다. 원전 기수가 늘어나는 추세로 보면 이 문제도 심각하다. 유럽 북서부에 위치한 벨기에는 전기 저장이 안 돼 버려지는 전원을 고속도로에 깔아 밤인지 낮인지 분간하기 어려운 지경을 만들었다.

우리는 이 엄청난 잉여전력을 물 에너지로 바꿀 준비를 미리 해놓은 지혜는 놀랍다. 이미 건설된 양수발전소는 최근 완공된 예천양수발전소(80만㎾)를 합해 7개소에 480만㎾에 달하는 양수발전 시설용량을 확보하고 있다.

지금까지 양수발전소의 효율이 매우 낮은 이유는 세계적인 에너지 가격 인상에도 불구하고 전기요금 인상을 억제해 싼 전기의 과소비 현상을 불러왔기 때문이다. 뿐만 아니라 심야요금할인제로 잉여전력이 발생되지 않아 밤에 양수로 퍼 올려 전기를 생산할 필요도 없었기 때문이다. 앞으로 원자력발전소 증가와 조력발전이 본격화되면 양수발전소의 진가가 드러날 것이다. 심야전력요금 외에도 석유 사용에서 전기 사용으로 이전되는 등 그 동안의 전기요금 조정 미흡이 곧 전력 소비 패턴을 왜곡시키는 부분도 바로 잡아야 할 부분이다.

2011년 9월 15일 발생한 초유의 단전 사태는 예고 없이 국민에게 엄청난 불편을 주었고, 산업에는 막대한 손실을 입힌 인재人災였다. 한동안 원전억제정책에서인지 원전의 부하비중이 늘어나지 못했던 근본적인 원인과 6개 발전회사와 배전 책임을 분리한 한전의 분해 정책이 재해 원인을 제공한 것으로 보인다. 뒤늦게 재통합을 위한 입법이 시도되었으나 국회에서 받아들여지지 않았다. 전력회사의 기강 문제와 더불어 전력산업 정책을 다시 바로 잡는 계기가 되어야 한다.

대량 원전과 조력전기, 양수발전 건설의 효율적 가동을 담보할 새로운 기술도 국내에서 실용화 단계에 와 있다. 차세대 친환경전력시스템으로 각광받는 스마트그리드Smart Grid(지능형전력망) 기술이다.

우리나라는 천혜의 서해에 부존하는 대량 조전 후보지를 모두 개발하면 늘어나는 원전과 더불어 대량의 공해 없는 전력자원이 생성된다. 이미 건설된 양수발전과 삼각 연계를 형성하여 세계 초유의 대단위 청정에너지 융복합단지로 부상하게 될 것이다. Smart Grid 도입으로 인한 전력의 수요 공급조절 효율화는 이들 청정에너지와 환상적인 콤비네이션을 이룰 것이다. 나아가 소프트뱅크 손정의 회장이 추진하는 '아시아 수퍼그리드' 구상이 성공할 경우, 광활한 아시아 지역 간의 에너지 협력이 이루어질 것이다. 광역지역 간 고압전력망을 통한 전력 교환이 가능하게 되면 한반도는 또 다른 에너지원의 허브가 될 수 있다.

재래 원전 + 핵융합발전의 선도 국가

우리나라는 원자력발전을 주축으로 하는 대형 발전체계로 되어 있다. 그 중 원전 능력 비중이 높아 국내시장이 좁은 상태였다. 그런데 2009년 해가 질 무렵 아부다비에서 날아든 원전 수출 수주 소식은 그린에너지 대안으로 떠오르는 원전의 글로벌화와 우리 경제의 갈 길을 열어주는 사건이었다. 에너지의 핵심으로 길러 온 원자력 50년사 그리고 원자력발전 30년사의 피땀 어린 결실을 본 것이다.

사상 초유의 원전 수주에다 400억 달러에 이르는 대형 해외 프로젝트의 수주를 한국 기업의 주도 아래 수주한 것이다. 당시 95%에 이르는 기술 자립도와 건설비용의 경쟁력 그리고 30년간 무사고 운영 경력이 돋보이는 가운데 정부 수반 간의 교섭력이 빚은 승리였다.

그 동안 원천기술 문제와 해외 건설 경험이 없어 목말라하던 한국형 원자로의 수출은 원전 입국을 향한 해외시장의 빗장을 활짝 열어 제친 쾌거를 이룬 것이다. 이제 동구권과 동남아 그리고 인도 등 대형 원전시장이 가시권에 들어오는 듯하다. 그러나 국제 경쟁은 만만치 않다. 더하여 2011년 일본 대지진 피해로 인한 원전사고는 또 새로운 원전의 재해석을 놓고 고민하는 모습이다. 원전 강국들은 점차 자국 내 탈 원전정책을 강구하면서도 해외 원전 수요에는 민감하게 경쟁하는 듯하다.

2012 서울핵안보정상의에 참석한 베트남 총리와 정상회담 직후 양국은 '평화적 목적의 베트남 원전개발을 위한 추가 협력 약정'을 체결했다. 총 200백 억 달러 규모의 베트남 원전 5, 6호기 건설사업 우선협상대상자로 선정되어 다시 대형 원전 수주에 서광이 비치고 있다. 앞으로도 세계적인 수요는 수백 기에 달하고 있어 원전 강국들은 민감할 수밖에 없다.

지금 원전(핵분열 방식)에서는 사용 후 핵처리 문제, 방사선 물질의 처리 보관 문제가 심각하다. 여기서 인류는 한 발짝 나아가 공해 없는 핵융합발전시스템을 꾸준히 준비해오고 있다.

우리나라가 미·일·불·러·중·인도 등 기초과학 대국과 함께 참여하고 있는 핵융합발전사업은 고강도의 기술 집약 에너지산업으로서 인공 태양으로 불리는 공해 없는 차세대 청정에너지원으로 자라고 있다. 핵분열이든 핵융합이든 이는 분명 인류의 미래 에너지원으로, 원전을 제외하고는 녹색혁명을 운위할 수 없을 것으로 보인다. 과학자들은 핵융합은 청정에너지의 공급뿐 아니라 2차 기술의 활용 효과가 커서 핵융합 기술은 앞으로 새로운 성장 동력이 될 것으로 기대하고 있다.

분산형에너지시스템의 병행 발전

이 시스템이 정상 궤도에 오르면 에너지 사용 효율 향상으로 소비 절약뿐 아니라 생산량 조절이 가능하고, 신재생에너지에 바탕을 둔 분산 전력의 활성화도 가시화 된다.

일본 원전사고 이후 하나의 전력 원천에 집중 의존하는 위험을 경험하면서 전원의 분산과 지역별 자급 계획 등이 새롭게 각광받게 될 것이다. 작은 지역 단위 마을 등에는 소수력을 권장하며, 도시 건물에는 태양광을 입혀 자가 냉난방을 유도하고, 소규모 해류발전도 지역에 따라 가능하다. 다시 말해 자급 가능한 분산형에너지시스템을 확장 지원하는 방안이다.

미국에서는 소형 원전 기술을 장려하겠다고 했다. 이미 미국과 러시아는 잠수함이나 항모에 사용하는 원전을 지상으로 이동시키는 데 기술적으로는 문제가 없다는 것이다.

10만㎾ 정도의 한국형 표준 설계를 해놓고 제철공장이나 조선소 등 대량 수용가의 독자적인 발전 시설을 소규모 원자력으로 대체하는 방법도 검토할 수 있다. 나아가 미국 유타 대 구조역학 정석화 교수는, 사막이나 시베리아 극한지역 개척에도 활용할 수 있는 것으로 보면서 소형 원전 발전을 4S(Super, Safe, Small, Simple)로 압축된 소형 발전이 분산형에너지시스템에 추가될 수 있을 것으로 보고 있다.

설계 규모가 작아 원전 강대국과의 경쟁을 피할 수 있고, 엄격한 IAEA 규제에서도 벗어날 수 있는 장점을 활용하면 원전 건설 희망국에 맞춤형 사이즈로 신축적인 공급이 가능할 것이다.

최근 중동지역 사태 등으로 국제 유가가 급등하자 각국은 석유를 대체할 '비전통에너지' 개발에 열을 올리고 있다. 비전통에너지는 탄층메탄가스·셰일오일·오일샌드 등이 있으나, 우리 정부는 동해 심저에 부존하고 있는 가스 하이드레이트(불타는 얼음)의 조기 개발을 서두르고 있다. 8억 톤 이상으로 추정되는 자원을 2015년까지 상업 생산하겠다는 계획이다. 국내 천연가스 소비량의 30년 분량으로, LNG를 대체할 차세대 청정에너지를 확보하게 된 것은 에너지자원의 다변화를 위해서도 다행한 일이다.

일본이 후쿠시마 원전사고 일 년 만에 원자력 제로 상태로 갈 수 있었던 것은 다른 에너지원의 여유 전원 때문이다. 그러나 30%에 달하는 원전 54기를 모두 가동 중단하는 것은 놀라운 일이다. 각국이 자연 재생에너지 자원에 연구개발과 대량투자로 풍력과 태양광발전 등은 비용이 낮아질 것이나, 화전이나 원자력발전은 정화 비용과 안전도 보강 투자 및 사후처리비 등이 장기적으로 증가할 것이라는 사실을 전망할 수 있다. 이제 원전의 장래 문제도 재평가하는 계기가 되는 것에도 대비해야 한다.

탈 에너지 시대와
서비스산업의 빅뱅

기후 에너지 시대에 당도하여 환경 문제와 에너지 문제를 한꺼번에 해결하는 방법은 한마디로 탈 에너지산업에로 접근하는 길이라 할 수 있다.

산업국가인 우리나라는 97%에 달하는 에너지를 수입하는 중동국가가 에너지(원전) 수출국이 된다는 패러다임의 변화와 동시에 에너지 사용의 선택에 따른 내연기관의 전자장치화 혁명은 에너지 사용으로 인한 환경 문제를 동시에 해결하는 모습을 보이고 있다.

탈 에너지 시대는 주로 탈脫 화석연료로 점차 산업연성화(softening) 청정 시대를 이끌며, 실질적으로 생활 향상을 주도해 온 서비스산업을 포괄한 3차 산업의 강화로 요약할 수 있다.

선진국 진입 단계에 이른 우리나라도 고소득 선진국의 산업구조를 들여다보면 바로 3차 산업의 비중 차이로 귀결된다. 4만 달러 이상 나라들은 대체로 서비스산업 비중이 압도적으로 높다. 제조 비중이 30% 미만(평균 28%)인데 비해 서비스산업은 70% 이상으로 압도적이다.

서비스산업 분야의 세계는 의외로 넓다. 금융·통신·의료·관광·휴양 산업뿐 아니라 대표적 글로벌 서비스산업인 공로·항공사업 등의 물류산업으로 확장되어 간다. 제조 일반의 글로벌 기업이 나오는 것처럼 서비스산업에서도 글로벌 일류 기업이 못 나올 이유가 없다. 이미 인천공항 서비스 업적은 세계 1위에 올라 연속 수위를 달리고 있으며, 공로운수의 꽃인 항공화물(Cargo) 수송에서 대한항공은 여러 해에 걸쳐 경쟁력 상위 수준을 유지하고 있다.

이 같은 경쟁력으로 관리제 바탕이 되는 행정·서비스·보안 소프트웨어 등이 세계의 신설 공항에 수출되고 있다. 따라서 동북아시아 지역의 교역 증가 추세와 천혜의 허브 공항 기능적 확장을 위해서도 세계적인 물류 서비스 기지화와 물류 전용 회사의 출현을 기대할 만하다.

2011년 7월, 국제올림픽위원회는 더반에서 2018 동계올림픽 개최지로 평창을 확정해 세 차례 도전 끝에 승리의 감격을 맛보았다. 이는 88서울하계올림픽과 2002년 월드컵 4강, 2011년 대구세계육상대회 그리고 평창 동계올림픽대회로 이어지면서 30년 만에 세계 대회를 모두 유치해 그랜드슬램을 달성한 스포츠 강국인 5대국의 일원이 되었다.

평창의 승리는 우연이 아니다. 최근 K-POP이 세계 문화의 중심지로 자처하는 파리에서 성공했다. 한국 명품 TV, 핸드폰, 자동차와 더불어 동남아와 중동을 넘어 남미를 공략하는 한국의 드라마·영화 그리고 김치·비빔밥 등 건강식으로 순수 담백한 한식이 코리아 브랜드를 높여 놓았다.

또한 2012 여수엑스포는 차세대 해양관광레저산업으로 아름다운 남해안이 알려지면서 동북아의 관광 후보지로 부상할 것이다. 동시에 알펜시아의 겨울은 스포츠 휴양지로 각광받으면서 눈이 없는 남방 부자들의 겨울 휴양지가 되어 가사 상태의 양양공항이 특수를 누릴 것이다. 작은 시골

타운이었던 노르웨이의 릴레함메르가 동계올림픽 개최 후 세계적인 관광지가 되었듯이, 우리나라에도 새로운 관광특구가 생긴 것이다.

이처럼 관광산업은 서비스 업종이면서도 전 세계인을 상대로 국부를 늘리며, 우리의 경관과 전통적인 문물을 세일즈 하는 문화사업으로 고용 효과가 큰 사업이다.

대기업이 투자를 한다고 해서 고용이 늘지 않는다. 합리화 투자로 설비와 기계 로봇이 대신하는 경우가 많다. 자동차 조립라인이 모두 로봇으로 작동되는 것이 그 예이다.

그 동안 한국은 수출 지향 중화학공업으로 제조업 중심 경제의 세계적 성공 모델이었다. 지금 세계적인 금융 위기에도 강력한 제조업을 기반으로 성장을 이끌어왔다. 그런대로 경제성장은 하고 있지만 일자리는 늘지 않고 노동 소득은 감소하면서 엥겔계수가 올라가는 기현상과 더불어 사회 안정층인 중산층이 무너지고(중위소득층 : 2005/57.5%~ 2010/49.9%) 있다.

앞에 기술한대로 제조업 성장 효율성 제고는 일자리의 희생을 통해서 이루어지는지도 모른다는 사실이다. 이는 세계적인 현상이면서 한국도 이 흐름에서 비켜갈 수는 없는 듯하다.

서비스산업 빅뱅 조치 있어야

그럼 어떻게 해야 할 것인가. 한동안 대접받지 못한 서비스산업의 빅뱅이 일어나야 한다는 것이 글로벌 컨설팅 회사들의 진단이다.

우리 경제는 수출과 내수의 불균형과 같이 제조업과 서비스업의 균형 차이가 너무 크다. OECD 통계를 보면, 국민 경제에서 차지하는 서비스

비중은 선진국의 경우 80% 이상인데 비해 우리나라는 58%로 매우 낮다. 그럼에도 서비스업 고용률은 68%로 높게 나타나 있다. 고용률은 높은데 국민소득 비중이 낮은 것(10% gap)이 바로 생산성 차이라는 점에 주목해야 한다. 많은 사람들이 종사하는 서비스업이 제조업보다 소득 기여율이 낮다는 것은 시정되어야 한다. 선진국의 경우는 제조와 서비스 양쪽이 생산성, 즉 노동시간 대비 성과가 비슷하다는 것이다.

이제 서비스업종도 질적인 발전을 이루어야 한다. 성장 잠재력이 한계에 이른 우리 경제에 서비스산업에 대한 규제의 족쇄를 풀어 산업에의 접근성을 높이고, 고품질의 서비스산업에 집중적으로 투자하여 저임금 저생산성을 극복해야 한다. 국내시장을 넓힘과 동시 제조업처럼 국제 기업화에 나서야 한다.

일부 재벌기업이 그룹 내 광고 기획이나 구매 업무 등 계열사 지원의 몰아주기 자회사 MRO 등을 운영하는 문어발식 기업 수준으로는 세계시장에서 경쟁력을 갖기는 어렵다.

대기업들은 R&D와 물류 지원 외주사항 등 제조의 서비스화를 통하여 규모의 경제가 가능한 서비스 비즈니스를 떼 내어 타 기업에도 용역 제공이 가능한 범용성 있는 전문기업으로 변신해야 한다. 전문화로 경영 혁신을 통하여 한국 경제 전반에 저렴하고 양질의 서비스를 제공할 수 있는 새로운 챔피언으로 육성해야 한다는 것이다. 제조기업처럼 세계와 경쟁하면서 성장해야 한다.

서비스업종에 대한 진입 규제를 풀어 경쟁을 유도해 지금껏 만연한 서비스업의 비효율을 걷어내야 한다. 또한 서비스업에 대한 금융 등 차별적 인식을 완전히 바꾸어 종래의 유흥업·도소매업이나 향락산업 수준이 아니라 지식정보화사회의 틀에 맞는 고부가가치 서비스산업을 정비 육성해

나가야 한다.

IT 통신 소프트웨어 기사, 건축설계사, 성형외과 의사, 원전기술자, 모델 디자이너, 영화 종사자, 예술극장의 연예인 등 많은 기술·문화·의료· R&D 등 복합사업에 고급 일자리 공급과 발전에 관한 미래 비전을 제시해야 한다. 정보기술이 초고속으로 세계를 연결하면서 주도된 세계화의 주요 특징인 IT형 세계화는 지식기반 산출물을 변환시켜 과거에는 비교역재였던 이들 서비스를 교역재로 바꾸어 놓았다.*

제조업 경쟁 환경이 본원적으로 자본집약적이 되어 가면서 일자리 창출에 도움이 안 되는 반면, 노동집약적인 서비스산업은 인력자원의 흡수 능력이 크다.

한국의 경우 서비스산업은 GDP 대비 비중이 낮고, 생산성도 제조업에 비해(56%로) 매우 낮은 수준에 머물러 있다. 이들에 대한 집중 투자와 고부가화로 방향을 전환하지 않고는 3~4만 달러 고지와 고용 증가를 가져올 수 없다는 결론이다.

병원의 산업화를 보자. 병원 주식회사를 경제특구 등에 제한적으로 허용하자는 법안들이 지연되어 이미 부지까지 준비된 송도경제특구나 제주국제자유도시 등은 이미 세계 최고 수준의 미국 존스홉킨스병원 등과 MOU를 체결하고도 가동되지 않고 있는 상태다. 메디컬 코리아의 명성이 외국인 환자 유치 실적을 보면, 2010년 기준 태국이 156만 명, 인도 74만 명, 싱가포르 72만 명, 한국 8만 명(중앙일보 취재팀 조사 자료)으로 엄청나게 뒤처져 있다.

한때 정부가 동북아의 의료 허브·헬스 케어 타운 등의 구상 아래 투자개방병원법 등을 준비한 지 10년이 되는 동안 사실상 정지된 상태다.

---

* On the next Asia, P 182.

서비스 국제수지 적자가 해마다 누적되는 시기에 100만 명의 환자가 진료·치료·요양의 고품질 명품 의료 서비스를 제공받는 경우를 생각해 보라. 3교대 병원의 일자리는 고용 효과가 크다. 많은 재산과 인재가 겉돌고 있는 것은 국제 간 신뢰의 손상일 뿐 아니라 정부의 리더십 부재로 보일 것이 우려된다.

2011년 7월 1일, 한·EU FTA가 발효되고 보호막이 쳐져 있던 법률시장이 개방되었다. 교역 자체가 늘어나면서 자연히 국제 간 분쟁이 늘고 있다. 한·EU 간에도 양적인 물량 증가보다 얼마나 고도의 지식기반형 상품을 공급하느냐가 중요하다. 영·미계의 강자들과 경쟁해야 하는 법률 시장은 경쟁사회의 새 지식산업이다. 구미 강자가 들어오는 대신 늘어나는 법률 전문인을 지역별 탐구와 더불어 고도의 지식산업으로 국제무대로 진출하는 계기로 삼으면 전화위복의 계기가 될 것이다.

다른 예를 들어 보자. 물류 서비스 쪽도 국제수지 적자다. 글로벌 유통망을 제대로 구축한 물류회사가 없다. 삼성전자만 해도 한 해 2조 원이 글로벌 물류회사로 가고 있다. DHL사나 UPS 등 굴지의 글로벌 물류기업들은 주로 M&A로 몸집을 키워 글로벌 망을 완비하면서 승부수를 던지고 있다. 아울러 해운업계도 정부 지원이 필수적이다. 세계 제일의 조선국이 자국 내 선복 증강과 연계하는 금융 수단의 개발도 필요하다.

이처럼 금융·통신·교육·물류·스포츠 관련 모두 서비스산업 카테고리라고 볼 때, 서비스가 GDP 대비 80% 이상이 될 수 있다는 것을 이해할 수 있을 것이다. 이제 우리도 서비스산업으로 가는 길로 방향을 잡아야 한다.

서비스산업의 낮은 생산성 향상을 위해서 종사원의 업태별 시스템에 맞는 재교육 과정과 새 시대의 틀에 맞는 1인창업지원제도의 창안 등 다원적인 인력 양성 프로그램이 필요하다. 아울러 서비스산업에 덧씌워진 규제의 해지는 정부가 돈 안들이고 지원할 수 있는 첩경이며 간섭 배제 자율성장의 길이다.

우리의 강점인 제조업의 새로운 차원의 발전을 위해서는 핵심 요소를 최대한 살려내 IT와 Greenteck를 입히는 탈 에너지 친환경산업에 새로운 성장 동력의 축을 찾아야 한다.

산업구조 선진화와 함께 지식기반사회의 접근로가 고도 서비스업의 강화이며, 이는 곧 제조산업을 지원하여 업그레이드 시키는 요체일 것이다. 지식재산권은 바야흐로 유형有形 산업사회에서 무형 산업 시대로 진입하고 있는 것이 오늘날의 새로운 모습이다.

지식산업지재권 그리고 스마트 시대의 개막

지식산업을 구체적으로 들여다보면 특허 기반의 제조업을 키우거나 지식산업 자체를 거래 대상으로 하는 기술거래산업으로, 새로운 기술과 표준 개발의 순서에 따라 특허 각국이 치열한 경쟁을 하고 있다.

최근 들어 '특허 괴물(patent troll)'로 불리는 비제조업이면서 아이디어나 특허로 시장을 장악하고, 제조는 낮은 해외시장을 활용하는 세계적인 기업들을 보라.

오늘날 삼성전자가 공격적인 특허 경쟁에 뛰어들면서 미국의 특허등록 2위에 오를 만큼 성장했으나, CDMA(코드분할다중접속) 특허를 가진 미국 퀄컴 사에 수조 원의 로열티를 지불하고 있지 않는가. 그리고 스탠포드 창고 경영의 구글Google은 두 사람의 영재 힘으로 10년 만에 우리나라 글로벌 기업인 삼성·LG·POSCO보다 더 높은 시장가치를 창출하는 기업으로 성장했다.

그 동안 제조 중심의 고속 성장을 해 온 뒤안길에는 막대한 특허· 기술사용 대가를 지불해 온 것을 보면 빠른 시일 안에 지식산업을 육성하는 길이 소득 딜레마에 빠진 한국 선진화 과정의 주요 아젠다Agenda로 보인다. 따라서 지식산업이 21세기의 지식기반사회의 성장 중추가 되어가는 새로운 패러다임에 제대로 대응하지 못한다면 저성장의 덫에서 헤어나지 못할지 모른다.

세계적 기업이 된 애플 사 등의 기업자산은 70% 이상이 무형의 지식재산으로 구성되어 있고, 창의적 지식기업인 애플의 시가총액은 10여 년 사이에 무려 40배로 늘어난 것이 이를 증명한다. 애플 창업자인 스티브 잡스가 남긴 세계적 유산이 더욱 발전되길 바라지만, 이제 진검 승부의 시대가 열리는 듯하다.

이웃 중국의 신장세가 세계 특허출원 2위국으로 급부상*함으로써 한·중 관계는 지재권知財權 등 소프트웨어에서도 경쟁이 예고되고 있다. 중국 정부는 과기흥무科技興貿 정책으로 과학기술을 장려하여 무역을 발전시킨다는 원칙 아래 정부 관련 조직도 창조형 기관들로 조합되어 있다.

우리도 최근 「지식재산기본법」이 제정되어 늦었지만 지식재산형 경제 정부 체제를 갖추어 각별한 관심과 추진력으로 시대의 흐름에 앞서 나서야 한다. 미래 시장을 주도해나갈 특허, 지식재산권의 포트폴리오를 짜놓고 특허와 기술 습득 전략을 실행해야 한다. R&D도 선행되어야 하며, 기술 교환을 하거나 특허 보유 기업의 M&A를 통한 지식재산권의 확보도 중요하다.

---

* 「한국이 중국의 머리가 되려면」, 이상희 변리사 회장, 조선일보, 2011. 7. 27.

이러한 선제적인 조치들은 다가올 아시아의 세기에서 각축을 벌일 한·중·일 간의 기술지재권 경쟁에서도 항상 제중극일制中克日의 우위를 갖도록 해야 한다. 그러기 위해서는 선진국 추종 시대에서 독자적이고 창의적인 힘으로 앞서나가면서 발전 방향의 길목을 지키는 전략이 적극적으로 구사되어야 한다.

지난 11월 중순에는 '스마트 코리아 2011' 행사가 일산 킨텍스에서 열렸다. 돌이켜 보면 1990년대의 미국이 IT 기반의 신경제가 주도해 온 20여 년이 지나면서 스마트폰 출현으로 인간 중심의 Social Web 시대로 진화하고 있다. 우리는 다시 '스마트' 시대를 맞이한 것이다. 스마트폰·스마트패드를 이용하며, 페이스북Face Book이나 트위터Twrtter 등 소셜네트워크시스템/SNS에 접속하면서 세계가 하나로 연결된 것이다.

단순한 기술 진보라기보다는 SNS를 통하여 통제된 권력이 소수에서 다중多衆으로 넘어가면서 엄청난 사회 변혁을 일고 있다.

비즈니스 환경도 독점과 통제에서 개방으로, 소통과 대화 중심의 개방 마인드가 필요해진다. IT 시대를 추구했던 IT 코리아에서 다시 '스마트 코리아'로 가는 길은 쉬운 일이 아니다. IT산업은 선진국을 따라간 것이었으나 이제는 선도 그룹에 합류하여 선제적 개척자 정신으로 Path Finder가 되는 길을 찾아가야 하기 때문이다.

Green에너지의 부국 선언과
Fun Industry의 성공 조건

오늘날 에너지 환경 시대를 맞아 과거에 무관심하거나 천대받던 한계자원이 빛을 보게 되면서 우리나라 주변 해역의 조수나 조류, 해조류에 이르기까지 모두가 자원화 하는 계기가 되었다. 바다 에너지의 대량 발굴과 원전 강국 양수발전은 세계 초유의 환상적인 콤비네이션을 이룬다는 것을 잎에 인급해 왔다.

도처에 부존하는 태양광 열이나 풍력도 기술 발전에 따라 Grid Price가 형성되면서 지역 단위 청정에너지원으로 자리 잡게 될 것이다. 또 동해에서 발견된 하이브라이트 부존량, 삼면 바다의 해조류 양생을 통한 Bio에너지원의 개발 가능성 등 한국은 녹색 에너지원의 부국임을 알 수 있다. 화석연료의 대표 생산국인 UAE에 고도의 기술 에너지원인 원전 수출의 모습을 보라. 세계 에너지원의 패러다임의 원천이 바뀌어가는 것을 실감하고 있다.

좁은 땅에 풍력·태양광발전 부지가 문제되면 조력전기 조지潮池의 제방은 물론 얕은 바다는 이들 재생에너지의 설치 장소를 제공해 줄 것이다.

서해 영암 앞바다에 설치되는 대용량의 풍력단지가 그 예다.

차세대 원전으로 기초과학 대국들과 더불어 한국이 참여하는 핵융합원자로가 건설되고 있다. 프랑스에 건설 중인 ITER가 핵융합실험로에 공동으로 투자하고 있다. 이에 앞서 한국은 대덕에 K-STAR라는 한국형 핵융합실험로를 설립 가동하고 있다. 공해 없는 핵발전시스템인 차세대 핵융합발전소가 상용화되는 경우, 한국의 다음 세대는 고도의 기술 에너지 수출국의 혜택을 누리게 될 것으로 확신한다.

이제 우리는 재생에너지 부국임을 확인하면서 녹색환경 녹색사회와 더불어 진정으로 아름답고 즐거운 재미있는 나라를 만들어나갈 기회를 잡을 수 있다. 아름다운 강산과 오랜 역사 전통을 가진 한국인 특유의 한류 DNA를 찾아 안락한 휴양관광지 그리고 MICE로 특화된 관광 대국의 꿈을 키워보자는 것이다.

5천년의 긴 역사는 대륙의 원형을 따르고 광활한 대륙 경영의 역사적 경험과 때로는 대륙문화의 압제 아래 대륙세에 연계되는 모양을 해왔다. 광복 후 남북 분단으로 북반부가 막혀 섬처럼 되어버린 대한민국은 공교롭게도 대륙 종속에서 벗어나 처음으로 해양국가의 모습으로 해양 지향적 혁명의 성과가 대한민국의 성공 요인이었다.

이 모든 것을 요약해 보면, 바야흐로 해양화의 특성과 남해안의 다도해 개발은 그리스 관광의 주축이 된 '에게 프로젝트'를 벤치마킹함으로써 세계적인 해양관광 허브를 만들 수 있을 것이다. 이순신 장군 세계화 사업이 추진되고 있음과 더불어 남해안 일대의 대첩지와 거북선 복원, 선경仙鏡인 한려해상국립공원, 남해안의 수변산업을 둘러본다. 공룡엑스포, 1억 4000만 년의 지구 숨결이 느껴지는 세계적인 습지 우포늪, 그리고 남해안의 세계적인 조선 벨트, 진도의 울돌목 임진왜란 대첩지에 세계 최초의 조류 발전 상업화 성공 해역 등 수많은 섬들을 잇는 미관교를 연결하는 상상도를 그려본다. 이 아름다운 해역은 두세 시간 비행거리에 위치한 20억 인구, 그 중 부자층 5%를 대상으로 하더라도 1억 명을 대상으로 하는 수임의 장을 열 수 있을 것이다.

재미산업 곧 엔터테인먼트의 산업화 이후 부유한 시대에 진입, 인류의 삶의 질과 행복지향사회를 추구하면서 각광을 받는다. 이곳에는 여행과 쉼 그리고 즐거움(樂)이 함께 하는 신나는 놀이문화가 포함된다.

최근 들어 여러 분야에서 용솟음치는 한류 흐름도 긴 역사를 바탕으로 한 한국인 특유의 한류 DNA가 외래의 서양문화에 찌든 동양 젊은이들의 의식을 일깨우는 동조화 현상의 한 가닥을 잡고 시작된 것으로 생각된다.

서구가 2세기 이상 걸렸던 근대화를 반세기 만에 뛰어 넘는 힘과 정기가 2002년 서울월드컵에서 놀이의 끼로 분출되면서 오랜 세월 눌려 있던 민족의 정염이 터져 나온 것으로 보기도 한다. 어쩌면 신명과 끼는 우리 민족의 독특한 유전인자에 연유하는 듯하다.

산업 후기 재미 엔터테인먼트는 21세기의 새로운 산업 모습으로 우리 앞에 다가와 있다. 산업사회에서 점차 감성시대의 요소들이 늘어나면서 재미산업은 곧 문화의 산업화를 가능케 할 것으로 보인다. <사랑이 뭐길래>에서 시작된 드라마가 <겨울연가>, <대장금>에 이르러 새로운 영화산업의 단초를 열어가면서 한때 가수 '비'와 '비보이' 등 스타들이 중국의 인기가수 서열의 상위 부분을 석권했던 연도들이 늘어 난 것도 한국의 끼에의 동조화 내지 콘텐츠 창의력의 우위를 유지했기 때문이다. 뒤를 이어 K-POP 군단이 파리로 입성하면서 유럽과 세계의 젊은이들을 흥분케 한 것도 예삿일이 아니다.

역사 관광, 녹색 테마, 영겁의 습지지대, 다도해 독립 섬의 비경의 상품화, 남해안의 요양 최적기온과 건강산업의 접목, 세계적 1위 산업화의 관찰 관광(여수·진도·거제도 등)을 엮어내면 한국 특유의 풍류와 끼를 결합한 재미 엔터테인멘트를 만들 수 있다(요트·낚시·해풍욕·바다욕 관광·바다 에너지·식도락·글라이더 관광·해상바이크 등).

고도 산업사회의 확장이 실업 대란에 효과적이지 못함을 보아 온 우리로서는 고급 서비스산업에로 접근해야 함을 상술한 바이다. 특히 소득증대로 안락사회로 진입하면서 요양·오락·보건 시스템 인력 수요에 대비할 만하며, 에너지 시대의 신재생에너지에 넘치는 일자리 창출이 기대된다. 따라서 건강산업·대체 자연에너지 쪽의 그린칼라Green Collar 일자리가 늘어날 것이다.

이제는 한 번 습득한 기술로 평생을 살 수 있는 시대가 아니다. 급변하는 세대에 따라 새로운 일, 새 직종이 범람함에 따라 정부에서도 개인별 맞춤 고용 교육, 즉 희망에 따라 새 직종에 맞는 재교육으로 인력시장을 다양화해야 한다.

월드컵축구에서 그리고 <대장금>의 영상물에서, 아시아인이 넘지 못했던 빙상의 단거리와 장거리의 동시 석권과 피겨스케이팅의 요정 김연아의 스포츠를 넘는 예술적 아름다움에 이르기까지 스포츠와 재미산업(Fun Industry)의 성공 방정식은 어디에서 온 것일까. 한국인의 끼와 얼짱에 관한 여러 문헌을 살펴봤다.

어려움이 많은 속에서도 한국인들은 목표가 주어지면 신나게 하나가 된다. 한국인의 대표적인 정서로 풍류도와 신명이라고 설파한 한양대 손대현 교수의 신명 공식이 재미있다. 손 교수는 'Pathos(氣, 패기)+Logos(理, 논리)+Ethos(信, 신 내림)의 절묘한 묘합妙合으로 신바람이 나는 데 신명神明

에 해당하는 Pathos가 제일 먼저"라고 술회하고 있다.*

한편 풍류도風流道의 기원을 화랑에서 찾을 수 있다. 화랑은 현묘한 도를 찾아가는 도정에서 세 가지 원칙을 지켰는데, 상마도의相磨道義, 상열가악相悅歌樂, 유오산수遊娛山水가 그것이다. 서로 도와 우정을 닦고, 서로 노래와 춤을 즐기며, 혼자가 아니라 서로 함께 즐기는 것이 우리 민족의 전통이다.

유오산수는 산수에서 즐기며 논다는 것, 즉 자연 속의 신비한 기운과의 접촉을 말한다. 인간과 자연 사이의 개방적 교류의 지침으로 의미심장하다고 보고 있다. 나아가 재미의 원리와 철학의 기초를 홍익인간弘益人間과 이화세계理化世界에 연계시키고 있어 고조선의 새로운 발견을 위한 노력을 기울인 것 같다.

이제 우리는 홍익인간의 원리와 고조선의 풍류도에 연유하는 민족의 DNA 연계 지도를 찾아내야 한다. 장구한 시간 중원에 대한 모화사상慕華思想, 즉 사대주의와 일제가 민족문화 말살 정책으로 뿌려 놓은 식민사관을 벗어버리지 않고는 건전한 우리의 풍류와 창의의 DNA을 복원할 수 없다.

---

* 손대현, 『한국문화의 매력과 관광 이야기』, 261-273쪽.

5장.
21세기 Blue Gold를 찾아서

19세기의 진품 금광을 찾아 헤매던 인류가 20세기의 에너지인 석유자원 Black Gold를 위해 쏟아 부은 경쟁의 시대를 보내고, 새로운 자원의 개척시대에 당도하고 있다.

경쟁의 상징인 Red Ocean에 대응하는 Blue Ocean의 영상이 떠오른다. 무경쟁, 창의, 남보다 앞섬 그리고 남이 하지 못하는 것, 남에게 없는 것을 찾아가는 개척정신, 우주의 무한함처럼 인지의 무한함을 앞세워 닫지 못하는 곳이 어디인가. 무한대의 우주에 도전하여 좁은 지구의 답답함을 해소한다. 동시에 우리가 서 있는 자리의 현실과 미소 세계의 극소물리학 그리고 신비의 생명공학에 이르는 무한극소와 무한대의 공간을 유영하는 상상의 나래를 펴보라.

생각만으로도 시원한 Blue Ocean 그러나 막연해 보이는 Blue Gold는 어디인가. 해저 탐사기술과 해양지리학의 급속한 발전으로 지구 면적의 절반이 넘는 공해公海의 심해에서 마지막 남은 자원 확보를 위한 '21세기 해양 골드러시' 가 일어나고 있다. 대륙붕 경계 분쟁과 더불어 공해 해저의 노다지 캐기 경쟁이 치열해질 것이다.

발상의 전환에서 시작해 가장 흔하고 기본적인 것에서 시작하는 것, 한 예로 오늘날의 Key Word인 E. E. W. S.(환경·에너지·물·지속성) 중의 Blue Gold를 골라보자. 먼저 물의 시대와 바다의 무한성, 가 보지는 못했지만 무한 개념의 우주시대 구상 그리고 인간 한계의 극복과 DNA 수명, Wellbeing 문명 그 어느 것도 쉽지 않지만 인간 도전의 여백은 한없이 넓다.

물 부족시대와
여백이 많은 바다 환경

우리나라는 삼면이 바다로 둘러싸여 있고 우기의 풍부한 강수량으로 어디서나 마실 수 있는 지하수가 있다. 물 같이 흔하다고 표현할 정도로 청정한 물이 풍부한 나라였다. 그런데 이제는 한국도 유엔이 지정하는 물 부족국가가 되어버렸다.

UN 산하기구 국제인구행동연구소는 물 사용 국가별 분류로 '물 기근국가, 물 부족국가, 물 풍요국가'로 나누고 있다. 미국·일본·캐나다 등 131개 국가는 물 풍요국가군로, 벨기에·모로코·케냐·폴란드·소말리아·남아공·영국·한국 등 12개국은 물 부족국가군으로 분류했다.

우리나라 연평균강수량은 세계 평균에 비해 낮지 않으나(1283㎜/973㎜) 인구 대비 강수량은 턱없이 낮은 편이다. 강수량이 우기에 집중되어 수자원 총량 중 그 이용률이 26% 수준에 불과하다.*

인구밀도와 강수량은 밀접한 관계가 있을 뿐 아니라 생활수준과 산업화 정도에 따라 특히 첨단산업이 발달할수록 물 수요가 급증한다. 용수의

---

* Google 자료.

공급 능력은 성장의 한계를 규율할 수 있다.

물 수요의 급증과 강우량 이용률 저수준의 모순을 친환경적인 국토개발 의지로 시작한 것이 '4대강 정비사업' 계획이었다.

내수 대하인 한강·낙동강·금강·영산강 유역에 한국판 녹색뉴딜사업을 일으킨 것이다. 방치된 노후 제방과 보洑 건설 등 유사 이래 최대 준설공사와 물 관리에 나선 것이다. 많은 반대 의견과 방해에도 사업 마무리가 되어 지난해에는 큰 홍수 피해 없이 지나갔다. 필요 수량水量 확보 및 홍수위 저하와 더불어 강 유역 시민에게 쾌적한 쉼터를 제공한 것이다.

금년 초 프랑스 마르세유에서 열린 6차 세계물포럼에서는 국내의 지지기반과는 달리 김황식 국무총리의 4대강 사업 소개가 큰 호응을 얻었다. 우리나라의 미래지향적 녹색성장 정책의 구체적인 실천 사례로 각광받은 것이다.

또한 차기 2015 포럼이 대구에서 열리기로 해 물 관리기술과 경험을 필요한 나라와 공유하는 기회를 나눔과 더불어 이 부분 녹색성장을 선도하는 자리에 서는 듯하다. 이미 태국 총리가 시찰하고 갔을 뿐 아니라 연초부터 동남아를 비롯해 아프리카와 남미 등지에서 기술 협력이 들어오고 있다고 한다.

물 문제는 농경과 산업구조와도 깊은 관계가 있다. 벼농사의 경우 여름철의 논 수표면水表面은 호수처럼 대기의 습도 조절 등 기후에 순환적 요인이 되어 왔다. 논 면적의 감소와 산지 논의 폐경은 우기의 유속을 높여 물이 없는 계곡, 건천乾川을 유발하기도 한다.

곡류보다 육류 소비가 증가함에 따라 축산농 대체 양성의 새로운 문제가 발생하고 있다. 사실상 사료의 전량 수입과 밀실 축산으로 구제역 감염 등 집단 폐사의 위험이 높을 뿐 아니라 축산 폐수의 오염 상태는 심각하다. 상수원 오염과 대기 오염의 큰 요인이 되고 있는 것이다.

최근 유엔 식량농업기구/FAO의 연구 발표에 따르면, 지구의 기후 변화와 대기 수질 오염원이 축산업이라는 놀라운 결과다.

축산업은 세계총생산액/GDP의 1.5%를 생산하지만 온실가스는 총배출량의 18%를 차지한다. 교통 부분이 배출하는 온실가스보다 많다. 축산 배설물이 뿜어내는 메탄가스, 질소산화 물질의 발생과 살충제 및 항생제 사용량에 이르러 엄청난 오염원이 된다는 것이다. 축산업의 물 사용량을 보면 상황은 심각하다. 쇠고기 1kg을 생산하는데 15.5t의 물이 소요되는데, 같은 양의 밀 생산보다 15배, 콩보다 43배 이상을 사용한다.*

다가오는 물 부족 사태, 환경 문제, 경쟁력 없는 농·축산업의 구조조정을 통해서 친환경적이고 고부가 영농으로 부가가치를 높이기 위해 필요한 양의 육류 수입으로 대체하는 방안을 고려해야 할 것 같다.

넓은 땅을 가진 남미나 호주, 뉴질랜드 등과의 계약 축산으로 우리 입맛에 맞는 양질의 육류를 확보하거나 삼면의 넓은 바다를 이용한 새로운 광역 수산업으로 어류 생식의 질 높은 단백질로의 대체도 생각할 만하다. 실제로 등 푸른 생선들을 위시하여 해산물의 수요가 급증하면서 양식어업이 연안어업의 생산량을 초과하여 2006년 이래 역전으로 주류가 되어버렸다.

네덜란드의 농업처럼 간척으로 늘어나는 농지를 활용한 고급 원예단지와 화훼단지 그리고 유기농의 확장과 질 높은 고부가 영농 방식과 더불어 소득이 높아가는 주변의 인구 대국 시장을 겨냥하는 것이 바른 교역 방식이 아닌가 싶다.

---

* 「농·축산업 구조개선 시급하다」, 조선일보 2010년 7월 6일자.

바다는 자원의 보고, 새로운 Blue Ocean

최근 제주 먼 바다의 넓은 가두리어장의 실험과 성공은 다도해와 적절한 굴곡의 바다를 가진 서·남해의 연안 양식에 더하여 고급 어종을 양생하는 Blue Ocean을 개척하게 된다. 미래의 과학 어장에서 참치 등 최고급 어류를 양산한다면, 그 시장 수요는 무한대인 대륙시장이 가까운 곳에 자리하고 있다.

세계적인 전략 양식 품종인 참치는 이미 호주·일본과 지중해 연안국 중심으로 상당량이 양식되고 있다. 그러나 세계 참치 어획량 240만t에 비하면 아직 초보 단계에 불과하다.

우리나라 미래양식연구센터에서는 참다랑어의 양식 연구를 진행해오고 있다. 추자도 인근 해역에서 참다랑어 새끼를 잡아와 외해 가두리에서 키우는 방식으로, 참다랑어 외해 가두리양식은 세계에서도 유례가 없다고 한다. 이 같은 외해 가두리양식은 조류보다도 해류의 영향이 미치는 먼 바다에서 양식하는 것으로, 연안의 적조나 태풍 등에 의한 피해가 적고 친환경적인 방법이다.

참치는 멸종위기 種이어서 국제 참치 전쟁 조짐마저 보이고 있다. 우리 농·수산 분야 수출품 가운데 수출액 1위가 바로 참치라는 점에서 매우 중요한 품목이다. 일본이 주 수입국이었으나 최근 들어 중국에서도 고급 횟감을 찾고 있어 시장은 무궁무진하다.

특히 참치 중에서도 최상급인 참다랑어(Bluefin Tuna)는 고가이다. 대형 참다랑어의 경우 1억 원이 넘는 값에 낙찰(800만 엔 전후)되는 등 600kg짜리 한우 20마리 값으로 바다의 귀족으로 불려왔다. 그러나 이것도 옛날 이야기가 되어버렸다. 금년 1월 5일 도쿄 수산시장에서 열린 첫 경매에서 참치 한 마리(269kg)가 무려 8억 5천만 원(5649만 엔)에 낙찰되었다. 사상 최고낙찰가 기록을 세운 참치는 아오모리靑森 연해에서 잡힌 검은 참치였다. 중국 등 외국 참치업자들이 경매에 참여하면서 가격이 매년 급등하고 있다. 이날 중국업자도 5000만 엔 대의 가격을 써낸 것으로 알려졌다.*

제주도 외해가 가두리양식 지역으로 잠재력이 높고, 해양연구원에서는 이 지역에서 수정란을 확보해 완전 양식의 꿈을 이룬다면 말 그대로 한국 수산업의 새로운 Blue Ocean을 개척하게 된다. 한때 <타임>지에서 참다랑어 양식을 세계 50대 발명품 중 2위로 올려놓고 급부상하는 고부가가치산업으로 소개하기도 했다. 일찍부터 연어 양식에 성공한 노르웨이는 연어 한 품종으로 4조 5000억 원을 벌어들인다. 양식과 육종배합사료, 마케팅까지 패키지로 묶어 첨단 고부가가치산업으로 육성하고 있다.

바닷물을 이용한 새로운 산업은 무궁무진하다. 먹는 어업뿐 아니라 최근 해수 관상어 시장도 만만치 않다. 해마와 나비고기 같은 애완용 어종에서부터 해수 관상어에 이르기까지 양식에 성공함으로써 새로운 시장(연 23조) 참여가 가능해졌다. 양식 관상어는 오히려 자연산보다 생존율이 높고 종묘산업으로 발전시킬 수도 있어 세계시장에서의 경쟁력이 충분하다. 제주도는 아열대 해역이 되어가면서 새 첨단 어업기지로 활용함에 부족함이 없다.

새 친환경에너지에 추가할 주요 항목이 하나 더 있다. 아직도 화석연료가 흔하고 익숙해서 눈을 돌리지 않고 있으나 해조류를 통한 Bio메스사업도 가능성이 크다. 해조류는 미역 등 바다에서 자라는 식물의 총칭으로, 이를 이용한 새로운 먹거리 식량 공급과 더불어 Bio Energy까지 만드는 사업이다.

---

* 조선일보 국제면, 2012년 1월 6일자.

　우리 해안은 다도해 천해 그리고 굴곡 있는 리아스식 긴 해안선을 활용하는 기회와 적절한 기후로 연간 4~5회까지 윤작輪作 채취 수확이 가능해 대규모 생산이 가능하다. 육상의 옥수수 등 단작單作에 의한 Bio에너지보다 월등히 저렴한 Bio에탄올 생산이 가능하다. 여기서도 우리나라는 자연에너지자원의 부국임을 다시 한 번 느끼게 한다.

　우리는 북쪽이 막히면서 기본적으로 해양국가가 되어 있다. 묘하게도 해안선 길이는 육지 면적과 비교하면 세계 어느 나라보다도 길다. 같은 면적으로 바다를 많이 접할 수 있는 지형구조다. 해안선 길이는 영토 면적에 비하면 섬나라 일본보다 길고, 영국보다는 서너 배나 더 길다.

　대륙 국가라 할지라도 육상의 사탕수수나 옥수수의 경우는 식량 문제와 더불어 곡물 상승의 위험이 따른다. 하지만 삼면의 바다와 긴 해안선을 가진 우리는 바다에서 자라는 녹조생물로 바이오에너지를 생산해 낼 수 있다. 땅이 좁은 육상의 자원 부족 문제를 해양에서 해결하는 길이다.

　최근 POSCO가 국토해양부 및 한국지질연구원과 바닷물에 녹아 있는 리튬(Li)을 추출하는 기술을 본격적으로 개발하는 '상용화 공동협정'을 체결한 것이 한 사례다. 연간 2만~10만 톤 규모의 탄산리튬을 생산하는 거대사업이다. 리튬은 중요한 전략적인 희귀금속일 뿐 아니라 가채광량이 410만 톤에 불과해 10년 내 고갈될 것으로 예측하고 있다. 더욱이 칠레(300만 톤), 중국(54만 톤) 등 일부 국가에 편중되어 그 확보 경쟁이 치열한 자원이다.

　리튬은 전기자동차·휴대폰·노트북·PC에 사용하는 2차 전지의 주원료일 뿐 아니라 우리나라도 열을 올리고 있는 차세대 핵융합발전 원료로도 사용되는 전략 금속 중의 하나다.*

---

* 「포스코, 바닷물에서 리튬 뽑아내는 사업에 나선다」, 한국경제, 2010년 2월 3일자.

상용화 플랜트 공정 개발에 성공한다면 전량 수입품인 이 품목에서 수입 대체를 넘어 수출 효과를 기대할 정도이다. 정부나 정부 출연 연구소가 기술적 리스크를 부담하고 산업투자가 이어진다면 부존자원 없이도 바다를 통하여 자원 부국 반열에 오를 수 있는 꿈을 이룰 수 있다.

바다자원은 영해뿐 아니라 공해상의 광물 개발도 중요하다. 우리나라는 일찍부터 하와이 서남쪽 망강광구를 개발하고 있다. 넓은 광구를 확보하고 수심 6000m에서 채광하는 기술 개발을 계속하여 망간·코발트·니켈 등 희귀금속 확보를 위한 탐사를 하고 있다. 시간을 필요로 하는 작업이지만 공해의 바다 권리의 확보는 영토 확장의 실질적 가치가 있다. 앞선 기술과 선투자로 나간다면 심해 해저의 광물자원은 육상자원과 달리 높은 순도를 가지고 있어 발굴만 하면 Blue Ocean 그대로의 뜻이 된다.

중요한 것은 인류의 생명자원인 물 부족은 세계적인 현상이 되어가고 있다. 아프리카 오지의 가뭄 같은 난제도 있을 수 있으나 본원적으로 바닷물이 있는 한 물 부족은 없다. 지구상의 물은 97.5%가 바닷물로 구성되어 있어 바닷물의 담수화와 정수기술의 진보, 곧 수돗물 원가로 물을 공급하는 시대가 올 것이다.

물을 인류의 생명자원 제1호로 인식한 세계의 대기업이 물 산업에 뛰어들고 있다. 우리 기업 중 두산중공업 등은 해수담수플랜트 분야에서 경쟁력을 갖추고, 특히 중근동中近東의 담수화사업을 석권하고 있다. 정수된 바닷물로 청정 자연수의 재생(HO+미네랄 등)으로 입맛에 맞는 영양 생수 공급이 왜 어렵겠는가.

물의 Recycling과 해수담수화 원가가 낮아지면 사막은 무공해의 그린 필드로 바뀌어 식량 보고가 될 수도 있다. 사막은 작열하는 태양과 바람 그리고 농경이 가능해진다면 토지라는 제약을 뛰어 넘어 인류에게 남겨진 마지막 Blue Ocean이 될 것이다.

담수화 과정의 비용 문제가 핵심 분야가 되어 왔다. 해수담수화 과정의 에너지 과다 사용으로 '역삼투' 방식 등에 밀려나 있던 '증발식 담수화'가 다시 주목을 받고 있다. 사실상 무료나 다름없는 에너지원을 발견한 것이다. 바로 그 에너지원은 핵 원자로에서 방출되는 열이다. 이 열로 바닷물을 증발시키고 그 증기를 물로 사용한다.

그런데 재미있는 사실은 이 아이디어를 마이크로소프트 창업자인 빌 게이츠Bill Gates가 생각해 낸 것*으로, 게이츠 또한 해수담수화사업에 투자하고 있다. 이제 좋은 물의 저가 공급은 꿈이 아니다.

지구촌의 전체 인구는 2011년 11월 1일을 기준으로 70억 명을 돌파했다. 금세기 중반을 넘으면 90억 명으로 늘어난다. 여기서도 생명자원의 첫머리에 있는 음용수(물)도 정수된 바닷물 재생으로 영양 생수 공급을 늘릴 수 있을 것이다.

관광·물류산업의 복합 개발

바다의 활용에서 보면 한국처럼 천혜의 수혜국도 드물다. 인천 앞바다 영종도 해역에서 세계 최대의 조력발전이 추진되고 있는 곳에 경인운하가 모습을 드러내고 있다.

원래 한강의 수운水運은 북쪽이 막히면서 그 기능이 상실되었으나 경인운하를 통하여 바다와 소통하게 된다. 물―물―바다―바다로 수도권이 바다와 연이어져 여객선과 화물선 그리고 요트 시설 등 서울은 항구로

---

*「10년 후 富의 미래 *2022 GLOBALL TREND*」, 2012년 5월.

되살아난다. 새로운 관광레저 등 물류의 바닷길로 수도권의 개념이 달라질 것이다.

최근 전국에 거점 마리나(요트 정박장) 항구 40곳이 선정되어 조성 중에 있다. 한강에도 마리나 시설이 조성되면 서구의 어느 요트 레저 도시처럼 하얀 돛이 달린 배가 한강을 통하여 바다를 오가게 되면, 바다도 이웃처럼 새로운 인식의 변화가 올 것이다. 한강의 일부 교각을 고치면 5000톤의 유람선이 서울과 중국의 연안 도시를 오가면서 서해를 내국 운하처럼 이용할 수 있다.

더불어 태동하는 요트산업이 세계 최고의 전자조선기술과 접목되면서 경쟁력을 갖춰 세계 레저 보트시장에 진출이 가능하다. 많은 국제대회 유치 등으로 레저로서의 요트 대중화와 국산 요트산업의 발달 기대 효과와 더불어 정박지의 부족 등 새로운 변화가 있을 것이다.

서양 사람들은 소득 1만 달러 시대가 오면 골프를 하고, 2만 달러에서는 승마를 즐기면서 3만 달러가 되면 요트를 탄다고 한다. 이제는 요트 인구가 늘어나고 국제대회가 자주 열리면서 새로운 레저 스포츠로 자리 잡아가는 듯하다. 경기도가 화성시 전곡항에 요트 메카를 만들기 위해 조성한 마리나 겸 요트경기장이 각광받고 있다.

짧은 요트 역사이지만, 전곡항에는 2011년 코리아매치컵 세계대회가 열렸다. 이 대회는 국제요트연맹/ISAF이 승인한 월드매치레이싱투어/WMRT 시리즈로, 세계 정상급 선수들이 출전하여 주최국에서 제작한 'KM36' 보트를 타고 동등한 조건으로 경기를 한다.

최고의 조선기술과 막강한 자동차기술이 뒷받침되면서 세계 레저 보트 시장(연 500억 달러/약 55조)을 공략할 수 있게 되었다. 이번 경기에서 5800만 달러의 현장 계약을 올린 것도 예상 외 성과였다고 한다. 이제 요트

산업은 제조업이라기보다는 신성장동력산업으로 지정돼 기술 개발과 더불어 문화산업이란 점에서 차별화 된 디자인과 마케팅이 그 요체이다.

경인운하 아라뱃길이 트이면 한강에서 출발해 서해로 나와 남해로 가는 코스가 열리게 되어, 서해안 시대에 맞는 해양 레저의 성장은 가슴 설레는 일이다. 이미 동호인이 3만 명 정도로 추정되는 차세대 레저로서 고급 요트 크루저·딩기 외에도 간편한 윈드서핑Wind Surfing은 허리둘레를 줄이는 최고의 스포츠라고 해서 대중적 접근이 어렵지 않다.

생산 활동이 확대되고 교역이 증가하면서 물류산업이 성장하고 있다. 물류, 즉 유통업은 생산과 소비의 연결고리로 물류 관리의 효율화는 산업의 비용 합리화로 연결된다.

모든 산업에는 성쇠가 따르지만 변하지 않고 발전해 온 산업이 물류이다. 예를 들어 세계 경제의 성장 속도가 3.5%라면, 교역량 확대 등으로 물류는 4.5% 성장한다는 것이다.

물류 전문업체의 육성으로 내수뿐 아니라 제3국 물류업의 중요성으로 물류 인프라의 대형화·Hub화가 부가가치 물류 성장의 요체다. 종래 개념에 물류 정보화 IT 솔루션을 입히고 E-Logistics를 더하여 글로벌 네트워크를 위해서는 M&A를 하거나 때로는 전략적 제휴를 통하여 글로벌 물류 기업을 적극적으로 육성해야 한다.

해양화 시대의 바다는 미개발된 광물자원의 보고임과 동시에 물류산업으로 새 차원의 중요 산업이 될 수 있다. 특히 한국은 대단히 좋은 위치에 놓여 있다. 세계의 황금 항로 중 우리가 추구하는 동북아 물류 중심지의 기치를 들고, 이웃에 위해를 주지 않고 편의를 제공할 수 있는 기회를 잡고 있다. 우리의 해상항로는 세계 주간선 항로(메인 트렁크) 한 축의 중심에 있기 때문이다. 미국·일본·중국·동남아·인도·유럽으로 가는 항로의 요충지에 있다.

공로空路 인천공항은 그 천혜의 위치와 최상의 서비스 관리 기술로 각광을 받고 있다. 고가 경량화물의 신속한 공로 이용 증가와 경제 중심의 이동에 따르는 환적·환승 화물이 증가한다. 속도와 경쟁 능력 배가를 위하여 인천공항의 확장은 명실상부 동북아 물류 허브의 기능을 충족해나갈 것으로 기대한다.

자원 부국인 남미 국가들은 주간선 항로에 접속되지 않아 물류비용 등 발전 속도에 지장이 있는 반면, 메인트렁크 라인에 접한 싱가포르와 같은 작은 나라는 리콴유李光耀 전 수상이 장담하는 대로 10년 후 확실한 먹거리 산업은 물류산업이라고 공언한다. 물류는 변함없는 성장산업으로 보는 듯하다.

우리나라는 지난 4월 「화물제도개혁법안」이 제정되어 물류업계에 스마트폰과 IT 기술을 접속한 물류 환경 구축이 이행되어 스마트Smart 물류 시대를 열었다. 따라서 택배·컨테이너 운송관리·화물 배치까지 과학적 관리가 가능하게 되었다.

우리가 여러 분야에서 선진국에는 뒤져왔으나 해양자원이나 해양 이용에 관한 한 선진국이나 우리나라가 초기 단계에 있어 해볼 만한 표적이 된다. 바다의 에너지 이용이나 생명자원의 개발은 넓은 바다에 연접된 우리에게는 모두 블루오션의 넓은 자락이다.

물류 뿐 아니라 바다의 힘 그리고 생물자원의 활용과 양생은 우리가 바다를 향해 나아갈 큰 방향이라고 생각된다.

무한 개념의
우주 개발 전략

새로운 우주 경쟁시대

2010년 6월 10일, 나로호 KSLV-1의 재발사 실패는 우주로 가는 낮은 단계의 실험을 넘지 못하는 답답함이 실망으로 번졌다. 선진국이 40년 전에 성공한 로켓우주발사체 수준의 발사에도 성공하지 못했다. 일본은 같은 해 5월 새벽, 일본 열도 최남단 가고시마의 다네고지마種子島우주센터 에서 금성 탐사 위성 '아카쓰키曉(새벽)' 발사에 성공했다.

그리고 '하나로호'의 재발사 실패 3일 뒤, 일본은 소행선 탐사선 '하야부 사(송골매)'의 7년 만의 귀환 소식은 일본 기술의 승리이며, 일본의 자존심 을 회복시켜 주는 고난도 회수기술의 개가로 기록되었다.*

중국은 2011년 9월, 첫 우주정거장 '텐궁天宮'을 쏘아 올려놓고, 11월 초에 '신저우新舟 8호' 우주선이 간쑤甘肅성 우주발사기지에서 발사되었다. 신저 우 8호는 실험용 우주선 '텐궁 1호'와 고난도의 첫 도킹에 성공한 것이다.

---

* 「일본 '금성 탐사위성' 운행 궤도 진입」, 중앙일보 2010년 5월 2일자.

이 역사적인 성공은 미국·러시아에 이어 세 번째로 이루어지는 독자적인 우주 도킹 기술을 확보한 것이다. 중국은 2012년 '신저우 9호' 그리고 2013년 유인우주선 '신저우 10호'를 연이어 발사해 우주 개발에 저만큼 앞서가고 있다.

우주기술은 첨단기술과 극한기술의 집약체일 뿐 아니라 선진국들이 오랜 기간의 실험과 투자로 얻어진 인내의 기술이다. 일본도 1960년대 후반 연속해서 네 차례 로켓 발사에 실패한 사례가 있다.

우주 개발에 성공한 나라들의 모임 '스페이스 클럽'에 10번째로 가입하려는 우리나라와 경쟁하고 있는 브라질도 1997년 이래 7번의 로켓 발사에 모두 실패한 기록을 가지고 있다. 로켓기술 이전移轉에 대한 국제 간 규제가 엄격하나 우주기술 후진국들은 모두 스페이스 멤버들과 협력하고 있다.

브라질은 중국과 남아공은 인도와의 관계를 강화하고 있으며, 한국도 러시아와 제휴하는 등 우주산업의 선·후진국들이 장기간에 걸쳐 막대한 자원과 투자로 이루어져, 미사일기술통제체제/MTCR 등 로켓기술 이전에 대한 규제가 엄격하다.

후발국들이 로켓기술 확보가 어렵게 되어 나로호처럼 1단 로켓을 도입한 것이 기술 자립 없는 우주 개발 기술의 한계가 실패의 원인일 수도 있다. 다시 3차 나로호 실험 등을 거듭하면서 앞으로도 여러 해가 걸릴 한국형 발사체 KSLV-2의 성공 기반을 닦아나가야 한다.

나로호 발사 실패의 아픔을 달래듯 지난 2010년 6월 27일 새벽, 우리가 개발한 최초의 다목적 정지궤도위성 '천리안千里眼'이 남미 프랑스령 가이아나우주센터에서 성공적으로 발사되었다. 우리 위성 '천리안'을 탑재한 '아리안호' 발사가 6차례나 중단하는 과정을 거쳐 발사되었다. 이제부터 7년간 위성통신 서비스를 위시하여 한반도 주변 기상과 해양을 관측하면서 대한민국의 눈, 천리안은 드디어 차세대 위성방송 시대를 열게 된다.

천리안은 우리가 쏘아올린 12번째 위성으로, 앞에 올린 '무궁화' 위성은 완제품을 수입한 반면 '천리안'은 2003년 초기 설계부터 국내 기술진이 프랑스 아스트리움 사와 공동 제작한 무게 2500kg으로 수명이 7년이다. 한국은 짧은 우주 개발 역사에 비해 2012년에 2개의 지구관측위성을 추가하여 관측위성 분야에서는 괄목할만한 성장을 해왔다.

이에 비해 중국은 120개의 위성 발사한 기록을 가지고 있다. 특히 최근 자체 개발한 위성위치확인시스템/GPS인 '베이더우北斗'를 시험 발사했다고 발표했다. 이로서 미국과 러시아의 '글로나스Glonas'에 이어 세 번째로 독자적인 항법시스템을 가진 나라가 되었다. 독자적인 시스템을 갖는다는 것은 커가는 세계 항법시장을 선점함과 동시에 현재까지 미국에 의존해왔던 GPS에서 벗어나는 안보 전략상의 힘의 크다는 것이다.

우주산업 우주 진출은 국토를 3차원으로 확대하는 영토의 확장일 뿐 아니라 새로운 공간 혁명의 시대를 열어가고 있다. 이미 선진국들은 우주시대 구상을 놓고 군사적으로 우주군 창설 및 우주산업의 민간 주도 개발 경쟁에 들어가고 있다.

미국은 항공우주국/NASA의 기능 개편을 통하여 새로운 우주시대의 개막을 시도하고 있다. 2011년 6월, 우주 경쟁의 상징이었던 우주왕복선 '애틀란티스호'가 마지막 임무(2011. 6. 8~6. 20)를 마치고 30년간의 우주왕복선 프로그램의 막을 내렸다. NASA는 우주왕복선의 은퇴 이후 우주정거장이 있는 지상 350km와 같은 저궤도 중심의 임무에서 벗어나 지구에서 수천만 km 떨어진 행성이나 달·화성 탐사 등 먼 우주에 집중한다는 것이다. 따라서 우주정거장에서 사람과 화물의 운반은 민간이 개발한 우주선이 담당하게 됨으로써 본격적인 민간 우주 개발 시대가 열리게 된다.

미국 스페이스X나 보잉사 등이 우주선 개발에 본격적으로 나서면서 상용 우주정거장을 건설해 무중력 상태의 생명공학이나 신소재 개발 실험 장소를 제공한다는 계획이 진행된다. 민간 기업들이 개발한 우주선이 가격 경쟁력을 갖추어가면서 민간의 우주여행이 점차 실용화 될 것이다.

미국은 이미 2030년대 중반까지 우주인을 화성에 착륙시킨다는 '화성유인탐사 프로젝트'는 계속될 것이며, 유인우주선 보유국인 러시아·중국과 일본 등 열강들과의 개발 경쟁은 가열될 것이다.

우주 개발 경쟁은 초기의 정부 주도에서 우주산업자원 개발 등 상업용 로켓 발사 및 위성 활용 등 주요 기업이 참여하면서 우주산업 시장이 민간 주도로 가는 경향이 분명해지고 있다.

우주군 창설과 새 우주산업

한편 우주를 향한 강대국들의 경쟁은 본원적으로 군사 목적이었는지 무른다. 미국과 러시아에 이어 세 번째 유인우주국이 된 중국이 공군과 우주 개발을 통합한 우주군 창설을 시도하고 있어 각국이 긴장하고 있다는 소식이다.

최근 중국이 군사 목적 인공위성 개발에 나서면서 최첨단 장비로 위성 정찰이 강화되어 동남아 이웃나라들을 긴장시키고 있다. 2011년 7월, 영국의 <파이낸셜타임스>는 "베트남과 필리핀은 최근 중국과의 영토 분쟁을 겪고 있기 때문에 체감 위기지수가 더욱 높아졌다"고 보도하기도 했다. 뿐만 아니라 군사 목적 위성 분야에서는 독보적인 아시아 지역 미군 활동에 제약 요인이 될 수도 있으며, 중국이 최근에 개발했다고 하는 대함탄도 미사일과 스텔스기 그리고 항공모함의 등장과 더불어 중국 군사력의 이 지역 진출이 눈에 띄게 달라질 것으로 보고 있다.

중국의 우주군 전략은 미국의 미사일방어/MD시스템에 대응하는 공방겸비攻防兼備라는 우주전 전략을 세우는 듯하다. 일본은 이미 「우주개발기본법」을 개정하여 고해상도 정찰위성 개발 운용 등 일본이 우주를 군사 목적으로 이용하는 것을 허용함으로써 일본도 '스타워즈' 체제로의 편입이 가능하게 된 것이다.[*]

미국은 1958년 북미항공방위사령부/NORAD, 1985년 우주군을 창설해 전 세계 주요 군사위성 정보를 장악해왔다. 그러나 2001년 러시아가 우주군을 창설한 이후 일본의 우주개발전략본부 발족, 중국의 우주군 참여 등 주변 4강 모두 신냉전에 돌입한 우주군을 보는 듯하다.

1967년 제정된 우주조약은 "우주에서는 전통적 주권·영역권이 통용되지 않으며, 개별 국가의 영역권이 우주공간으로 확장될 수 없다"고 규정하고 있다. 그러나 강대국들의 힘을 제약할 수 있을지는 의문이다. 이 같은 우주로의 진출은 소유 개념보다는 공간 활용의 전기로 마련할 공간 혁명의 의미를 갖는다.

이제는 자원 고갈, 인구 폭증, 좁은 공간의 지구에서 무한 개념의 우주시대 구상에 들어가야 한다. 인공위성뿐 아니라 차례로 행성 개발·정복 등으로 좁은 공간 개념에서 인류의 시야와 활동무대를 우주공간으로 확장하려는 NASA의 시도와 장기 계획은 합당한 것 같다.

중국이 우주에서 자원 경쟁을 시작한 것이나 일본이 고갈되는 중요 자원인 희귀금속을 달 등 외계에서 조달하려는 계획도 모두 우주를 향한 새로운 경쟁을 뜻한다. 한때 앨빈 토플러Alvin Toffler도 그의 저서 『부의

---

[*] 「일본과 중국의 우주전쟁」, 김승조(한국항공우주연구원장), 문화일보, 2012년 1월 9일자.

미래』에서, 한 번의 달 왕복선으로 달 표면에서 채취하는 헬륨-3 원소로서 미국의 1년 치 에너지를 조달한다고 했다. 더불어 달 표면의 진공 또는 무중력 상태에서의 생산 활동 구상도 포함하고 있다.

우주에서 생산하여 지구에서 사용될 전기의 우주 생산 계획도 진행 중이다. 우주 공간의 태양전기 생산과 지구 송전 계획은 구체화되고 있다. 모두 원가 개념과 환경 개념이 복합적으로 상승효과를 나태내고 있다. 이러한 우주를 향한 우주 개발 기술은 고도의 최첨단산업 기술의 융합체이며, 고부가가치와 상용화 가능 기술로 인류의 앞날에 엄청난 기술혁신의 기회를 제공할 것이다.

우주 정책의 변화와 실용화 체계

2010년 6월 28일, 미국 정부는 "국제 협력을 강조하는 새 우주 정책'을 발표하였다. 미국 정부는 우주 무기 통제를 위한 구상도 고려한 듯, 우주 공간에서의 평화적인 협력을 증진하는 것이며, 우주에서의 적대적 경쟁을 하지 않겠다는 종래의 정책 선회를 천명했다.*

각국의 우주 위성 의존도가 높아지는 시대상을 반영하여 우주는 더는 냉전적·전략적 대상이 아니며, 미 우주 정책의 목표가 국내산업 활성화에 두고 민간 우주산업의 해외시장 진출 방안도 모색되는 듯하다.

우주 경쟁 과정에서 지상에도 또 하나의 진전이 가시화 되고 있다. 성층권에서 운항하는 준準 우주선 개념의 극초음속 여객기가 나온다는 것이다. '제스트/ZEHST Zero Emission Hypersonic Transportation'로 명명된 에어버스 모기

---

* 「오바마, 우주 개발 더 이상 적대적 경쟁 안할 것」, 조선일보, 2010년 6월 30일자.

업인 EADS사가 기획하고 있는 프로젝트로, 파리—도쿄를 2시간 30분에 주파할 것이라는 것이다. 소음도 없고 화석원료를 쓰지 않으며 헬륨(H_3) 사용으로 친환경 오염 문제까지 해결하는 초음속기가 10년 내 개발된다는 소식이다.

21세기 창조경영의 아이콘으로 불리는 리처드 브랜슨 회장은 우주관광에 관심을 갖고 버진갤럭틱항공을 설립, 연내 우주 취항을 계획하고 있어 오랜 인간의 우주여행 꿈이 이루어진다. 첫 탑승객은 브랜슨 회장과 그 가족이라니 억만장자 모험가답다. 1인당 탑승비용은 20만 달러라고 한다. 또 구글과 함께 100년 안에 화성에 지구인을 거주시키기 위한 VIrgle* 프로젝트를 시작했다.

이제 인류는 좁은 지구에서 우주로 나가는 Exodus가 이루어질 것인가. 인류는 우주를 향한 꿈을 늦추지 않을 것이다. 비록 우리는 선진국에 비해 40년 늦게 참여한 것이지만, 다른 산업과 마찬가지로 나로호 실패를 바탕 삼아 한국형 우주발사체 'KSLV-2'와 함께 하면서 우주 강국의 꿈을 키워야 한다. 남의 기술보다는 자체 개발 기술의 축적이 더 중요하다. 이웃나라들의 달 탐사 경쟁이 치열한 것도 우주자원 확보와 우주 관련 산업화와 깊은 관계가 있다.

우주 탐사의 시간 개념을 뛰어 넘을 생명자원시스템의 개발 연구는 지상의 생명공학에 영향을 주어 심리 안정, 인간 동면 유도, 원격의료지원 및 위성항법시스템, 기상 관측의 정보화, 국방 우주공방 그리고 우주 공간의 태양전기 생산에 이르기까지 인류의 새로운 활동 영역이면서 선도자의 블루오션에 참여해야 차세대 공간을 확보할 수 있을 것이다.

---

* Virgle과 Google의 합성어.

삶의 질과
국가행복지수가 중요해진다

새 삶의 틀의 변화

2008년 금융 위기를 거치면서 세계 경제뿐 아니라 정치·사회 문제와 제도에도 큰 변화가 왔다. 세계 지배구조의 변화는 치열하게 진행 중이며, 그 동안 상대적 우위를 구가했던 민주주의 시장경제도 시장 주도 신자유주의에서 자본주의 효능에 관해서 한계를 보이기 시작한다.

미국의 저널리스트 아나톨 칼레츠키는 그의 저서 『자본주의 4.0』에서 자유시장 경제 이후 자본주의의 새로운 버전의 도래를 예고하고 나왔다. 『자본주의 4.0』의 키워드는 행복·박애·스마트 파워의 세 가지로 구성된다. 기존 자본주의의 체제에서 소득 불균등과 경제사회 불균형이 심각해졌다. 한 예로 국내 10대 그룹의 2010년도 매출액 합계가 874조에 달해 우리나라 국민총생산/GDP의 84.1%에 이르렀다고 보면 무엇인가 지나치게 기울어진 모습이다.*

---

* 「자본주의 4.0」, 조선일보, 2011년 8월 2일자.

그렇다고 보면 임금 근로자의 90%를 안고 있는 중소기업의 몫은 얼마나 되는가. 여기서도 분명 양극화가 소득 계층 간 뿐 아니라 기업 계층 간에도 크게 벌어져 있고, 근로자도 정규직 외에 비정규직, 일용직 등으로 매우 불안정해 보인다.

글로벌 금융 위기 후 자본주의 선도국들, 그 중에서도 프랑스가 먼저 기존 자본주의 경제 시스템의 한계를 보완하는 대안으로 내놓은 것이다. 'No More GDP', 즉 이제는 GDP로는 안 되고 GNHGross National Happiness, 즉 '국가행복지수'의 신장이라고 했다. 이는 경제와 사회 진보의 측정지표가 다양한 삶의 요소를 반영하지 못하고 오로지 생산지표에만 얽매여 무한 경쟁의 정글 자본주의를 잉태했다는 반성을 내놓은 것이다.*

지구 곳곳에서 일어나는 폭동과 불만의 눈망울들은 행복 추구의 인간 기본권으로 수렴해내는 시책과 묘안들이 나와야 한다. 지금껏 자본주의를 지배해 온 양적인 가치 기준에서 사회봉사와 계층 간 소통·배려 그리고 행복 추구의 삶의 가치 기준으로 바꿔나간다면 새로운 의미의 Blue Ocean을 찾을지도 모른다. 따라서 물량적 가치나 계량적 행태에 얽매여 잃어버린 행복권을 추구하는 제도나 인성 회복의 한계를 극복하는 길을 열어나가야 한다.

의료 수준의 업그레이드는 곧 100세 수명평균의 시대가 눈앞에 다가와 있다. 신체적 고령화가 경제·사회적인 뒷받침이 안 되는 곳에 장수가 비례해서 인간 행복을 보장할 수 있을 것인가. 즉 사회안전망으로 공적 보조와 사적 보장조치가 강구되는 것이 필요조건이 된다.

오늘날처럼 사회적 보장 수요가 분출하는 상황에서 돌이켜보면, 종래 주장되어 왔던 삼층보장론三層保障論이 지금도 유효하다고 생각된다. 三層

---

* 사르코지 대통령의 경제 성과와 사회 진보의 계측을 위한 위원회.

論은 국가에 의한 공적보장·기업에 의한 직장보장 그리고 개인의 자가보장의 상호 보완 체계를 재정적·사회적 여러 요인에 따라 역할 분담의 효율을 높이자는 것이다.

공적보장은 소득 재분배적 이념의 실현을 이상으로 하여 최저 수준의 보장을 담보하고, 사적보장은 기업과 개인의 노력에 따라 최대 보장이 가능하다. 공익으로 모두 감당하지 못하는 부분은 장기적 사적보장을 세제 유인 등의 수단으로 지원함으로써 서구형의 복지병 재정 파탄을 비켜가면서, 국가·기업·개인의 절묘한 3층 조화를 이룬다면 근로자 복지와 더불어 사회적 안정에 함께 기여하게 될 것이다.

그러나 인간 행복은 돈만으로 해결되는 것이 아니다. 예를 들어 보자. 중국 대륙과 인도에 연접한 부탄 왕국은 가난하지만 행복한 나라로 잘 알려져 있다. 1인당 GDP는 2000달러 수준에 머물지만, 부탄 사람들의 삶의 모습은 풍요롭고 여유가 넘친다. 부탄의 위정자들은 국가가 돈보다 국민이 얼마나 행복한가를 기준으로 국가를 운영한다는 것을 천명하고 1972년부터 GDP 대신 GNH, 즉 국민총행복을 기준으로 삼고 있다. GNH의 측정기준은 경제·문화·환경·정부의 4개 항목과 심리적 복지·건강·문화·시간 사용 등 9개 영역으로 나눈다.*

대안적 GDP 관련 자료는 OECD가 설립 50주년을 맞아 34개 회원국 국민의 행복도를 나타내는 '보다 나은 삶의 지수'/BLIBetter Life Index를 발표했다. OECD는 부탄이 주창한 GNH, 즉 국민 행복과는 달리 11개 평가 항목으로 생활만족도를 측정하는 지표를 개발한 것이다.

주거·소득·고용·사회연대·교육·환경·정치에 대한 신뢰·건강·생활만족도·안전·삶과 일에 대한 만족도 등을 수치화한 BLI의 첫 발표에서

---

* KDI 경제정보센타 자료.

호주가 종합 1위를 그리고 캐나다와 스웨덴이 2위를 이었다.

2011년 8월, 우리나라 '삶의 질'에 관하여 한국개발연구원/KDI가 작성한 「우리나라의 국가경쟁력 분석체계 개발 보고서」에서, 한국은 OECD와 주요 20개국/G20 중 하위권에 속해 있다. 보고서를 보면 삶의 질 지표는 비교 대상 39개국 중 2000년과 2008년 모두 27위를 기록하고 있다.

평가 항목(7개) 중 사회 지출 항목이 최하위에 있고, 계층 간 소득 불균등을 나타내는 지니Gini계수로 평가한 분배 항목도 2000년 12위에서 2008년 23위로 추락했다. 기대수명으로 평가한 수명 순위는 20위로 상승했으나 여타 삶의 질 수준은 낮아져서 부탄이나 호주·북구의 나라들과 달리 행복 수준이 낮아져 가는 듯이 보인다. 지금까지 대표 경제지표인 GDP가 경제 현실을 제대로 반영하지 못한다는 한계성에 따라 여러 대안적 관련 지표가 나타나면서 삶의 질 향상이 오늘의 중대 과제가 되고 있다.

생명주기 연장, 적극적인 Wellaging으로 대응해야

행복 추구 Wellbeing 시대가 시대적 요구가 되고 있을 때 삶의 질 수준이 낮아지고 있는 것은 주요 관찰 대상이며, 지대한 관심을 가지고 대처 방안을 서둘러야 한다.

예방의학이나 대증의학 수준을 넘어 각국이 유전자 정보 축적과 줄기세포 이용을 위한 무한 도전에 나서고 있는 가운데 한국이 제일 먼저 줄기세포 치료제를 상용화하는 기회를 잡을지도 모른다. 국내 바이오 벤처기업에서 심근경색을 치료할 수 있는 줄기세포 치료제 '하이셀그렘 AMI'이 개발되어 줄기세포 시장에 반 발짝 앞서가는 모양세가 된다.

사람의 몸은 신장·폐·대장 등 각종 장기와 피부를 만드는 세포로부터 연골·뼈·신경·혈액을 만드는 수백 종의 세포로 만들어져 있다. 이와 같은 각종 세포와 다른 것이 바로 줄기세포다. 줄기세포(Stem Cell)는 특정 세포 유형에 속하지 않은 원천 세포로서 혈액·신경·근육·연골 등 조직에 필요한 다양한 세포로 분화 가능성을 지닌 일종의 원시세포다. 하이셀그램은 바로 심장에 영양과 산소를 공급하는 관상동맥이 막힌 심근경색으로 손상된 심장 근육을 자신의 줄기세포 배양액을 주사하여 치료한다.

세계가 각축을 벌이는 중에도 국내에서만 줄기세포 신약 개발 러시를 이루어 17개종이 임상실험 중에 있다.* 인간의 욕구는 여기서 끝나지 않고 줄기세포에 의한 손상된 장기 치료에 대체하여 오래 살기 위한 꿈을 놓치지 않는다. 줄기세포로 사람의 심장과 간을 만들어 돼지에 심고, 나중에 돼지의 장기를 떼 내어 사람에게 대체 이식한다는 계획도 진행 중이다.

이와 같은 장기의 치료 교체 등으로 인간수명은 길어질 수밖에 없다. 100세 장수시대가 다가오면서 장수가 반드시 축복이 아니라는 생각을 하는 사람이 많다는 것이다. 장수시대는 의료보장 외에도 경제적 여유나 생애주기에 따른 사회적·개인적인 준비가 필수요건이다. 장수 자체로서만은 의미가 없다. 우선 건강하게 보람 있는 여생을 설계할 수 있어야 한다. 무료한 시간은 그냥 흘려보낼 수는 없다.

세계적인 네트워크를 갖고 있는 켄터기집 KFC는 65세 노인이 창업한 회사이며, 피카소는 늦게까지 수차례 재혼을 하면서 90세를 넘겨서도 작업을 즐겼다. 또 세계적인 미래학자이며 원조 경영학지인 피터 드러커도 90대 중반까지 수많은 저술을 했으며, 우리나라 역사의 불모지인 상고사 연구에 열중했던 최태영 선생도 70세 중반에 시작한 역사 탐구로 유명하

---

* 식약청 자료, 2011. 6. 2. 기준.

다. 원래 법학자인 그는 102세에 『한국 고대사를 생각한다』는 역사서를 출판해 역사 전공학자라도 쉽게 해낼 수 없는 경지를 개척해놓고 있다.

DNA나 수명주기 Wellbeing 시대를 맞아 인간 한계에의 도전이 계속되고, 생활 주변에 로봇 도우미가 도와준다고 해도 인간 본연의 성품과 정서, 상상력을 살려 뭔가 일하는 즐거움이 따르지 않으면 아름다운 노후의 행복이 그냥 오지 않을 것이다.

100세 시대를 맞아 자기에게 맞는 일을 찾는 것이 중요하다. 정년 후에도 하고 싶었던 일을 창업하거나 재취업, 사회 봉사활동, 연구 지원, 역사 가이드 그리고 가능하다면 어려운 나라들에 대한 해외 지원기구에의 경험과 기능 전수 활동 등 한없이 많은 곳에서 일손을 기다리고 있다.

은퇴 전후의 재테크 전문가인 미래에셋투자연구소 강창희 소장의 주장처럼, "정년 후에도 일하는 것이 최고의 재테크"라는 말은 매우 현실적인 이야기다. 그는 일거리를 가지고 있다는 것만으로도 돈과 건강 그리고 인생의 보람을 챙길 수 있다고 했다.

100세 시대를 맞아 노인인구와 경제력이 급속히 확대되면서 실버산업이 차세대 성장 동력으로 자리 잡아 간다는 예측도 나오고 있다. 상공회의소는 2010년부터 2020년까지 10년간 실버산업의 평균성장률을 12.9%로 추정하면서 같은 기간 전 산업 평균성장률 4%대의 거의 세 배로 추계하고 있다. 실버산업 가운데서도 정보 관련 업종이 연평균 25.1%, 여가 13.7%, 의료기기 12.1%, 주택 10.9% 순으로 성장한다는 것이다.

미래도 단순한 Ageing Society가 아니다. Wellaging으로 보는 적극적인 생각을 하면 실버 친화적인 비즈니스는 또 하나의 Blue Ocean이라는 생각이 헛되지 않을 것이다.

다음 세대로의 도전,
Creative Korea

동북아의 급속한 변화의 기회

우리나라는 쾌속으로 달려온 성장 가도에서 양적 성장의 임계점에서 두 가지의 새로운 변화를 맞고 있다. 하나는 세계 경제가 바야흐로 저성장 시대로 진입한다는 의구심과 대내적으로는 양적 성장보다 질적 심화를 추구한다는 것이다. 질적 성장의 핵심은 삶의 질을 뜻하는 것으로 보아왔다. 이에 관한 장기 조사 보고서가 나와 있다.

재정경제부가 발간한 「2040년 한국의 삶의 질」을 위한 보고서는, 창조적 미래를 향하여 발전과 성장 위주의 사회 패러다임이 문화와 행복 위주의 패러다임으로 바뀌어야 한다는 것이 주제다. 한국의 출산 평균연령이 30세를 넘고 있어 정확히 한 세대 구간인 30년의 미래를 보고 2040년을 조감하는 방대한 자료 조사를 통하여 장기 예측을 한 것이다.

이 기간 중 세계적인 중요 변화는 선진국 체제에서 신흥국으로의 성장 동력 전환(Global Shift)이 특징이다. 신흥국 부상의 배경은 생산 요소의 이동성(Mobility)의 증가로 자본·노동·기술의 국가 간 이동이 자유로워져 모방학습이 신속화 한다. 한편 시장경제 원리가 후진국에 보편화하면서 성장 기재가 작동하여 신흥국, 특히 동북아의 성장에 따라 세계 3극의 모습이 급격히 변화한다.

2020년이면 동북아가 2극을 각기 리드하다가 2040년이 되면 북미와 EU를 합한 비중보다 앞설 것으로 전망하고 있다. 이 기간 중 한국도 성장을 계속할 것이나 고속으로 다가오는 저출산 고령화 사회와 더불어 생산성 향상의 문제가 대두된다. 비용 절감 등 단기적인 효율성 증대로는 한계가 있으므로, 이제 선도 기업들은 새로운 시장의 규칙을 만들어내어 다른 기업들이 따라오게 해야 한다.

인구 정책은 2장에서 살펴 본 대로 모든 정책에 앞서 실천하면서 고급 이민과 장학제도를 활용하는 정착 이민, 특히 조기 교육 이민 정책을 통하여 경쟁국에 앞서 우수한 인재를 미리 선발하는 방법도 강구되어야 한다. 세계 3극 중 동북아의 경제적 신장은 우리에게는 새로운 도전의 큰 기회 요인이 될 듯하다. 이 시기에는 교육 과정에서 영어뿐 아니라 중국어와 일본어의 통용 학습이 필요하다.

유럽연합/EU의 European School에서는 EC(EU 이전 유럽경제공동체)시절부터 주요 회원 국가의 언어를 사용하는 과목이 정해져 있다. 예를 들면 역사는 영어, 지리는 독일어, 문학은 불어, 수학은 이태리 어 식으로 회원국

세계 3극 경제비중 장기 전망 (2007~2040)

	2007	2020	2030	2040
북미	28	22	19	14
EU/유럽연합	31	25	22	15
동북아/한·중·일	17	26	30	33

* 자료 : Global Insight. * 주 : 중국에 홍콩 포함, * 단위 : %

언어를 습득케 하는 방식이다. 고어로는 희랍어(Greek)를 배워 서양 언어의 시원을 뿌리부터 공부한다.

21세기의 언어는 국제화의 기본 틀이다. 한국은 中·日 언어 습득에 가장 유리한 조건을 가지고 있다. 한국어도 한문漢文의 원류를 따다 먼저 국·한문 병용을 다시 시작해야 한다. 세계 교역의 중심에서 3개 국어/Trilangual(중어·일어·영어)를 구사한다면 그 경쟁력은 힘이 실릴 것이다. 다양화하는 동아시아의 인구 이동, 특히 상호간의 전문가·연구원·주재원 등 고급 인력의 진출과 정주에도 크게 도움이 될 것이다.

청소년의 조기 사회 참여 유도, 과도하게 높은 대학 진학률과 교육 과정 연장 추세는 고령화와 함께 사회적 부담이 될 수 있다. 병역 복무기간을 감안한 조기 교육 실시 등으로 조기 경제참가율 제고 노력도 제도적으로 정비해 나가야 한다.

새로운 기술 패러다임을 대망하면서

역동적인 동북아에서 한국은 지난 12월 무역 1조 달러를 달성했다. 수출·수입 연간 누계로 1조 달러를 달성한 탈脫 식민지국의 고통을 벗고 나와 최초로 9대 무역국 반열에 들어섰다. 이로써 동북아 3국(한·중·일)은 나란히 1조 달러 클럽에 이름을 올렸다. 더욱이 수출 규모로는 세계 7위를 기록하였다. 대양을 향한 개방형 경제 운영과 세계 주요국과의 FTA 협정 체결로 경제 영토를 급속히 확장한 덕분이다.

상품 수출 폭은 늘었으나 반도체·자동차·선박 등에 치중되고, 서비스 수출 비중은 줄어 서비스 교역은 역조가 늘어난다. 지나친 무역의존도는 국민총생산 대비 100%에 육박함으로서 미·일(각 30%선)은 물론 수출주도형 경제인 독일(95.3%)보다도 높다.

또한 아시아 지역의 역내 교역량의 증가에도 영향을 받는다. 우리나라는 제품 생산의 효율성이 강조되던 때 생산 요소의 결합에 성공하였고, 잇대어 지식경제시대의 변환기에도 IT로 통용되는 정보통신 영역에의 이전도 신속했던 행운을 가진 듯하다. 2000년 닷컴 버블을 정점으로 IT기술의 패러다임이 흔들리면서 다음 세대의 새로운 기술 패러다임을 대망한지가 10여 년을 흘려보내고 있다.

1990년대 정보통신기술로 미국 경제는 높은 성장을 구가할 수 있었다. 그러나 지난 10년은 일종의 기술판의 공백기를 거치면서 기술혁신과 투자 기회를 찾지 못하는 사이 세계 경제는 침체에서 벗어나지 못하다는 해석이다. 더욱이 후발 중진국들에게는 창의적인 지식으로 경쟁하는 새로운 패러다임에 취약하기 때문에 중진국 함정에 빠질 위험이 있다.

최근 생명과학 특히 줄기세포 부문과 웰빙, 즉 건강수명을 위한 의료체계 그리고 무엇이든 원하는 대로 바로 찍어낸다는 3D 프린팅(3차원 인쇄)등 기술이 선보이고 있다. 3차원 인쇄 방식은 생체조직 기계 부품과 같은 작은 크기에서 비행기 건축물 같은 대형 구조물까지 다양하다. 영국의 BBC방송은 "3D 프린팅은 20세기의 대량생산 방식을 대체하는 새로운 맞춤형 생산혁명을 가지고 올 것"이라고 전망했다.*

영국의 사우스햄튼대 연구진은 3D 프린터로 찍어낸 최초의 무인비행기인 '설사Sulsa'의 비행 시험에 성공했다는 보고가 있다(2011년 7월). 고분자 물질이나 금속가루를 잉크처럼 뿌려서 제품을 완성한다는 것이다. 또한 코넬대의 립슨 교수는 20년 내에 가정에서 식품과 일상용품을 찍어내고,

---

* 「21세기 대량생산 방식을 대체하는 제조업 혁명」, 조선일보, 2011년 12월 1일자.

병원 수술실에서 뼈와 혈관을 찍어내 바로 이식할 수 있을 것이라고 했다.

최근 꿈의 소재로 불리는 그래핀graphene의 발견(2004년)으로 과학자들은 소재 혁명을 이끌 것이라고 분석한다. 그래핀은 흑연 탄소원자 한 층으로 구성된 나노 구성체로서 물리적·화학적 성질이 기존 물질보다 월등하다는 것이다. 강철보다 강도가 100배 이상 강하며, 전류 전달속도는 구리보다 1000배 그리고 투명도가 높아 반도체 재료인 실리콘에 비해 전하 이동속도가 150배라니 꿈의 재료라 할 만하다. 반도체가 20세기 정보기술 혁명을 주도한 것이라면, 그래핀은 21세기의 기술혁신을 불러올 차세대 소재로 보고 있다.

세계적으로 상용화 초기 단계에서 삼성전자가 '그래핀 소자구조'를 개발하여 차세대 반도체 개발의 주도권을 마련한 것으로 보인다.* 한국은 그래핀 관련 특허도 2위에 있어 또 하나의 블루오션을 개척할 듯하다

도우미로 쓰일 감성로봇, 유전자변환식품, 생명과학 등 기술융합, 핵융합발전 기술 그리고 자동차 모터 교체로 이를 플러그 혁명 등 새로운 기술의 세계를 열면서 새 경제 패러다임은 반드시 부상한다는 것이다. KAIST 이창양 교수는 "다음 세대 새로운 기술판이 떠오를 때 최선의 전략은 기술판의 선두 그룹에 속할 수 있도록 차분히 준비하는 것"이라고 강조한다.

우회적 지배원리의 통로를 본다

지난 연말에는 동아시아정상회의/EAS·APEC·ASEAN+3 등 아시아 태평양 지역 모임이 많았다. 미국 주도의 환태평양경제동반자협정/TPP와

---

* 「삼성전자 그래핀 소자구조 개발」, 매일경제, 2012년 5월 19일자.

ASEAN+3를 지역주의 결속으로 주도하고자 하는 중국의 모습이 마치 확대 G2처럼 어수선했다. 이 속에서 +3(한·중·일)의 결속은 매우 늦은 속도지만 약간의 진전이 있었던 해였다.

G20 서울정상회의 이후 2012년 UN 환경회의 등 대형 국제회의가 한국에서 개최되고, 한·중·일 공동사무국이 서울에 개설된 것은 뜻하는 바가 크다.

변방국 반도 국가에서 제국주의 시절에는 침략의 통로 먹이사슬이 되는 듯했으나 세계화 과정을 거치면서 국제사회에서 중요한 역할을 할 수 있다는 자신감을 갖게 된다. 늘 Rule Taker였던 한국이 정상회의를 주제하면서 Rule Maker의 역할도 해왔다.

경제 발전에 잇대어 민주주의의 발전을 함께 이루었고, 한때 식민지 역사를 가진 피지배의 역사가 선진국과 후진국 사이의 교량 역할을 할 수 있게 한 것인지도 모른다. 더욱이 한국의 국가 규모(Middle Power)와 지정학적 위치가 다자외교 시대를 맞아 대단히 유리한 입지로 변해버린 듯 보인다. 제국주의 시대의 약점이 세계화와 상호의존의 시대를 맞아 선진국과 후진국, 해양과 대륙, 자원 빈국과 자원 대국을 잇는 능동적 가교 역할을 할 수 있는 강점으로 변한 것이다.

대형 국가·지역과 FTA를 해결함으로써 교역의 크로스로드 기능까지 갖추는 지정학적 요충이 되어 간다. 지구상 유일의 분단국으로 북쪽 대륙이 막혀 있으나 중국이나 연해주를 통한 해상 루트가 열려 있어 마음만 먹으면 교역로로 열려 있는 셈이다.

북한과 연접한 만주의 미개발지역에 창지투 공정류의 개발과 소련의 가스관 통과 등이 성사된다면, 여러 면에서 대륙과의 통로가 열리게 될 것이다. 한·중·러의 접경지역 개발이 극동지역의 마지막 광역자원지대에 적극 참여하는 길도 열려 있다. 그들이 나진·선봉으로 해양 루트를 개척한 것처럼 극동의 요지인 만주지역으로 우회 투자 진출을, 시베리아로는 자원 개발과 물류 연계로 대륙 진출의 기선을 잡을 수 있다.

압록강변의 집안集安과 졸본성(환인 지역)은 고구려의 고토이며, 고려 말 이성계 장군이 정벌을 나간 지역이다. 그리고 두만강 쪽은 고구려를 이은 대조영의 발해지역이다. 지금도 지린성장吉林省長은 제도상 조선족이 선출되는 조선족의 연고지다.

이렇듯 남만주·연해주는 한민족의 역사 관련 지역이기도 하다. 오늘날 이곳은 절실히 투자가 요구되는 지역이며, 이 지역을 지배하는 자가 극동을 지배한다는 속설만큼 중요한 지역이다. 비록 중국이 실효적 지배를 하고 있으나 이 광활한 지역에의 우회 투자로 깊숙이 진출해 있으면, 극동 지역의 정세 변동에 따라 통일 한국 발전의 배후지로 지배 지역 편입을 구상해 볼 수 있을 것이다.

사회기반구조가 미래 성장 동력이다

인구 대국들이 고도 성장을 하는 사이 한국 경제는 상대적으로 낮은 성장 지대에서 2만 달러 선에 턱걸이 하듯 잠재성장률도 4% 전후로 낮아질 전망이다.

행복 지향·질적 성장을 위해서도 경제성장은 필요조건임에 틀림없다. 지속적인 성장은 국가의 발전 단계인 인구구조·산업구조·국민의식의 성숙도에 따라 영향을 받는다. 다시 말해 성장에도 시기가 있다. 소년이 청년이 되는 시기가 있듯이 선진국 진입 직전에 그 성장 단계를 놓쳐버린 나라들이 많지 않은가.

그러면 어떻게 해야 하는가. 선진국의 성장 패턴은 무형의 사회적 자본에의 의존 비율이 높다. 이를 다른 말로 표현하면 선진국 도약은 사회기반구조(Social Infrastructure)의 질적 향상 없이는 획기적인 성장이 어렵다는 것이다.

요즘의 경제성장 이론이 사회기반구조에 의존하고 있는 것은 행복과 정상 사회로의 회귀를 뜻하는 것으로 보인다. 사유재산제도와 더불어 투명성 사회 그리고 민주주의와 시장경제의 기본 가치에 대한 믿음, 즉 사회적 신뢰를 내용으로 하고 있다.

선진국 진입의 대전제는 두 가지로 간소화 해보면, 최소한 소득 수준 배증으로 4~5만 달러에 진입해야 한다. 이를 위해서는 여러 갈등을 봉합할 사회적 신뢰를 쌓고, 인치人治가 아닌 법치주의를 확립하는 길이다. 이제 남은 다음 세대 재도약의 기반은 법질서와 신뢰사회를 바탕으로 하는 사회적 자본이 국부 증진의 핵심이 될 것이다.

2012년은 여러 변화 요인이 많은 해이다. 주변의 주요국을 포함하여 한국에도 지도체제의 변화가 다가와 있다. 이는 국민의 선택 기회이기도 하다.

이제 다음 정부가 꼭 이행해야 할 기준을 말해 보겠다. 그 기준은 결코 어렵지 않다. 가장 단순하게 모든 국민이 헌법이 정한 3대 의무에 충실하면 된다는 결론이다. 납세의 의무, 국방의 의무, 교육의 의무이다. 뒤집어서 탈세한 자, 병역 기피자, 의무 무교육 미필자는 공직에 있어서는 안 된다. 특히 납세의 의무와 국방의 의무는 기본 의무이다.

가진 자의 납세 의무 불이행, 공직자의 병역 의무 해태나 특혜·기피 사실이 있다면 일반 국민들은 분노한다. 미국의 투르먼 대통령과 존 F.

케네디 대통령은 병역 의무를 이수할 체력이 미달이었으나 공군과 해군장교로 복무를 했다. 한국의 많은 정치인 공직 지도자들이 면제 연기 특전으로 고의로 병역의 의무를 회피한 방법이 대조적이다.

경쟁사회로 놓고 보면 불공정 행위다. 피할 수 없는 샐러리맨의 갑근세는 정확히 수납하면서 가진 자의 절세 방법이나 탈세 행위를 본다면 월급쟁이가 가련하다. 따라서 남은 제3의 성장 동력 사회기반구조의 핵심인 법치주의 실천은 바로 국민의 3대 의무에서 시작된다. 이것은 가장 기본적이고 쉬운 예에 지나지 않는다. 아직도 존재하고 특권층과의 소통 문제, 소득의 양극화로 중산층이 줄어드는 현상, 대기업 체제와 중소기업의 대칭적 양극화 현상, 치열한 경쟁사회의 누적된 피로감 등이 거대한 분노와 체념을 낳고 있다.

혁명에 가까운 전자문명의 소통 수단으로 인터넷 공간이나 SNS 내용을 들여다보면, 증오의 화풀이 장에다 근거 없는 루머나 음해성 글로 가득하다. 선善 기능보다 치졸하고 비생산적인 경우가 많다.

전자 매체의 익명성에 의존하는 행태를 진정한 소통을 위해 공론의 장으로 나오게 해서 세련된 토론문화로 질적 전환을 해야 한다. 반대 의견을 듣고 토론을 허용하는 것이 국민 정서를 순화하고 결집하는 첫걸음이 될 것이다.

마이클 샌델 교수가 쓴 『정의란 무엇인가Justice』가 한때 서점가를 점령한 사건은 매우 충격적이다. 재미없고 딱딱한 주제의 철학교수 강의록이 20~30대의 젊은 층이 지배한다는 소식에 놀람과 희망을 가져 보았다. 우리 사회의 '정의에 대한 갈증'을 느껴왔던 신세대의 신선한 열망에 동조하고 싶다.

고 케네디 대통령의 어록이 생각난다. "나라가 무엇을 해줄 것을 묻지 말고 나라를 위하여 무엇을 할 수 있는가를 물어 달라(Don't ask what the country can do for you, ask what you can do for the country)"는 연설은 지금도 호소력이 있다.

앞으로 다가오는 세상은 진솔한 의무 이행에서 시작해 공정하고 정의로운 사회, 샌델 교수가 주장하는 '공동선의 정치'로 구상한다는 이야기가 가슴에 와 닿는다. 지도자는 세기를 조망하는 지혜로 미래의 그림을 그리고 모두가 희망하는 창조적인 꿈을 꾸게 해야 한다.

고위 공직자, 국제 기업의 상층부, 국회의원 등 사회의 지도층 노블한 계층이 진정으로 의무를 다하고 솔선수범하는 노블리스 오브리주Noblesse Oblige 시대로 들어서야 한다.

청부淸富의 향기가 나는 계절에 살고 싶다.

Ⅲ부
평화의 DNA

6장.
문화적文化的 자원화와 세계 문명 기여론

역사의 원류를 찾아 홍익인간弘益人間 사상의 복원

고대사의 재인식

우리 역사는 반만 년 이어온 긴 역사 속에 살아 온 세월을 헤아리면서도 구체적인 역사적 사실을 인정하지 않으려는 경향이 짙게 깔려 있다.

제도권에서는 개천절이 4대 국경일의 으뜸이고, 국조개국일을 카운트해서 단기를 병용倂用해오다가 세계적 추세에 따른 발전적 편의성에 따라 서기로 단일화 했다. 그러나 일상의 공식 일정으로 사용하지 않은 것뿐이지 단기가 없어진 것은 아니다. 금년이 그 셈법에 따라 단기 4345년(2012+2333년)으로 진행될 뿐 아니라 대한민국 초대 대통령은 단군 연호를 법령으로 채택·사용했다.

『인간 단군과 한국 고대사를 생각한다』를 저술한 최태영 박사는, 1900년 황해도에서 출생하여 한일강제병합까지 10년간을 고종 황제 치하의 대한제국에서 어린 시절을 보낸 살아있는 역사의 증인이었다. 그도 그때까지 국조 단군의 개국과 면면히 이어온 반만 년 역사를 의심하는 자가 없었다고 기술하고 있다. 그가 "늦게 역사 특히 고대사 연구에 몰입하게 된 것은 한국 역사에 고대 산물로 근·현대에도 그가 보고 겪은 바로는 왜곡되고 착오된 것이 많아서 반드시 바르게 복원해 놓아야 한다. 그래야 후손이 자부심을 가지고 새 기운을 낼 수 있다"고 서문에 쓰고 있다.

단군 역사를 설화나 신화로 하거나 아예 존재 자체를 부인하는 행태는 일제의 식민사관으로 심하게 왜곡된 상태를 광복 후에도 그 훼손을 이전 상태로 되돌려놓지 못하고 있는 것을 개탄한다. 오늘날 사학계에서도 논쟁이 끊이지 않으나 오랜 시간에 걸쳐 훼손되고 왜곡된 사관으로 재구성된 한국사를 뛰어 넘는 데는 자료의 빈곤이 결정적인 요인이 된 것이다.

참고로, 사서의 폐기 사례는 기록에 의하면, 『삼국사기』를 쓴 김부식에 의한 역사서의 폐기가 그 첫 번째다. 사대주의자인 그는 역사 자료를 수집해서 중국의 사조에 반하는 것은 폐기했다는 것이다. 그 이후 병자호란에 의한 약탈과 파기 훼손이 컸다고 한다. 그리고 조선조에 들어와 왕정 강화를 위해 왕권 수립에 몰두해 온 태종(방원)이 수만 건의 사료를 조직적으로 수거하여 폐기했다는 것이다. 대단한 실수를 저지른 것이다.

8년의 임진왜란 기간 몽진과 약탈로 많은 사서가 폐기되고, 주요 보물 자료는 일본으로 반출되었을 것으로 추정된다. 그 이후 결정적인 역사 개조와 위작이 일제침략사가 아니겠는가.

고대사의 기록이 없다고는 하나 비록 사대주의자가 지은 『삼국사기』에도 고구려가 국사 『유기留記』 100권을 1세기경 편찬했다는 기록이 있다. 백제도 4세기경 고흥의 『백제서기』가 편찬되고, 신라는 6세기경 거칠부가 『국사』를 편찬하였고, 고려는 『왕조실록』을 편찬한 기록이 분명히 있다. 그러나 이들 사서는 현재 남아 있지 않고 없어진 내용을 인용한 다른 사서가 남아 있을 뿐이다. 불공정한 사대주의자 김부식은 피해갔지만, 몇 안

되는 단군의 고조선 개국 기록으로는 12세기 고려의 승려 일연이 남긴『삼국유사三國遺史』가 최초의 기록이 된다.

일연도『삼국유사』에서 주관적으로 쓰지 않고 중국의 사서를 인용하여 "위서魏書에 이르기를 지금으로부터 2천 년 전에 단군왕검이 있어 도읍을 아사달에 정하고 나라를 개창하여 이름을 조선이라 하니 요 임금과 같은 시기이다"라 적고 있다. 신용하 교수는『삼국유사』의 이 부분, 단군 고조선 형성 과정에 대해 "이 기록은 중국 역사서의 하나가 역사적인 사실을 담담하게 기록한 것"으로, 여기에는 신화나 설화의 요소는 한 군데도 없다고 했다.

『삼국유사』를 지은 일연은 이『위서』의 기록을 그대로 전제하여 인용한 것이라고 했다.* 또한 일연은『삼국유사』에서『고기古記』를 인용해 환국 신시대의 3상5부三相五部제도로, 바람(風伯)·비(雨師)·구름(雲師)의 3상과 생명·곡식·질병·법·선악팔단의 직책 등 정부 조직도 언급하는 등 상당히 구체적인 면을 보이고 있다.

고조선의 강역에 관해서도 많은 의견이 갈려 있다. 우선 대동강 기원설, 요하·요서 기원설, 이동설, 요하·요동에서 반도로 내려와서 대동강으로 이동한다는 절충설 등 많은 설이 있다. 고증과 연구를 통해서 바른 답을 찾아야겠지만, 많은 고증 자료와 유적 등의 발굴이 누적됨에 따라 난하와 릉하·요하 유역에서 이동하는 모습이 그려지는지도 모른다.

단군 즉위, 즉 개국 원년에 관해서도 몇 가지의 사서 기록은 혼선이 있었으나 조선조『동국통람東國通濫』에 와서 요 25년 무진년으로 보아온 것이 통설로 자리 잡고 있다. 지금 우리가 사용하고 있는 기원전 2333년이 단기 원년이 된다. 이 모든 이야기는 문자가 전해지지 않은 4000년 내지

---

* 신용하,『한국 민족의 형성과 민족사회학』, 지식산업사, 2001.

5천 년 전의 역사가 후대 사학자들의 기술에 의해 기록된 역사 자료와 사서에 의한 것으로 된 것이다.

우리 사료로는 최고의 사서가 일연의『삼국유사』와 거의 동시대인 이승휴의『제왕운기帝王韻紀』(1287년), 정도전의『조선경국전朝鮮經國典』,『세종실록』, 성종 때(1484년)의『동국통람東國通覽』으로 이어지는 단군 기록의 전승 관계를 돌아본 것이다. 부족한 고조선의 기록들은 발굴되고 전래된 고고학적 자료를 통해 부족한 문서 기록을 물질 자료로 보충하고, 여러 갈래의 사학계 논증을 뒷받침하는 고증 작업이 계속되어야 한다.

사학계의 통설이 아닌 통설은 고대 정부 구성 시기를 신석기 후기인 청동기시기로 본다고 한다. 그러나 최근 2400~2500년대로 올라간다는 사료에 의하면, "고조선은 청동기시대 요하 유역을 공간 범위로 성립되고 전승되었다. 요하 유역의 비파형동검문화와 대동강 유역의 세형동검문화가 이후 부여와 고구려·백제·신라의 고대문화 형성의 바탕이 된 것을 밝혀내었다"고 한다.*

또한 단군의 신화적 요소는 고려 후기의 몽골 침입 등 국난을 당해서거나 불교의 전래라는 사회적 환경 속에서 작위적으로 만들어진 것이 아니라 이미 고조선시대에 단군왕검, 즉 제왕을 중심으로 한 지배 집단이 왕정의 권위를 신격화함과 동시에 국가 통합을 위한 이데올로기적 장치로 형성되었다는 것을 밝히고 있다.**

한민족 고유의 건국신화인 단군신화가 고려 말기의 난국 상황에서 승려 일연과 유학자 이승휴에 의하여 각기 다른 시각차에서 기술된 사서임에도 단군을 건국 시조로 인식하는 틀에서는 생각이 같다. 이와 같은 단군 인식

---

* 동북아역사재단,『고조선·단군·부여』, 2004. 11. 간행.
** 앞의 책.

은 신생 조선 왕조의 건국과 함께 조선朝鮮 승계 의식으로 분명하게 정립되면서 조선사회에 널리 받아들여지게 된다.

정도전은 『조선경국전』에서 조선 국호 사용을 제시하면서, 국가의 기본 법전에서부터 중국과 대등하게 역사 공동체가 출범한다는 것을 의미하는 조선 계승의식을 수용했다. 그러나 '조선조의 단군은 동방에서 처음으로 천명을 받은 임금'이고, '기자箕子는 교화를 일으킨 임금'이라 하여 조선 왕조 군주권의 정통성을 천명함과 동시에 교화에 의한 통치를 설정하고 단군과 기자를 국가적으로 제사할 것을 건의한다는 기록이 있다.

중국 대륙의 명·청明·淸 교체기에 많은 변화가 있었으나 문명 대국에 대한 모화暮華사상 때문인지 조선 성리학자들이 기자정통설箕子正統說을 신봉해 단군은 소홀히 밀려나 있었던 것이 사실인 듯하다. 그러나 19세기 들어 청대 고증학의 영향을 받아 단군 인식에도 변화가 일어난다.

실학의 석학 정약용도 『강역고疆域考』에서 3 조선설로 단군조선을 이해하지만, 우리 문화의 기원을 기자조선에서 출발한 것으로 보았다. 문헌 고증에서 단군의 역사성이 문제가 되면서 19세기 후반 조선사회의 근대화 과제가 대두되고, 제국주의 침략의 야욕과 더불어 단군에 대한 인식에 급격한 변화를 맞는다. 다만 『천자문千字文』 다음에 읽는 『동몽선습童夢先習』에서 기술된 단군의 국조國祖사상은 확고하다. 당시를 살아왔던 최태영 선생이 최초 증언하는 대로, 고종 시절까지 고조선을 의심하는 사람이 없었다고 한 것을 다시 강조하고 싶다.

오늘날 젊은 역사학자들까지도 문헌 고증 기록에 약한 고조선을 인정하지 않으려는 풍조는 이해할 수는 있다. 그러나 제국주의 침략 세력의 조직적인 역사 왜곡의 영향력을 감안하고 점증하는 고고학적 검증 자료의 누적 현장을 고려하여 역사 재인식의 과제를 다시 풀어야 한다.

돌이켜보면 일제강점기인 1930년대 중반기에 빈곤한 역사 자료와 열악한 환경 속에서 『조선상고사』를 집필했던 신채호 선생의 핏자국 어린 역사 복원 기록을 일거에 민족사관의 역사학자로 몰아버린 강단 사학자들의 오만에는 동의하기 어렵다.

기록 사료가 없기 때문에 믿지 못한다기보다는 주변 역사의 반증 사료나 넘쳐나는 많은 물적 고증 자료로 보나, 있었으리라는 생각이 가는 것을 지워버리는 것은 옳지 않다는 함석헌 선생의 뜻에 따르고 싶다.

4대 세계 문명의 발상지에 등장하는 많은 설화에서나 항차 로마의 건국 이야기에 이르러서도 신화적 요소가 있기 마련이다.

널리 인간사회를 이롭게 하다

많은 역사 자료의 공개로 대한민국 독립의 디딤돌이 된 카이로 선언의 명시적 독립 조항은 제2의 독립선언문으로 일컬어지고 있다. '카이로 선언'으로 재조명된 Korea의 독립 조항은 한국이 전승국의 대열에 들지는 못했지만, 프랭클린 루스벨트 당시 미 대통령의 특별한 의지로 끝까지 살아남았다.

놀랍게도 한국을 그들의 종속국으로 인식하는 장개석莊介石 총통의 반대에도 불구하고, 그리고 수많은 식민 국가를 거느린 영국 처칠 수상의 눈치를 보면서도 한국의 독립 조항은 끝내 살아남아 스탈린의 사후 동의를 얻어낸다. 전승국의 식민지가 아니었다는 이유로 명시적인 독립 조항이 가능했던 아이러니가 한국을 건져낸 것이다. 비록 뒤늦게 참전한 소련 스탈린의 흉계로 북반부를 포함한 온전한 독립 정부에는 실패했지만, 모든 유라시아의 소련 접경국들이 소련의 공산 정권인 위성국으로 들어간 상태에서 오직 하나 아시아 대륙 끝머리의 대한민국만이 분단 상태에서 민주정부의 탄생이 가능해진 것이다.

우리는 이렇게 광복되고 나라를 되찾으며, 단군에 대한 예우도 광복으로 큰 변화가 일어난다. 1948년 대한민국 정부 수립으로 민주주의와 민족주의 국가 이념화 과정*에서 독립운동의 마니아이며, 당시 국제 정세에 형안을 갖은 이승만은 조선시대 내내 기자箕子에 밀려나 있던 단군을 나라의 조상(國祖)으로 모시고 단군연호를 되찾아 놓았다. 신생 대한민국의 국조 단군의 복원은 좁은 국수주의적 개념보다 단군의 건국이념인 홍익인간弘益人間 사상의 재탄생을 뜻한다.

널리 인간 세계를 이롭게 한다는 재세이화在世理化 홍익인간의 이념은, 조선시대 사서들도 단군 건국을 서두에 기록해 놓고도 성리학적 사대事大, 모화慕華사상의 지식 체계에 가려 비하되어 왔다.**

한편 단군사상의 신화적인 요소를 배제하려는 유교적 합리주의 소산이라고 보는 소극적 견해를 뛰어 넘어 현대적 국가이념으로 재해석 하게 된다. 홍익인간의 건국이념을 공식화 한 것은 상해임시정부가 최초이다 (1941년). 임시정부는 대한민국 '건국이념'을 반포하면서 그 총강에, 우리의 건국정신은 "홍익인간과 이화세계理化世界하자는 우리 민족이 지킬 바 최고 공리公理"로 규정하면서 대한민국임시정부 건국이념의 바탕을 삼는데서 시작한다.

대한민국 정부가 수립된 뒤 1949년 12월 31일 교육법이 제정 공포되면서, 그 교육법 속에서 공식 교육이념으로 자리 잡게 된다. 교육법 제1조에서

---

* 이영훈, 『대한민국 이야기』, 기파랑, 2007.
** 정신문화연구원, 『홍익인간 이념의 유래와 현대적 의의』.

교육은 홍익인간의 이념 아래 설정된 것임을 명기하게 된다.[*]

고조선시대 단군의 건국이념이 광복과 더불어 제도적으로 복원되어 법령뿐 아니라 단군연호 사용과 더불어 개천절은 10월 상달의 국경일로 지정되었다. 그러나 세계 추세에 따라 서기연호에 대체되어 단기연호는 사용되지 않게 되고, 개천절은 정부 행사로 형해화形骸化 되어 가는 안타까운 현실을 보고만 있을 수는 없다.

첫 번째로, 고대 상고사에 대한 인식 부족과 위대한 홍익인간 사상에 대한 연구 부족을 들 수 있다. 역사 기록에 지나치게 의존함으로써 고조선시대 2000년이 사라질 위기에 처한 대단히 잘못된 인식 체계가 그것이다.

고고학계의 매장문화 발굴로 한강 유역(역삼·가락·암사동과 미사리)에서 BC 40세기의 신석기시대 유물인 빗살무늬토기가 발굴되고, 경기도 양평군 상가포리에서는 비파형청동단검이 출토되었다. 이는 BC 30~25세기경의 것으로, 이때 한반도에도 청동기문화가 시작되고 있음을 보여주고 있다. 이보다는 다소 늦으나 만주 일원의 많은 유적의 발굴로 보아 한반도 중심의 고대국가는 BC 2333년보다 더 일찍 건국될 수 있었고, 신화로 되어 있던 홍익인간의 지위도 신석기 및 청동기시대의 유물이 발굴됨에 따라 5천년의 실증적 역사는 증명이 된 셈이다.[**]

북한 고고학계의 발굴 보고에 의하면, 대동강 유역에서도 BC 30세기 초 중엽에 이미 청동무기가 사용되었음을 증명하는 유물(비파형청동창끝)들이 발굴되어 과학적인 논증의 근거를 더해주고 있다. 세계적으로 고대국가가 성립하는 시기는 석기문화가 끝나고 청동기문화가 일어나면서부터라고 한다. 청동기를 먼저 사용하는 부족의 나라가 출현한다고 한다.

---

[*] 강무학, 『한국인의 뿌리 : 자료로 해부한 한국학』, 금강서원, 1990.
[**] 손대현, 『한국문화의 매력과 관광의 이해』, 일신사, 2008.

손대현 교수는 철학자 하이데거 어록을 인용하면서 "고조선은 가장 평화적인 방법으로 2천년이 넘게 아시아를 통치했던 국가"라 했다.*

우리 민족에게는 홍익인간 이화세계의 정신으로 광대한 고조선의 강역을 다스리던 위대한 역사와 문화가 있다. 우리들이 찾고자 하는 것은 바로 단군시대의 홍익인간 사상에서 한국인의 뿌리, 한국인의 원형을 찾고자 하는 것이 그 두 번째이다.

중국은 물론 일제는 유구한 우리 역사를 인정하려 하지 않았다. 그들보다 앞선 역사와 문화를 싫어할 뿐 아니라 한국사를 말살하고 단군을 신화로 조작하면서 강점기에 관련된 고대사서 20만 권을 수거해 소각하는 만행을 저질렀다. 식민사관 위에 수십 년에 걸쳐 조선사를 조작 편찬해 냈다. 이것이 광복 후 그대로 한국사 대관에 담겨 있다. 이 사관을 믿고 기록이 없는 역사를 인정하지 않으려는 역사관이 과연 옳은 행동인가. 남은 기록과 여러 유적의 발굴사로 수십 세기를 다져 온 구전체口傳體의 사실들, 인접국 사서를 모아서 확실히 있었으리라는 믿음을 가지고 우리의 고전 고대사와 마주쳐야 한다.

우리를 황홀하게 하는 홍익인간 사상의 최초 기록은 『삼국유사』 「고조선」 편에 나온다. 일연은 『고기古記』를 인용 '삼위태백가이홍익인간三爲太白可以弘益人間'으로 삼위태백을 내려다보니 널리 인간을 이롭게 하라는 단군의 건국이념을 담담하게 수록하였다. 홍익인간은 널리 모든 사람을 이롭게 하는 것이다. 현대적인 법 개념으로 말하자면, '최대 다수의 최대 행복'을 일컫는다. 더 넓고 더 클 수 없는 무한대의 이익, 인류의 영원한 이념, 전 인류사회의 평화와 행복이 그것이다.**

---

* 주돈식, 『처음 듣는 조선족의 역사』, 푸른사상, 2010.
** 최태형, 『한국 고대사를 생각한다』, 눈빛, 2003.

단군 기록 특히 홍익인간에 대한 자세한 기술은 없으나 고조선시대의 농경문화를 주축으로 한 고조선의 독특한 창작문화인 홍범구주洪範九疇 이야기가 전해지고 있다. 기록이 부족하나 위대한 이념인 홍익인간의 뿌리를 찾는 노력은 계속되어야 한다. 얼이 담긴 이념, 즉 과거를 못 찾으면 제대로 된 미래를 찾아가기 어렵다.

단군 기록과 홍익인간의 기록도 『고기』를 인용하고 있으나 문헌상 자세하지 못하여 부득이 중국 사서史書나 문헌에 의존할 수밖에 없다. 불행 중 다행히 중국문화의 대종을 이루게 된 홍범문화洪範文化는 고조선에서 도입된 홍범구주가 주周나라에 전해지면서 중국문화로 형성된 흔적이 뚜렷하다. 이를 통해서 홍범의 문화를 간추릴 수 있다는 강무학 선생의 논증은 새로운 실마리를 제공하는 듯하다.*

고조선 건국시의 홍익인간이란 만민에 큰 이익을 준다는 뜻이다. 즉 군왕은 만민을 위하여 민본정치民本政治를 하기 위해 홍범구주의 기강에 의거하여 통치하는 제도가 곧 홍익인간이다. 그러므로 홍익인간이란 곧 '홍범구주'를 기본으로 하는 정치를 상징하는 말이다.

홍익인간의 근본이 되는 홍범구주는 3000년 전에 기자箕子가 조선에서 시행되고 있는 홍범구주를 주周 무왕武王 13년에 가져가 헌상한 것이다.** 주나라 무왕은 이를 숭상하여 국가 통치제도의 기본으로 하여 주나라도 이때부터 홍범구주의 통치시대가 시작된다.

洪範의 9강목綱目에 걸친 통치이념 중 세 번째 항의 농용팔정農用八政은 고조선의 정전제井田制 등 고도의 정치제도를 포괄하고 있다. 춘추전국시대의 공자도 홍범구주를 높이 평가하고 고조선을 칭찬한 기록으로 보아

---

* 강무학, 『홍익인간론』, 명문당, 1983.
** 앞의 책, 24쪽.

이때 이미 앞선 문명이 존재하고 있었다는 것은 확실하다. 한漢나라의『예문지藝文誌』에도 홍범구주를 천하를 다스리는 척도로 삼아 서두에 그 전문 65자를 그대로 수록해 전수하고 있다.

중국의 고대문명이 이런 과정을 거쳐 소위 중화문화가 완성된 것이라면, 주나라 이전의 고조선에는 홍범문화가 벌써 개화기에 있었던 것을 반증하는 것이라 할 수 있다.*

* 洪範九疇 : 原文 65字
初一曰五行. 次二曰敬用五事. 次三曰農用八政. 次四曰協用五紀. 次五曰建用皇極. 次六曰乂用三德. 次七曰明用稽疑. 次八曰念用庶徵. 次九曰嚮用五福. 威用六極('西經' 洪範篇)

한국인의 원형을 찾아서

우리가 늘 말하는 고조선의 발상지와 웅대한 고구려의 기상을 회상해 보는 역사 탐방에 참여하는 귀한 기회를 가졌다. 우리들의 여정은 천진공항에 내려 육로로 북상하면서 만리장성의 동단기점인 산해관山海關 서북지역 고조선시대의 유적지인 조양을 거쳐 고구려의 발상지인 환인桓仁 집안集安을 향하는 가슴 벅찬 옛 선조들의 강역을 두루 살피게 된다.

광복 후에도 제대로 된 고대사를 볼 수 없고, 수없이 많은 유적과 유훈에도 불구하고 그리고 끝없는 역사의 훼손에서 바른 역사를 복원해 가는 노력조차 힘을 얻지 못하는 현실을 개탄하면서 조상들의 숨결이 느껴지는

---

* 강무학 강론.

역사의 현장 고조선의 강역에 들어가는 감격은 이루 형용할 수 없다.

천진에서 진황도 산해관에 이르는 길들은 잘 정리되어 끝없는 옥수수밭 평원을 가로질러 가다보면 난하灤河에 이른다. 아, 난하! 여기가 그 경계인가. 좁아 보이지만 홍수 시에는 넓은 하상을 뒤덮는 델타 모습이다. 하북성河北省 북부 몽골고원 남부에서 발원하여 동남쪽으로 흐르다가 연산산맥燕山山脈을 가로질러 하북평야를 거쳐 발해만으로 들어간다.

난하의 감격은 황당하리만큼 넓은 고조선의 서쪽 경계라 설정하는 학자들이 늘어가고, 부족한 문서 유적보다 발굴되는 유물에 따라 그 범위가 획정될 수도 있기 때문이리라. 더욱이 당시 지명이나 강 이름이 지금의 이름과 일치하지 않은 경우가 많아 특히 국경지역이 패수浿水라는 기록(『사기』, 『조선열전』) 등 혼란스런 경우가 있다. 그러나 여러 기록과 상황 증거로 보아 패수는 한반도 안의 강이 아닌 것이 분명하다.

난하의 흥분은 다시 창려현의 갈석산碣石山에서 재현되는 듯하다. 주봉은 선태산仙台山으로 해발 696m이다. 평지에 솟은 산으로. 발해와 15㎞ 떨어진 곳, 연산산맥의 한 자락으로 솟아오른 한 덩어리의 거대한 바위산이다. 아래로는 수암사水岩寺를 품고 있으나 꼭대기에는 군사시설로 보이는 구조물이 보인다. 수암사의 유래는 알 수는 없으나 입구의 콘크리트구조 건축물들은 중국 특유로 만들어가는 역사 유적을 떠올리게 했다.

기원전 3세기, 동방을 순행하던 진시황이 갈석산에 올라 '갈석문'이라 새긴 이래 아홉 명의 황제가 천고의 수수께끼를 풀려 했던(九帝登臨千古之迷何解) 신비로운 산이다.

구제九帝 중에는 조조曹操가 요서지역을 점령하고 개선하는 길에 산에 올라 시조를 남겼고(觀滄海步出夏門), 근세에는 1950년 모택동이 이곳에 올라 시구를 새겨 놓은 것을 볼 수 있었다. 갈석산 중턱에서 바다를 바라보면서 왜 우리가 숨 가쁘게 이곳에 섰는가를 생각해 보았다.

모택동의 글비 그리고 진시황의 순행 때문인가. 왜 고대의 아홉 제왕과 현대의 모택동이 왜 이곳에 올랐을까도 생각해 보았다. 아마도 바다와 산으로 구획된 국경지대를 조망하는 요충지에서 그들의 국가 전략을 생각했으리라. 그러나 우리에게는 새삼스럽게 고조선의 국경 그리고 시황제로 시작되는 역대 한족漢族과의 경계임이 점점 분명해지는 곳에 온 것 같다.*

난하가 고조선의 서남西南 국경이라 해도 요수·난하·패수 등의 영역이 규명되어야 한다. "강은 바뀌어도 산은 바뀌지 않지만 그 이름은 바뀐다"는 사가들의 이야기를 경청하고 규명하는 것이 중요하다.

다음 목적지인 산해관을 향해 당산 톨게이트를 나오면서 정말로 많은 차량들 속을 뚫고 달리는 중국의 물류 물동량에 놀랐다. 이를 증명이라도 하듯 톨게이트에 이르고 보니, 객차로客車路와 화차로貨車路의 출구가 2 : 10인 고속도로를 지나온 것이다.

갈석에서 30㎞ 지점의 이 도시는 중국의 최고위층인 주석·전 주석·주요직 권력층이 모여 일년에 한두 번씩 공부하는 곳으로 알려져 있다. 준비된 중요 자료로 토의하고 지도자를 간택하는 일도 한다고 한다. 오늘날 중국 지도층의 선발 방식은 경쟁적이고, 중국식 민주주의의 일면을 보는 듯한 곳을 스쳐간다. 이곳이 바로 북재하北載河이다.

이제 만리장성이다. 바닷가에 천하제일관天下第一關, 즉 만리장성의 동단 산해관의 웅장한 모습이 나타난다. 여러 왕조를 거쳐 쌓아온 만리장성 그리고 동단 산해관은 14세기 초 명나라 때 쌓은 것으로 자주 싸움터가 되어 왔다. 명나라 말기 청나라의 침입 때 끝까지 항거했으나 청나라 군의

---

* "秦帝國의 영토는 동으로 대해와 朝鮮에 이르렀고, 서쪽으로는 임조시와 光中에 이르렀으며"―『사기』의 「진시황본기」.

승리로 역사가 바뀐 곳으로 유명하다.

산해관을 지나 수중현綏中縣 발해와 접한 곳에 유명한 갈석궁碣石宮 터가 있다. 진시황의 해궁으로 기원전 2세기에 세웠던 것인데, 만리장성 동쪽 끝이 고조선과의 경계라는 점에서 중요 지점일 수 있는 곳이다.

금서錦西·사과둔沙鍋屯 유적 답사의 감격, 이번 여행 중 우리와 관련된 가장 오래된 유적지이며 인솔 교수인 복기대 선생의 해석은 빛났다. 길조차 희미한 산길을 따라 올라간 곳이 요녕성 금서현錦西縣에 있는 석회암 동굴 유적이다. 1921년 스웨덴 고고학자 요한 G. 안데르손Johan Gunnar Andersson이 조사하여 보고한 것이다. 동굴 길이 6m, 너비 2~3m의 동굴에서 인골人骨 47구와 골침骨針, 가지무늬토기(彩陶) 등이 부서진 상태로 발굴되었다. 중국 정부가 1985년 12월 유적을 확인하는 작은 비석을 세워 놓았다.

복기대 교수의 견해로는 홍산문화紅山文化의 첫 발굴지로 볼 수 있다고 한다. 북방민족 공통의 동굴숭배 사상과도 관련된 고대문화의 일면일 수도 있을 것이다. 기원전 6000~5천년으로 추정된다고 보면, 적봉시 부근에서 발견된 대표적인 신석기시대 문화유적인 홍산문화보다 앞선 것으로 추정하고 있다. 그곳의 신민촌先民村 유물의 연대가 기원전 4000~3000년 경에 해당한다고 본다.

홍산문화는 그 내용이 한족漢族문화와 확연이 다르다는 점이 중요한 의미를 갖는다. 이번 답사에는 포함되어 있지 않으나 조양 북방의 적봉 오한기 지역에서 출토되는 유물이 고조선 제국의 힘을 지탱하는 중심 지역이었음을 보여주었다고 한다. 기회가 되면 꼭 가보고 싶은 곳이다.

이어 라마동喇麻洞 유적으로 이동하였다. 요녕성 북표시北票市 남팔가향南八家鄉 언덕에 위치한 대형 무덤이다. 300여 기가 집중 발굴된 라마동 묘지에서 인골 등을 토대로 형질 인류학적으로 분석한 결과를 보면, 송화

강 유역에서 온 부여 사람으로 추정하는 견해(길림대 주흥 교수)도 있다. 라마동 무덤의 발굴은 1996년 중국 10대 고고학 발견 중 하나로 지정될 만큼 중요한 유적이다. 이 무덤의 언덕 아래는 대릉하大凌河가 흐르고, 조양시와 30㎞ 지점에 위치하는 등 고조선의 활동지역 내에 있다는 점에서 관심의 대상이 되는 지역이다.

이번 답사 중에는 빗속을 뚫고 다닌 곳이 많았지만, 넘치는 물로 부신박물관에 접근하지 못한 것이 아쉬웠다. 남북문화의 경계로 본다면 부신 지역이 고조선 기층문화의 북방 한계선으로 볼 수 있는 지역이다.

부신에서 심양으로 향하면서 남북으로 뻗은 의무려산醫巫閭山을 지나치게 된다. 동북지역 3대 명산의 하나일 뿐 아니라 의무려산의 중요성은 이로 인하여 요동지역과 요서를 갈라놓게 된다. 의무려산 동쪽 지역에 의무려산 산신山神의 사당인 북진묘北鎭苗에는 많은 유적과 비석 등이 정비되어 있다. 뿐만 아니라 의무려산이 태백산太白山으로 표기되어 고조선 시절의 신단수와의 관련을 연상케 하는 표지물이 발견된 것이기도 하다.

중국에서 학위를 한 복기대 교수는 많은 사적에 깊은 관심을 가진 현장을 중시하는 학자답게 역사의 현장을 심도 있게 소개하며 많은 연상작용을 가능케 한다.

이제부터는 옛 고구려 지역을 향하여 고구려 유적지를 답사할 차례다. 심양을 뒤로 하고 다시 훈강渾江을 건너 요양박물관을 향하면서 요양백탑遼陽白塔을 바라보며 저곳이 요동성 터일 수 있다고 했다. 요양박물관에 당도한 우리들은 적이 놀랐다. 고지도로부터 유물전시실 산성의 그림 등 그리고 요하=패수의 표기, 명도전의 분포 상태 등 나름대로 우리 유적 유물을 잘 보전해주는 듯했다. 우리는 우리 역사로 알고 있는데 고구려를 그들의 역사 속에 담아놓고 있는 것이다. 동북공정을 진행하면서 55개

부족의 하나로 조선족과 그 고대 역사를 그들의 것으로 수렴하려는 모습이 역력해 보인다.

남북이 공히 동북공정의 의도에 대응하는 힘이 부족하다. 오히려 영국의 <더 타임스The Times>지는 당시 동북공정을 비판하는 목소리가 크다. "중국이 고구려를 자기 역사라고 주장하는 것은 영국의 아서 왕 성城을 독일 것이라고 하는 것과 같다." 중국이 고구려를 자국의 역사로 편입시키려는 시도에 대해 2009년 10월 5일자 영국의 일간지 <더 타임스>가 비판하고 나선 것이다. 이 신문은 중국학자들이 북한과의 접경지역인 단동丹東에서 만리장성 동쪽 끝이 발견된 것을 기념하는 행사를 열었다면서 '동아시아의 역사 전쟁'이 시작되었다고 보도했다.*

이와 관련 최근의 상황을 주시하면, 중국은 다시 만리장성의 동단을 확장하면서 그들의 고유 영토를 확장하려는 논리를 쌓고 있는 듯하다. 그렇다면 이곳은 누구의 땅이었는지 분명해진다. 금년이 한·중 수교 20주년의 연륜을 보면서 그냥 보고 넘길 일이 아니다. 중국 동북공정의 고구려·발해 등 자국화 조치는 역사 왜곡이라면 만리장성 확대는 동북공정의 공간적 적용에 해당된다. 이런 일련의 조치들은 일본의 역사 왜곡보다 근원적이고 원색적인 면이 있다.

요양박물관에 이어 본계本溪박물관의 구석기시대 유물 및 고구려의 흥망과 고구려 제일 왕도王都 오녀산성五女山城/졸본성卒本城의 장관 등을 미리 볼 수 있었다. 이렇게 해서 우리는 세계 4대 문명 발상지인 황하문명보다 앞선 요하문명권 지대를 탐방한 셈이다. 이곳이 황하문명의 중원에서는 보이지 않은 신석기시대의 빗살무늬토기, 비파형동검, 적석층의 고인돌 등 유물들이 대량 발굴된 지역인데, 이를 연결하면 고조선의 강역이

---

* 조선일보, 2009년 10월 7일자.

보이는 듯하다.

환인현桓仁縣에서 압록강 지류인 훈강을 따라 10km 지점의 미창구未倉懼 고분에 올랐다. 고구려 무덤 10기 중 1호 고분의 정상에서 본 사방은 마치 안동 하회마을처럼 강이 둘러 처진 곳의 중앙에 우뚝하다. 1991년 발굴된 환인지역 최대 고구려 벽화무덤이란 점이 중요하다. 무덤 안은 확인할 수 없고, 장군 묘로 표기되어 있으나 주변의 소형 돌방무덤이 산재해 있는 등 왕릉에 해당하는 규모의 모습이다.

일행은 훈강을 다시 건넜다. 환인지역 평원에서 823m 높이에 우뚝한 고구려 성인 오녀산성(졸본성)으로, 훈강의 최고 험한 절벽 위에 축조된 전형적인 고구려의 초기 성이다. 경관이 좋을 뿐 아니라 동벽의 옹성이 잘 보존되어 있다. 성 입구에서 오녀산성박물관을 통과하는데, 여기에 미창구 고분의 부장품과 묘실 모형이 실물대로 전시되어 있었다. 교과서 에서 보아 왔던 익숙한 고구려 벽화가 재현되어 있어 우리나라 박물관에 온 듯한 착각을 일으켰다. 경내 버스로 정상 아래까지 가서 가파른 계단으 로 정상에 올라 시원한 산정의 정기를 마시듯 심호흡으로 고대문명을 교감해 본다.

산정 유적지에는 왕궁 터라는 주춧돌이 박혀 있고, 영문으로 병영 터로 표기되어 있다. 궁터로는 좁은 느낌, 수원은 좋은 듯 성수 천지天池가 있고 보존된 온돌구조의 건물터 잔영이 친근감을 더하면서 고구려 성채의 일부 로 남아 있다. 박물관 소개 자료에는 기원전 37년 북부여 왕자 주몽이 졸본(지금의 桓仁)에 고구려를 세우고, 이곳에서 40년을 존속했다고 기록 하고 있다. 2004년 7월, 오녀산성은 고구려 왕성·왕릉 및 귀족 고분의 중요 한 부분으로 세계문화유산에 등재되었다. 자기네 유산으로 당당히 세계문 화유산 명록에 올려놓고 있는 것이다.

고려 후기 강홍립의 고사나 위화도 회군을 한 이성계의 북방정벌로 오녀산성에 이르는 이야기들을 놓고 보면, 고려 후기부터 조선조 중기까지도 우리나라 영역은 최소한 환인지역으로 북상되어 있었다. 압록강지역은 숙종 때 그리고 간도지역은 일제의 남만철도부설권 획득 당시 간도조약에 의해 만주 땅으로 이속시킨 것이니 아픈 역사를 알면 정말로 가슴 아픈 일이 된다.

집안으로 가려던 우리 일행은 연변에서 오는 놀이패와 만나기 위해 또 다른 우리 지역인 통화通化를 추가 답사했다. 그쪽에서도 자주 여행 기회가 없던 차에 같은 호흡을 하는 풍물놀이꾼이 합류하는 모습은 감격적이었다. 놀이와 사물놀이 음률과 춤사위는 또 다른 언어이다. 곧 어울리는 한마당 놀이로 하나 된 동족애를 느끼면서 맞춤, 돌아가는 맞춤은 멋있었으나 익숙하지는 않았다. 몇 사람과 이야기를 나누었으나 우리가 알고자 하는 정보는 쉽지 않은 듯했다.

통화에 마련된 우리 숙소는 중국은행·농업은행·상공은행들에 둘러싸인 금융가 건너편에 있었다. 잘 정비되어 가는 도시로 저 변방 동북삼성 오지까지도 이렇게 활발한데 저 북한쪽은 어떨 것인가.

집안시集安市로 들어가는 입구인 관마산성關馬山城 길을 거쳐 50km 험준한 요새를 지나 막히고 좁게 느끼는 지역에 당도했다. 드디어 사방이 산으로 둘러 처진 압록강변의 옛 고구려 유적 덩어리, 옛 고구려 수도의 하나인 곳으로 들어왔다. 제일 먼저 만난 유적은 광개토대왕릉비廣開土大王陵碑였다. 호태왕릉비好太王陵碑라고 부르는 이 비는 생각보다 웅대했다.

단층형의 대형 비각에 모셔져 있으나 5.6m 높이의 거대한 암석에 사방으로 새겨진 비문들은 식별하기 어려울 정도다. 호태왕릉비는 1884년 쓰러져 있는 비석을 발견하고 이끼 낀 비문을 읽기 위해 소똥을 발라 태웠다.

그 과정에서도 비문 훼손이 있었지만, 변조 훼손에 대한 의문이 끊이지 않는다. 일제가 그리고 중화가 무슨 짓을 못했겠는가. 그러나 이 호태왕릉비는 중요한 몫을 해냈다. 세세히 적힌 사적이 고구려의 진솔한 역사의 산 기록이 된 것이다. 호태왕이 우리 역사를 지켜준 것이다.

호태왕릉비 뒤쪽 서북방 200m 지점에 광개토대왕릉(太王陵)이 있다. 거대한 석재로 방형方形 기단을 쌓고(한 변의 길이 66m), 기단 내부는 깬 돌과 자갈을 채워 본래는 7단까지 쌓은 것으로 추정된다. 현재 높이는 14.8m로 그 형태를 알 수 없을 정도로 파괴되어 있다. 기단 주위에는 거대한 둘레 돌(護石)이 각 변마다 5개씩 받쳐놓은 것이 아주 특이한 모습이다. 문화혁명 때 일부러 파괴했다고는 하나 고구려의 거대한 힘을 느끼게 하는 곳이다.

이어 장군총將軍塚·장수왕릉長壽王陵도 같은 돌무지 돌방무덤으로 가장 잘 보존되어 있다. 기단의 호석이 3개씩이고, 7단의 피라미드 형태로 호태왕릉비보다는 작다. 장군총 1호 뒤의 고인돌 아닌 석관묘의 노출 부분 모습은 굉장하다. 많은 유적 중 그 일부만을 보고 있지만 그 기상을 느낄 수 있다.

고분군 중 다석무덤 5호묘五號墳 지하묘 벽면에는 특이한 수레바퀴신, 소머리신, 용면입신龍面人身의 괴수 등이 연꽃무늬로 장식되어 있다. 천정석에는 청룡과 백호, 즉 용호상박의 모습을 그렸는데 습기로 인해 색이 퇴색되고 훼손된 것이 가슴 아팠다.

환도성丸都城과 국내성國內城은 바로 집안이다. 환도산성은 집안시 통구평원의 서북쪽 집안시에서 2.5km 지점에 위치해 있으며, AD 3세기경(유리왕 22년)에 고구려가 국내성으로 수도를 천도하면서 적의 공격에 대비하기 위해 국내성에서 가까운 산에 축조한 산성이다. 처음 산성의 이름은 위나암성尉那巖城로 고구려의 전형적인 성터이다. 최초 궁터 발굴 현장은 지정한 듯하나 왕궁 터로는 너무 좁다.

평지의 국내성과 환도산성의 관계로 보면 어떨까 생각해 본다. 성하고 분군城河古墳群의 위용은 말 그대로 장관이다. 환도산성 아래 통구하通溝河 골짜기에 1000여 기가 있다고 한다. 대형의 계단식 돌무지무덤으로부터 돌방흙무덤·돌방벽화흙무덤으로 구성된다. 형총兄塚·미인총美人塚·귀갑총龜甲塚과 연화총蓮花塚·왕자총王子塚이 대표적이다. 그러나 묘지가 이동하는 등 옛 모습과 다르다는 이야기들이 듣기에 즐겁지 않았다. 필요에 의해 옮기는 것이 아닌지 안타까운 심정이었다.

국내성은 길림시·집안시 압록강변에 자리 잡은 고구려의 두 번째 평지 도성이다. 『삼국사기』와 『삼국유사』 모두 유리왕 때 졸본성에서 국내성으로 수도를 옮긴 것으로 되어 있다. 중국의 침투에 밀려 용산龍山과 환도산·칠성산이 병풍처럼 둘러싸고 있고, 남쪽으로는 압록강과 통구하를 끼고 있는 배산임수背山臨水의 천연 요새로 옮긴 것이다. 석성으로 이루어진 국내성 안에는 아파트가 들어섰으나 잘 보존된 부분이 많이 남아 있다.

압록강나루에 이르렀을 때 계속 내린 비로 황토색 강물이 강폭을 넓히며 흘러가고 있었으나 북녘 땅은 지척이었다. 강을 사이에 두고 양안에 서면 대화가 가능할 것 같다. 한여름 비가 쏟아지는 가운데 건너 보이는 우리 땅도 푸른 산야 그대로였다. 멀리 막사처럼 줄지어 늘어 선 집들이 보이지만 사람의 모습은 찾아보기 힘들다. 이쪽 땅에는 수많은 관광객이 나루터에 북적이고, 배로 압록강을 누비고 다니건만 건너편은 무반응 무표정이다.

8월 22일의 홍수는 그예 신의주평야를 덮쳐 큰 수해를 입혔으며, 유엔에

구호신청을 했다는 보도다. 우리는 그 날 비 내리는 집안시의 한 식당에서 방목한 소고기로 포식하며 다이어트를 걱정하고 있는데, 저쪽은 기아선상에 있다니 이런 모순이 또 어디 있을까. 압록강 너머의 땅을 자꾸 뒤돌아보면서 비 눈물 속에서 가슴을 쓸어내렸다. 그리고 며칠 후 만포에서 건너온 검은 열차 무리(김정일 일행)가 우리가 밟아온 길을 따라 집안으로 넘어와서 통화를 거쳐 북상하고 있었다(2010년 8월 26일, 0시). 우리가 자유로이 집안에서 압록강을 타고 만포로 가는 날은 언제일까.

집안에서 심양까지 되돌아가는 긴 여정에 나섰다. 중도에 청나라를 세운 누루하치 생가(Qing Yang Tomb)을 답사하고 늦게 심양으로 귀환했다. 이 지역을 총람할 요령성박물관은 월요 휴관으로 관람하지 못한 아쉬움을 간직한 채 청나라의 행궁 심양고궁沈陽古宮을 답사하는 것을 마지막으로 역사 탐방의 막을 내렸다.

역사의 평가는 다시 해나가야겠지만 우리 역사의 뿌리를 찾아간 우리는 누구인지, 우리 역사를 왜곡하고 훼손하려는 역사 침탈의 그늘도 함께 느끼고 돌아온 울분은 지울 수가 없다.

한민족의 창조적 DNA와
원형사관 비교

창의력의 원천

　　우리의 평화사상 건국이념인 단군조선의 홍익인간이란 말은 아무리 들어도 질리지 않고, 아무리 퍼내도 마르지 않는 샘물처럼 한민족의 가슴 속에 있는 깊은 심연이다. 홍익인간 사상은 고조선 건국이념으로 명시된 대로 널리 모든 사람을 이롭게 하는 평화와 감성의 로고이다.

　　고대 홍익인간과 고조선의 풍류도에 연유하는 민족의 연계 고리를 찾아야 한다. 자기 영토 내의 모든 것을 자국화 하는 중화사상으로 지워지고, 식민사관 주입을 위해 말살해버린 민족정기를 되찾아 진정한 창의의 원천을 발원해야 한다. 중화사조, 즉 사대주의와 식민사관을 벗어야만 우리의 적극적인 창의의 DNA를 복원할 수 있다.

　　오늘날 자유분방한 한류 스타들의 세계적인 활약상은 분명 한민족의 문화 유전자가 분출하는 모습을 보여주는 듯하다. 중국인이나 일본인이 갖추지 못한 탄력 있는 동작과 재미있는 스토리는 그들이 갖지 못한 신바람과 신명의 소산이다. 국내 인기 드라마 <대장금>이 동남아를 휩쓸고, 중동지역까지 폭발적인 인기(이란 시청률 85%)를 누렸던 것도 탄탄한 스토리 외에 우리의 감성적 사고가 그들에게도 공감할 수 있다는 높은 가능성을 보여주었다. 이 같은 한민족의 위대한 창의력에 바탕을 둔 세계적인 발명 유전자는 오래 전부터 이어져 왔다.

구텐베르크보다 200년 전에 발명한 현존하는 최고의 금속활자 직지直指*를 비롯하여 8만대장경 목판본의 인쇄문화는 우리 민족의 독창적인 문명 DNA의 발현이다. 또 세종대왕이 창제한 훈민정음 한글은 세계 최고의 문자로 인정되어 세계기록문화유산으로 지정되어 유네스코에 등재되어 있다. 우리나라는 한글을 통해 최저의 문맹율과 강력한 IT 인프라를 구축하여 과학성이 입증된 한글의 세계화도 논의할 수 있게 되었다. 그리고 임진왜란 당시 최초의 철갑선인 거북선의 발명도 기록될 만하다. 돌격선인 거북선과 더불어 이순신 장군의 23전 23승의 전적과 전술 등은 면면히 이어온 우리 민족의 과학기술 그리고 전술적 우월성을 증명하는 우수한 유전자 덕분이다.

넘치는 아이디어와 열정으로 학생들과 기업들이 세계국제발명대회를 휩쓸기도 하고, 치열한 국제 간의 특허 전쟁에서 분투하는 모습을 볼 수 있다. 우리는 국제 특허 괴물들과의 경쟁 속에서도 특허출원 상위 수준의 발명 강국에 올라 있다. 그러나 기술 수준과 질의 문제는 여전히 남아 있는 듯하다. 최근 우리나라 기업이 지불하는 기술료/로열티 지급액이 해마다 늘어나고 있기 때문이다.**

더욱이 선진국들은 특허지식재산권의 중시 정책으로 전환한 지 오래다.

---

* 직지심체요절. 세계에서 가장 오래된 금속활자 인쇄본. 유네스코 지정 세계기록문화유산 중 해당 국가에 있지 않은데도 선정된 유일한 예이다. 하권이 프랑스 국립도서관에 남아 있다.
** 2010년도 기준 10조 원.

최근 미국무역위원회의 제소 내용도 이미 통상적인 반덤핑 제소보다 특허 관련 조사 청구가 넘쳐나고 있다.* 미국과 일본은 이미 1980년과 2003년에 정책 전환을 이루었고, 최근 중국마저 지식재산을 '국가 발전 3대 전략'으로 공표했다.

그러면 우리는 어떤가? 늦었더라도 지식재산권 중시 전략으로 긴급히 정책 전환을 하면서 「지식재산기본법」에 따라 국가 차원에서 위기감을 갖고 발명특허 진작에 나서야 한다. 다시 전래의 발명 DNA를 자극하는 기폭제로 삼아 우리 기업이 수출을 증대해야 한다. 그래서 중동에 지불하는 기름값과 일본에 지불하는 핵심 소재 대금, 미국에 막대한 로열티를 지급하는 순환구조를 바꾸어야 한다.

세계 기업과 경쟁하는 중심에는 기술혁신과 발명을 빼놓을 수 없다. 없는 기술은 기술료를 주고 사오는 것으로 보충한다. 그러나 기술 발명의 원천을 관리하는 제도적인 틀이 특허라는 방파제가 되도록 공권력이 보호해야 한다. 따라서 정부가 청년기업, 1인기업 창조를 권장하는 내용도 우리가 물려받은 발명의 유전자를 촉발하는 원동력이 되어 세계로 나아가는 기업의 추동력이 되어야 할 것이다.

한국은 신비스런 우뇌형 사회인가

개방화 사회, 정보의 바다에서는 정보 독점이 어렵다. 정보의 공유와 인터넷의 개방구조는 정말로 놀라운 변화를 가져왔다.

정보의 사용은 마르지 않는 샘처럼 체증승수효과마저 나타낸다. 이런

---

* 안현실, 「산업정책 읽기」, 한국경제, 2010년 11월 25일자.

변화 속에서 논리적이고 이성적이며 기계적인 사고, 좌뇌 중심적 관행만으로는 융합시대에 호소력이 부족하다. 가슴·정감 등 감성 요소를 접합하지 않고는 빠르고 메마른 사회를 조화롭게 이끌 수 없다. 사회정신의학자인 이시형 박사에 의하면, 좌뇌가 주로 언어적 사고·지성·논리형인데 비해 우뇌는 이미지적 사고·감성·직관형이라는 것이다.[*]

그 동안 500년의 유교 영향과 근대 학교 100년에 걸친 교육은 논리적이고 기능을 중시하는 좌뇌형 교육으로, 경제사회 발전에 필요한 지식 근로자를 공급해 왔다.

뇌과학자들의 연구 결과를 토대로 인간의 성격과 행동적 특징을 좌·우뇌의 특성에 따라 편의상 유형화 한다면, 한국인은 우뇌형으로 진단한다. 그리고 한서대 조용진 교수의 실험 결과에 따르면, 서양 사람에 비해 동양인은 오른쪽 이마가 크다고 한다. 특히 한국인의 70%는 오른쪽 이마가 제일 큰 우뇌안정형으로 분류했다.[**]

여러 요인들을 종합해 보면, 한국은 본원적으로 우뇌형 사회인 듯하다. 우뇌형 사회는 동기가 부여되고 감성이 더해져 신명만 나면 폭발적인 에너지를 쏟아내는 신비스러움이 있다. 창의도 자유로운 감성 그리고 직관력으로 창조된다. 논리적 사고의 결과는 이미 아이디어가 아니기 때문이다. 대표적 우뇌형인 아인슈타인은, 창조란 분방한 감성과 직관의 아이디어를 좌뇌형의 논리적 체계로 수렴(언어화)하는 과정이라고 설파한 바 있다.

한 세기를 넘기면서 세계는 산업사회에서 다시 감성과 문화의 시대로 접어드는 듯하다. 지나치게 좌뇌적 사고로 편중된 사회에서 탈출하는 세

---

[*] 이시형, 『우뇌가 희망이다』, 풀잎, 2005.
[**] 앞의 책 31쪽.

기가 될 것으로 보는 사람이 많다. 이는 과학기술 정보사회로 진입할수록 좌뇌적 주도형이 되면서 컴퓨터·로봇 등 기계문명이 대체해 들어오기 때문이다. 인간 상실과 인간적 교호 감정과 감동이 사라진다. 이것이 인류가 추구해 온 20세기 과학문명 사회의 한계다.

우리는 문화 동력과 창조적 요소를 갖춘 우뇌형 사회에다가 오랜 유교적 전통과 기능면을 중시하는 좌뇌 중심적인 현대 교육을 더하여 좌·우뇌를 무의식중에 적절히 구사할 수 있다는 것은 한국인의 우수성을 입증하는지도 모른다.

올림픽과 월드컵에서 그리고 아시안게임에서 우리의 기技와 끼氣를 함께 발휘하여 세계의 앞자리에 나아가며, 한류의 영예를 일구어 아시아와 중근동 사람들까지 즐겁게 하는 능력도 갖추었다. 몽매간에 잊지 못한 선진 그룹에의 꿈도 서울 G20 정상회의를 성공적으로 치러내면서 이루는 듯했다. 더욱이 G7 선진국 회원국 이외 지역에서 열리는 첫 회의를 알차게 엮어냈다. 특히 개도국 발전 의안을 다룬 것은 특기할 만하다. 이들은 5천년 역사상 가장 빛나는 업적들이다.

전세기의 산업사회, 즉 좌뇌 중심에서 우뇌 중심의 연성화·감성의 시대, 문화文化의 시대를 맞아 지금까지의 생각과 틀을 바꾸어나가야 한다. 공정한 사회, 국민의 의무 이행, 법치주의의 재생 등 윤리가 강조되는 사회를 이끌어 다시 우뇌형 사고의 틀을 정비해야 한다.

부패와 사회질서가 왜 성장의 한계인가

한국은행 자료에 따르면, 2011년도 국민소득 2만 3천 달러를 달성하면

2012년에는 2만 5천 달러(성장률 3.7% 전망)로 올라서면서 그 동안 2만 달러 선에서 정체되었던 '중진국 함정'에서 완전히 벗어난다.

국부를 창출하는 3요소를 자연자본과 생산자본 그리고 무형자본인 사회자본으로 진단한 세계은행은, 그 중에서도 무형의 사회적 자본이 국부 창출의 핵심적 역할을 할 것으로 분석했다. 다시 말하면, 이제는 '경제 외적인 요소' 투입을 통해 잠재성장률을 높이는 방법이다.

삶의 질을 결정하는 요소들은 문화와 사회질서, 환경과 사회복지, 교육 제도와 연결된 소프트 파워와 같은 공공재公共財의 비중이 중요하다. 공공 재는 사회적 자본과 동전의 앞뒤와 같으며 사회 저축으로 만들어진다. 사회질서 속에는 기본적인 질서가 법질서와 부패 척도를 보는 것이다. 역대 정부가 시작할 때 법질서 회복과 반부패 척결운동을 벌이는 듯하다 가 용두사미가 되어버린다.

그 전형적인 예가 대통령의 사면권 행사다. 지난 8·15에 정부 수립 후 100번째의 사면권 행사로 수백만 명이 사면되었다. 5번째인 이명박 정부도 사면인 수가 모두 최대인 듯하다. 숫자로는 민생사범이 많다 해도 주로 선거사범 등 정치범과 공직자의 부패사범 등 반사회 범죄가 다수 포함된 다. 특히 민감한 부분은 권력의 측근과 정당, 전직 측근의 정치적 사면과 수년이 걸려 판단을 내린 대형사건, 정치인, 재벌들의 범법 행위가 사법부 판결문의 잉크가 마르기도 전에 사면되는 경우가 허다하다.

역대 대통령의 특별사면 때마다 통칭 국민화합·사회통합 그리고 경제 살리기 이유를 들고 있으나 사실은 그 반대인 경우가 많다. 사면 그리고 복권의 결과가 반사회·반국가 사범의 중죄인이었던 자들이 돌아서서 고 위 공직 수임에 나서고 있다. 이렇게 범법자에 관대한 나라는 이 지구상에 없다. 이런 입법부와 통치권자가 국민 앞에 당당할 수 있을까. 입법기관의 자쟁과 사면권의 행사도 엄격한 기준을 법률로 정해야 한다.

선거사범이나 부패처리 과정의 부담과 기회비용이 이렇게 낮은 수준에서 무슨 놈의 부정부패 척결이 가능한가. 경제성장이 어느 수준에 이르면 부패와 범법 행위는 곧 신뢰 수준을 낮추고 거래비용을 높여 성장을 저해하기 시작한다. 따라서 강력한 반부패 정책 없이는 경제 선진화가 불가능하다는 것이 부패 연구의 결론이다. 물려받은 선비사상과 청정 DNA로 부정과 부패를 확실하게 단절해야 할 때가 되었다.*

부패 정도의 일반적 척도인 국제투명성기구/TI가 해마다 발표하는 국가별 부패인식지수/CPI에서 우리나라는 5.4점을 받아 조사 대상 183국 중 43위였다. 부끄럽게도 절대 부패 수준을 막 벗어난 것이다. 중동 산유국들이 석유로 부자가 되었다 해서 선진국이 아니듯이 국민소득이 높다고 해서 선진국이 되는 것은 아니다. 이제는 믿을 수 있고 존경받는 나라만이 미래가 있다.

국가 브랜드 파워가 작동하고 국격을 높이는 길은 부패지수는 낮추고, 국제사회에서 투명성을 높여 신뢰지수 인식에서 인정받아야 한다. 오늘날같이 혼란스럽고 다원화된 세계에서는 정신문화 자산으로 국제 간에 성숙한 관계를 유지함이 중요하다.

고용 없는 성장이 문제되고 있는 것도 우리나라만이 아니다. 제조업은 자본집약적인 방법으로 약진하고 있는 반면, 고용 효과가 높은 서비스업은 위축 일로에 놓여 있다. 제조업과 서비스업의 균형 발전을 위해서는 내수 부분을 키워 대외 충격을 완화하는 장치를 창안해야 한다.

중국은 2012년 전국인민대표회의에서 성장률은 낮추고(7.5%), 수출 중심/고성장에서 내수 확대/안정 성장 정책으로 크게 선회하고 있다. 따라

---

* 「反부패 G20'으로 거듭나야 할 대한민국」, 조선일보, 2010년 11월 11일자.

서 대중對中 수출은 중간재에서 내수시장 소비재를 직접 공략하면서 고급 서비스업에 집중해 나가야 할 것 같다.

마침 중국 정부와 FTA 체결을 함에 있어 공산품과 농·수산물 관세를 낮추거나 철폐하는 수준의 낮은 단계를 넘어 중국으로부터 서비스, 특히 금융 서비스의 추가 개방을 받아내어 중국에 선착하는 결정적인 호기를 잡아야 한다.

원형사관, 한·중·일의 원형 비교

사가史家들은 원시사회를 선사先史시대라 하고, 이어 역사 시대를 설정하여 인류와 문명의 발전을 엮어가고 있다. 온전한 문자가 없던 시기의 역사들은 설화와 구전체로 전해오던 것을 후세 사가들이 문자화 한 것이어서 역사 시대의 기록이라 할지라도 신화적 요소를 갖게 마련이다.

고대 그리스 신화에서 가까이는 로마 건국 그리고 뒤늦은 일본의 건국 신화 등 무수히 많은 신화적 요소의 역사화 과정을 보아왔다. 특히 통치 세력의 권위를 위한 천손天孫사상은 여러 곳에서 볼 수 있고, 우리의 건국 사화史話에서도 환인桓因 천제天帝의 강림과 곰으로 표현된 웅족熊族과의 혼인 등(일부 학자들의 설정)으로 인한 인간 단군왕검의 탄생에 이르는 건국의 전개 과정이 너무나 단순하고 선명하다.

단군 선조의 천래설天來說, 아사달 도읍지 천부인의 세 개와 3운사, 3000의 무리 등 나라를 세울 기제를 분명히 갖춘 멋진 사화다. 비록 12세기 때 일연에 의한 최초의 기록이기는 하나 건국연대도 중국의 연대에 따라 그 시기도 분명하다. 동 시대 이승휴의 『제왕운기』와 더불어 우리에게 전래되는 최초의 건국사화다.

비록 늦게 기록되었더라도 그간에 많은 사서와 수십 세기를 통한 구전체의 누적은 단순한 신화로 처리할 수 없는 역사적 사건의 반추현상일 수 있을 뿐 아니라 전항에서 운위된 고고학적 발견이 시공의 불확실성은 있다 해도 그 존재의 현실성을 부인할 수는 없다고 하겠다.

최초의 건국사화에서 단군조선의 건국이념이 기술된 것은 특이하다.

"홍익인간 사상의 시원을 이루어 홍범문화는 고조선뿐 아니라 고대 중국의 통치제도에도 영향을 끼쳐왔다. 고조선의 정전제井田制를 포함한 농용팔정을 위시하여 오기五記의 천문역법天文歷法과 고대사회의 예절과 법제 등 인간 생활 체험을 거듭하여 이루어진 문화文化*"로서 전설이 아닌 실증적 문화로 구체화하고 있다.

"홍익인간은 만민에게 균등하게 이익을 보호한다는 것이다. 문사文詞의 뜻으로 해석해도 발전된 현대의 술어에 추호도 손색이 없는 이 말을 우리의 선지자들은 의심치 않고 국시로 채택했다.'**

반만 년의 오랜 역사성을 내재한 홍익인간 이론이 다시 강조되고 재해석되는 시대를 맞이하는 듯하다. 이 같은 사상은 막연한 것이 아니라 우리 민족사화를 이어 온 '얼', 즉 원형을 이루어 부지불식간에 한민족의 원형에 체화되어 왔다고 생각된다. 고분벽화에 나오는 활달한 기상의 말 달리기와 활 쏘는 모습도 수렵시대의 용맹함을 나타내고 있다.

요동·요서 지방에 남아 있는 성채들도 하나 같이 그들의 강역을 지키는 방어적인 도성으로 석성을 쌓아 외부 침략으로부터 부족을 보호한 것이다. 오랜 세월동안 수없이 이어지는 외침을 막아 낸 방어 본능이 평화사조를

---

* 강무학, 『한국인의 뿌리』, 금강서원, 1990, 46쪽.
** 앞의 책, 16쪽.

이루어 면면히 이어온 것도 원형 논리의 근거로 만민을 이익이 되게 보호한다는 건국이념도 무관하지 않는 것이다.

대륙으로부터의 압력, 바다로부터의 왜구 침략에 대비한 방어 본능은 침략 없는 평화사상의 원류를 이루어왔다. 여러 세기에 걸친 집요한 왜구에 대해서 남방 일본 정벌의 보복(침략)을 생각하지 않았다. 세종 때 대마도를 정벌하여 왜구를 근절코자 했으나 영토적인 욕심보다 그들을 조공케하는 수단으로 얼마간 평화를 유지한 기록이 있을 뿐이다.

그러나 일본의 경우 수십 세기에 걸친 약탈과 급기야 정한론正韓論이 득세하여 임진왜란의 큰 난리를 겪어야 했다. 그리고 다시 19세기 말, 일본의 침략사욕은 러일전쟁과 청일전쟁의 승리로 한반도 강점의 기선을 잡고 대륙 침략사를 펴면서 2차 세계대전(태평양전쟁)을 일으키는 제국주의적 침략자의 첨병 국가가 된다.

돌이켜 보면 한국과 일본은 천손天孫 강림의 건국신화를 내용으로 하는 것은, 일본 천황가가 한반도에서 건너간 사람들에 의해서 이룬 것이라면 당연한 결과라고 할 수 있다. 그런데 일본의 천손 강림신화를 천황 신격화를 위해 변절시켰다.*

『일본서기日本書紀』 첫머리에 "여러 나라를 합쳐 도읍을 열어 세계를 하나로 한다(兼六合以 開庵而爲字)"는 문구가 있는데, 2차 세계대전 당시 이를 전 세계를 정복하여 하나의 나라를 만들어 천황가가 통치한다는 팔굉일우八紘一宇로 비약시켰다.** 이렇게 이어지는 일본의 침략사는 인류에 큰 피해를 끼쳤을 뿐 아니라 그들의 오만이 지나쳐 일본 천황을 중심으로 하는 대동아공영권大東亞共榮圈이라는 황국사관皇國史觀의 과대망상에 이

---

* 김용운, 『한민족 르네상스』, 한문화, 2002.
** 위의 책 32쪽.

른 것이다.

같은 천손사상이 한쪽에서는 만민위에 평등과 평화사상으로 성화하는데, 다른 쪽에서는 천황가를 만세일계萬世一系한 혈통으로 신성시하는 뿌리부터 다른 근성을 배태해 온 민족 간의 원형 차이를 이루어나간다.

중국은 조선시대로부터 정치적·문화적 교호 관계가 깊었다는 여러 증좌는 인접 지역 국가 간의 당연한 사안이다. 복합 국가였던 고조선과 강성한 고구려가 폐쇄한 이후 한반도 지역으로 좁혀진 강역에서는 원·청·명 등 강대국과의 위아래 무역 형태의 경제적 교류와 조선조에 들어서는 성리학의 발달과 더불어 사대 모화사상으로 선진문화 강국을 숭모하면서도 수많은 침략과 간섭을 받아왔다. 그들은 스스로 중화中華요 주변국은 모두 만족(오랑캐)으로 취급하면서 한족도 동이족東夷族으로 불러왔다.

19세기 말엽 고종 황제 시절 대한제국이 선포되었다. 그러나 진정한 독립은 2차 세계대전 후 대한민국 수립으로 민주주의 체제의 현대 국가로 탄생된다. 그리고 1950년 6·25 한국전쟁의 와중에 당시 중공군의 참전으로 다시 한 번 중국의 침공을 경험한다.

무수한 시련 속에서도 살아남아 군사 정부의 중장기 경제 계획에 따라 지구상 초유의 고속 성장으로 미수교 반적대국인 중국을 앞서기 시작하면서 등소평邓小平 정부의 개혁·개방의 반면교사 대상이 된다.

다시 말하지만 1992년 중국 대륙 정부와의 국교정상화 당시 4000만 인구의 국민소득 규모는 12억 인구인 중국의 규모를 능가하고 있었다. 반만년 역사 이래 초유의 사태를 한동안 경험한다. 사회주의 시장경제 모델을 이해할 수 없을 만큼 빠른 성장 속도를 보인 것이다.

영국 <이코노미스트>지에 따르면, 그로부터 매 4년마다 두 배의 성장을 거듭해서 지난해 기준으로 우리 GDP의 다섯 배로 뛰어올랐다. 경제적으로 커진 중국은 미국과 더불어 G2에 이르러 외교·군사적인 힘을 쌓아가면서 중국 본래의 본성을 발휘하기 시작한다.

중국 특유의 여러 공정을 거쳐 마지막 공정인 동북공정으로 역사 왜곡을 시작하면서 저 남해 멀리 있는 이어도 암초의 과학기지에까지 간섭하더니, 동북공정 당시보다 커진 중국은 한민족의 역사를 송두리 채 가져가고 있다. 중국 땅에 있는 문화는 모두 중국문화라는 논지의 탐원공정探源工程이 등장한 것이다.

아편전쟁 이후 170년간 긴 잠에서 깨어나 다시 대국굴기大國屈起로, 강대국으로 위구르 진압, 천안함 사태와 서해 훈련의 태도, 첨각열도尖角烈島 등 남지나해 분쟁, 류샤오보 노벨평화상 거부, 6·25 참전은 항미원조抗美援朝 전쟁으로 정의로운 전쟁이란 평가 등 그 방자함과 패권성은 책임 있는 초강대국의 태도가 아니다.

중국의 오랜 사상적 원형을 자기 제일 중화주의 패권사상으로는 세계를 책임지고 이끌어갈 보편성의 철학부터 인정되기 어렵다. 우리는 이런 이웃을 두고 용하게 살아남아 최근에는 이들과 더불어 아세안＋3의 중핵국가로 그리고 한·중·일 3국이 이끄는 시대가 다가오고 있다.

지도국 지위 국가, 지도 이념 국가 원형이 제국주의적 침략 근성과 자기 우월적 중화주의로서는 이 시대를 이끌 시대정신으로는 부족하다. 세계를 총괄할 인류 공존의 평화사상이 무엇인지 다시 정립해 나가야 한다.

요하문명은 인류 최고의 문명이며
아시아의 시원始原문화다

중국의 역사 공정

과학이 발달된 오늘날에도 인류문명의 시원에 관한 역사 발굴은 쉽게 이루어지지 않는 듯하다. 기록문화보다도 고고학적 발굴에 따라 기존의 통설이 무너지고 새로운 학설이 대두된다. 우리는 그때마다 오랜 역사의 숨결을 현장에 서 있는 것처럼 느끼게 된다.

우리가 고구려사 등 우리 고대사를 말살하려는 중국의 동북공정 진행에 흥분하고 있는 사이, 그들은 그보다 훨씬 차원 높은 고대 역사의 새로운 창조 작업을 진행시켜 왔다.

1980년대 중반, 요녕성의 요서지방 적봉赤峰에서 발견된 오래된 문명의 존재가 세상에 알려지면서 큰 충격을 주었다. 중국이 오랫동안 세계 4대 문명의 발상지 하나로 자부해 왔던 황하문명보다 최소한 2000년은 앞선 요하지역 문명의 유물 발견은 놀라운 것이었다. 한족이 주장하던 만리장성 밖의 오랑캐 지역에서 발견된 문명이 황하의 역사를 뛰어넘는 엄청난 사건이었다.

중국에서는 국민 경제 및 사회발전계획에 따른 5개년 계획과 대 중화 역사 재건의 국가 전략 이행 중 새 문명의 출현으로 고민에 빠졌다. 이를 합리화하기 위해 등장한 것이 하상주단대공정夏商周斷代工程이다. 9·5계획(9차 5개년 계획, 1996~2000)의 일환으로 시작된 고대 왕조의 성립 연대 확정 역사 끌어올리기 공정으로 볼 수 있다.

이집트 역사기행에 자극받은 청화대淸華大 송건宋建 교수의 건의에 따라 역사학자·고고학자·문학자 등이 모여 하·상·주 존속 연대를 상향 확정한다. 기록 문헌상 중국의 역사 시대는 주나라 원년인 기원전 841년이 상한이었다. 그러나 이 공정의 결과 주나라에 앞선 하夏 2070년으로 획정함으로써 무려 1229년을 끌어올려 놓은 것을 위시하여 하상주 연표를 공식화했다.

하상주단대공정을 성공적으로 마친 후, 다시 10·5계획(2001~2006)에 맞추어 본격적으로 중국 고대문명 탐원공정探源工程을 시작하면서 중국의 신화적인 전설들을 중국 역사에 편입하게 된다.

3황5제三黃五帝의 신화시대가 중국 역사로 들어와 중국 역사를 끌어 올려 이집트나 수메르 문명보다 앞선 세계 최고最古의 문명으로 정리해버렸다. 따라서 유교적 도통道通에 따라 황제黃帝―요堯―순舜―우禹―무왕武王―주공周公―공자孔子로 이어진 것으로 된다.

이 과정에서 3황의 하나인 염제炎帝와 황제의 자료를 집대성하여 '염황자료집'을 완간한다. 탐원공정으로 고대 중국문명을 정리하는 거대한 기획 작업의 일부로, 동북지역 역사를 정리하기 위하여 만들어진 것이 2002년부터 시작된 동북공정으로 나타나게 된다.

이 과정에서 중국은 그들의 전통적인 시조로 받들어 왔던 황제黃帝 외에

염제도 신화적 조상으로 편입하여 스스로 염황지손炎黃之孫으로 하더니, 이제는 한민족韓民族의 조상인 치우蚩尤까지도 그들의 조상으로 편입해버린 것이다.

북경에서 서북쪽 120㎞에 위치한 하북성 탁록현에 생긴(1992~1997) 귀근원歸根苑의 중화3조당中華三祖堂에는 바로 중화민족 세 명의 조상으로 황제·염제 그리고 치우가 드높이 모셔져 있다.*

중화3조당이 있는 탁록은 황제와 염제에 대항해서 아시아 최초의 대규모 전쟁을 일으킨 치우 황제와의 탁록대전啄鹿大戰이 있었던 곳이다. 그들 스스로 자기네 조상이라던 황제와 싸웠던 동이족의 수장이라 주장되어 왔던 치우를 한족漢族의 조상으로 만들어버린 것이다. 이 치우는 2002년 서울월드컵 당시 붉은 악마의 상징인 그가 바로 치우천황이다.

요하문명과 고조선

중국은 역사 공정에 앞서 요서지역에서 발견된 유물들은 5천 년 전의 제단, 여신상·적석총 등 놀라운 유적들을 집체 조사하는 등 면밀하게 이행했다. 그리고 그 결론으로 인류 최고의 문명으로 제5의 문명 존재를 확인한 것으로 발표했다.

이 문명을 요하문명으로 명명하고, 황제를 시조로 하는 한족의 문명으로 연계함으로써 황하 유역에서 발원하여 은·주나라로 이어지는 종전 사학계의 통설을 완전히 뒤집었다.

요하문명 발견과 상고사의 연계 정리와 더불어 중화민족 개념의 공정

---

* 우실하, 『동북공정 너머 요하문명론』, 소나무, 2007, 36쪽.

으로 티베트 신장 위구르를 중국화하기 위한 서남공정과 서북공정(위구르·신장 대상)으로 한족 이주 계획을 완료하고, 동북공정을 진행하면서 조선족에게는 삼관교육三觀敎育을 강화하고 있다고 한다. 이 삼관교육은 조국관·민족관·역사관으로, 조선족은 중국 소수 민족의 하나로 조선족의 역사를 중국사의 일부로 하는 내용을 주입하는 교육이다.

동북공정은 서남공정(티베트), 서북공정(위구르)의 연장선상에서 보아야 하고, 그 위의 탐원공정 등 역사 공정을 올려놓고 대大 중화中華의 역사 재창조에 열중하고 있다. 역사 공정이 완성되면 중국 내에 있는 모든 부족은 중국이 조국이 되고, 모든 역사는 중국 것이 되어 고조선의 단군은 물론 고구려의 주몽·광개토대왕까지 중국의 지방 부족 수장으로 전락하는 해괴한 모양새가 된다.

그런데 요서遼西지역에서 발견된 피라미드식 적석총, 빗살무늬토기, 비파형청동검은 중원의 황하문명에서는 나타나지 않고, 한반도 쪽에서 집중적으로 발견되는 유물이라는 사실이다. 이 유적들은 한반도에서 발견되는 전형적인 유물로서, 요하문명이 한반도를 거쳐 일본까지 전래된 동북아문명의 시원이었다는 움직일 수 없는 증거이다.

고조선이 이 지역에서 발원했다는 내용의 『산해경山海經』과 『시경詩經』의 움직일 수 없는 기록에서 보듯이, 동이족의 나라 고조선과 고구려의 발원 지역인 것이다. 그런데 문명의 주인공이 뒤바뀐 채 중국의 역사 공정이 진행되고 있다.

고대로 올라갈수록 "역사는 흐름과 교류의 결정체"라는 중국 측 주장을 감안해 여러 상황을 종합하더라도, 고조선의 활동지역은 한반도 일부와 만주지역에 존재한 것이 된다. 활동 연대도 거의 기원전 3천년 가까이 거슬러 올라간다고 보아 단군 역사와 비슷하게 된다.

역사 기록이 없는 전설상의 시대를 자국의 역사로 만들기 위한 역사 공정을 통해 중화민족의 역사로 재창조하는 과정을 보면, 우리의 상고사는 더 멋지고 논리적이라고 할 수 있다.

요하문명 중심지인 우하량牛河梁 지역의 홍산문화만기紅山文化晩期(BC 3500~3000)에는, 신석기시대에서 청동기로 진입하면서 이미 초급 문명사회에 진입한다고 한다.

본격적인 동석병용銅石瓶用 시대인 소하연小河沿문화(BC 3000~2000)의 배경이 되는 시기가 단군조선의 개국 시대와 맞닿았다는 것은 단군이 단순한 신화가 아닌 실존 단군시대를 뒷받침하는 것이기도 하다.

요하문명은 인류의 최고 문명이며
아시아의 공동 역사이다

전 세기 말엽 발견된 요하문명의 출현이 공교롭게 세계 문명의 동진 과정에서 나타나면서 중국의 현대화의 막강한 경제 파워와 함께 다민족 국가를 한족 중심의 세력화로 집약해가는 과정을 눈여겨 볼 수 있다.

중국의 동북지역 만주 요하 일대의 문명은 늦게 발견되었으나 황하문명보다 앞선 신석기시대의 유물이다. 중국 안에서 발견됨으로써 모두 중국제일봉·중국제일촌 등의 중국 명칭을 붙여 자국화하고, 고대 황제의 자손으로 연결하여 자국 역사로 편입하면서 대외적으로는 소수 민족과 티베트위구르·몽골제국·고조선과 고구려 강역 등을 완벽하게 중국의 역사로 선포하고 있다.*

---

* 이민화, 『유라시안 네트워크-스마트 코리아로 가는 길』, 새물결출판사, 2010.

그러나 이곳에서 발굴되는 문화적 요소들이 황하권 중원문화와는 다른 북방계 문화다. 고조선만의 특유 문명으로 요하지역에 널려 있는 유적들 가운데 치稚*가 있는 석성·적석총·고인돌 등은 고구려로 이어진 전형적인 형태로 만주 남부와 한반도 쪽으로 이어져 있다.

중국 내에서 비교적 말썽이 없는 티베트 장족莊族을 제외하면, 위구르족만 해도 인접한 투르크메니스탄은 이슬람문화의 혈족국이 존재하고, 우즈베키스탄 등 탄국과 터키까지 투르크족(돌궐족)에 둘러싸여 있다.

베트남 북부·몽골·북한과 한국, 멀리 일본까지 직·간접의 혈연국가들 그리고 역사를 공유하는 나라들이 조용히 있을 리가 없다.

이와 같이 요하문명 관련국들은 중원의 한족과 분명히 다른 것이 하나 있다. 말이 다르고 어순이 다르며 푸른 반점이 있는 민족이 많다. 이는 요하의 적봉지구를 가로질러 펴져 있는 몽골리안과 관련이 깊다고 한다. 오늘날 중국 내 사정으로 넘기기에는 역사 독점 사태는 인접국의 반발을 사게 될 것이다.

유럽에서도 서구문명의 기원으로 '에게문명'이 뒤늦게 등장함으로서 문제가 된 적이 있다. 19세기 중엽까지 전혀 알려지지 않았던 문명이 독일의 고고학자 H. 슐리만과 영국의 아서 J. 에번스가 크레타 섬의 크노소스에서 궁전 유적을 확인함으로써 그 실체가 드러났다.

주변국들이 서로 "에게문명은 자기 나라에서 시작된 것"이라는 주도권 다툼이 있었으나, 이제 에게 해 일대에 산재한 에게문명은 유럽의 공동문명으로 받아들여지고 있다.**

어떻게 보면 우리는 중국에 대해 주눅이 들어 있는 듯하다. 과거 우리

---

* 성벽의 일부를 밖으로 돌출시켜 성벽으로 접근하는 적을 입체적으로 공격할 수 있도록 한 석곽 시설물 중의 하나.

** 우실하, 「동북공정 넘어 요하문명론」, 소나무, 2007.

역사에 문을 닫아걸고 역사적인 사실조차도 익히지 않는다. 우리가 오늘의 중국처럼 고대 역사에 관심을 둔다면, 요하지역으로 뛰어들어 단군기원에 접속해야 하지 않는가.

한때 '흐름과 교류'의 역사관을 놓고 젊은 학생들의 필독서가 된 책이 있다. 영국의 사학자 에드워드 H. 카(1892~1982)가 쓴『역사란 무엇인가』이다. 그는 "역사란 현재와 과거의 끊임없는 대화"로 정의하고, 대화는 "현재에 속하는 역사와 과거 사실(Fact)의 지속적인 상호작용"이라고 했다. 과거에 뿌리 없는 미래를 상정할 수 없듯이 대화 지속성은 역사 속에서 찾아야 하지 않겠는가.

우리는 요하에서 역사의 지분을 찾아야 한다. 한민족 겨레가 黃帝의 자손이 될 수 없고, 전설의 황제보다는 단군의 사화가 선명하고 창조적이다. 고고학적 자료가 은폐되지 않고 쌓여 간다면 황제와 그 후예들의 것이 아닌 그들이 지적한 동이족의 몫이 늘어날 것이다.

비록 그들이 실효적 지배를 하고 있는 땅에서 이루어지고 있는 일이지만 역사의 공유는 불가능한 것이 아니다. 재야 사학자들이 연구 발표한 많은 사료나 고증 자료에 의한 고조선과 고구려 강역에 대한 주장들이 요하문명에 의하여 그 사실이 뒷받침되고 있지 않은가.

훼손되었던 사료보다 더 믿음직한 유물과 유적이 쌓여가고 있다. 조선조의 의궤 반환이 실현되고 있는 시점에서 일제가 말살했다는 우리 고대사 사료들 중 많은 것들이 남아있을 가능성이 높다. 때문에 그들이 침탈해 갔을지도 모르는 일이므로 깊이 협의해 볼 만하다.

이민화 박사의 의견대로 몽골리안 네트워크도 필요하다. 어떻게 보면 요하문명은 몽골리안의 시원일 수도 있고, 중원과 연계된 인류 문명의 시원이 될 수도 있다. 역사가 존재 하는 곳(땅)을 기초로 보지 말고, 역사의 흐름과 교류로 보는 대승적 노력이 필요하다. 특히 이 지역과 인접한 역사를 함께 공유하는 한·중·일·몽골의 공동 관심 사료들이 동북아시아의 새로운 역사 시대를 열어가는 관용과 슬기가 필요하다.

문화가 결핍된 초강국 이웃을 원하지 않는다. 서방 세계가 우려하는 보편주의 가치를 넘어, 중국 고유의 문명 방식으로 서구의 짧은 역사 사고방식에서 벗어나 5천년 역사의 연장된 시간 척도에 동승하는 역사 공동체의 일원이 되어야 한다.

중국이 홍콩을 반환받으면서 기존의 자본주의 체제를 그대로 두고 일국양제一國兩制를 했듯이, 동북아東北亞 문화 공동체의 선행 요건도 바로 일사병용一史竝用 또는 이국일사二國一史로 정리하면서, 먼저 역사의 소통으로 동북아를 묶는 계기를 만들어야 할 것이다. 그렇게 되면 자연스럽게 홍익인간弘益人間 이념은 새로운 세계의 시대정신이 될 것이다.

아시아의 비전과
아시아적 가치 창조

한·중·일의 역사 바로잡기 공조와 아시아 비전

한반도 북부와 만주 일원에 걸쳐 영위되었던 고조선 제국과 그 뒤의 열국시대를 지나 고구려로 이어진 한민족의 북방北方 시절은, 강대했던 고구려 멸망(AD 668)으로 북방의 역사 기술은 강자의 논리로 씌어져 왔다. 한민족 역사가 한반도로 수렴된 이후에도 대륙의 위압으로 그리고 내부적으로는 한때 사대주의 폐해로 왜곡된 내용의 현실을 보아 왔다.

대륙의 문명을 일본에 전하면서도 수없이 많은 왜구의 침략과 식민지배에 이르기까지 의도적 역사 조작의 기록이 지워지지 않고 남아 있다. 1905년 외교권을 상실한 대한제국의 영토 일부를 그들 현縣의 영토로 복속시켜 놓고, 지금까지도 독도를 그들의 영토라며 억지 주장을 하는 것이 그 한 예다.

일제의 침략은 한반도에 그치지 않고 만주사변을 일으켜 괴뢰정권인 만주국을 의제하고, 급기야 중국 본토를 침탈하면서 또한 많은 역사적 사실의 훼손하면서 말살과 왜곡을 일삼았다. 세계대전이 끝난 후 일본의 간헐적인 사죄나 보상은 난해한 말을 동원하면서도 심금을 울리는 진정성이 전해지질 않았다. 독일이 이스라엘이나 피해국에 행한 엄한 사죄와는 너무나 거리가 있다.

중국은 56개 종족의 다민족 국가라고는 하나 토착 소수 민족을 제외한 위구르 지역과 티베트가 중요하고, 만주지역의 조선족이 인접해 있는 한국과 북한과 연계되어 있다. 이처럼 엄연히 주권 국가인 영토 내 조선족을 그들의 소수 민족인 지방 부족으로 만들어 우리의 고구려사 이전의 한민족 역사를 그들 것으로 만드는 공정(Project)이 완결되어 있다.

이렇게 놓고 보면 3국은 인접한 지역 국가로 역사가 엉켜 있으면서도 타국의 역사를 존중하기는커녕 자국 편의대로 강자의 논리로 정리되어 왔다. 문제는 고조선·고구려와 발해 역사까지도 중국의 변방으로 조작하고 있다. 특히 고구려의 개국과 주몽의 도읍산성인 오녀산성五女山城, 즉 옛 이름 졸본성卒本城을 그들의 유산이라며 '고구려 왕성과 왕릉 및 귀족 고분'으로 세계문화유산에 등재(2004년 7월)할 때도 북한이나 우리 정부는 침묵했다.

중국 정부는 동북공정 관계로 여론이 나빠지자 우다웨이武大偉 당시 외교부장을 보내 해명하면서, 역사 왜곡이 아니고 교과서에도 기술하지 않겠다고 했다. 그러나 문서가 아닌 구두 약속만 하고 간 것은 너무나 잘 알려진 사실이다.

중국이 동북공정으로 고구려를 자국 역사화 한 조치는 일본의 역사 왜곡보다 근원적이고 원색적인 면이 강하다. 최근 중국 CCTV의 유명 강사가 동북공정을 비판하면서, "일본도 역사 교과서를 왜곡하지만 중국만큼은 아니다. 중국 역사 교과서에 진실은 5%도 안 되고 대부분 완전히 허구다"

라고 강의해 화제가 된 적이 있다.*

근년에는 서해 쪽에 엄청난 사건이 많이 발생했다. 천안함 격침, 연평도 포격 사건, 중국 어선의 영해 불법 침범 포획 사건 등의 사건 사고 속에서 경험한 중국의 태도는 너무나 큰 실망을 안겨주었다. 외교적으로는 전략적 동반자 관계와 부주석 시진핑習近平이 쏟아 낸 원조성전援朝聖戰으로 인식되는 6·25에 관한 시각 차의 행간을 제대로 간파하지 못한 것은 우리들의 실책으로 받아들여야 한다.

오랫동안 동아시아의 패자였던 중국이 다시 강자로 부활하면서 옛날의 조공체제 향수를 꿈꾸는지도 모른다. 경제적으로 그리고 군사적으로 강대국이 될 중국이 최근 바다를 맞대고 있는 이웃나라들과의 영토적 마찰도 이러한 우려와 불편함을 드러내는 것으로 볼 수 있다.

19세기 영국 중심의 세계에서 20세기 미국의 세기를 지나, 이제 아시아 중심의 세기가 성큼성큼 다가오고 있다. 그럼에도 그 길목에서 역사적으로 깊이 연계된 인접국 효과는 불신과 아전인수 격으로 그리고 옛 강자의 논리로 치닫게 하는 것은 시대적 논리에 맞지 않는다. 따라서 역사의 받침대가 될 동아시아 국가들의 역사 인식이 바로 서야 한다.

이제 역사는 진실한 방향으로 진화해야 한다. 수십 세기 동안 패권국과 더불어 그 간의 문명 흐름의 하방下方 국가인 자칭 중화中華의 주변국들의 주권主權과 문화가 존중되어야 한다.

대륙과 해양국가 사이에서 문명의 흐름을 중단 없이 유전流轉시킨 한민족의 본류 근원이 소명되어야 한다. 대륙과 해양으로부터 수많은 침략을 당한 한반도의 절규를 들어야 한다. 한 번도 침략의 역사가 없는 한민족의 중간자적 정당성에 귀를 기울여 과거사가 청산되고 훼손된 역사는 복원되

---

* "日보다 심한 中 역사 왜곡", 조선일보, 2010년 8월 16일자.

어야 한다. 아시아 세기의 역사 복원과 협조와 더불어 아시아를 하나로 묶어 세계로 통합하고 이끌 사상적 이념 비전이 제시되어야 한다.

중국의 가파른 성장 뒤의 어두운 그림자들이 특유의 자본주의 물결을 타고 가는 사회주의 모델의 잠재 성장 능력의 지속 여부 등 중국 내부의 구조 개혁과 혁신이 시급하다는 경고음이 나오고 있다. 성장의 급격한 둔화가 올 경우 빈부 격차와 도농都農 간, 내륙 간의 불균형 문제 등 성장 중국의 2중 구조의 조절이 어렵다.

한계에 이른 공산주의 핵심인 명령 경제를 폐기한 중국공산당 정권은 통치의 정당성을 상실한 상태다. 사회 통합과 위계질서를 존중하고 오랜 공자의 통치이념을 채용하려 한다.

대·내용 통치이념이 아시아적 세기의 비전으로 세계를 움직일 수 있을 것인가. 상생 평화의 세기에 대체될 사상적 기반을 찾는 노력이 필요하다. 냉전 구도의 편 가르기나 힘의 대결은 20세기 유물로 처리하고, 그 자리에 평화사상인 21세기 홍익인간 정신을 접목해 봄직하다. 홍익정신은 인간을 널리 이롭게 한다. 21세기의 글로벌 정신문화에 정확히 부합된다.

인류에게는 새 시대의 새 문명, 세계인의 평화 철학 인류애를 포괄하는 Global Welfare로서 홍익인간 이화세계 철학을 아시아적 비전으로, 21세기의 대망 사상으로 선포할 수 있다.

아시아권에서는 천인합일天人合一의 홍익 철학을 전파하면서 통합과 문화 융합·관용·포용의 사상으로, 일찍이 안중근이 설파한 아시아적 평화 체제로 아시아적 공동체를 이끌 수 있을 것이다.

한국은 구체적으로 홍익인간 사상을 평화의 국시國是로 삼아 교육 목표를 홍익정신에 두며, 그리고 한민족 특유의 창조 DNA 홍익의 기질을 기려 세계 문명에 기여하는 길을 열어야 한다.

G20 동심원 속의 자위와 아시아적 가치

질곡과 치욕 그리고 영광의 20세기, 양분된 세계 냉전시대의 전형으로 분단의 고난 속에서도 국력을 키워온 대한민국 앞에는 이제 양극에서 초극시대를 지나 다원화의 새 세기에 밀려들어오고 있다.

전 세기에 미래학자들이 예언했던 '21세기 동북아 시대'가 열리는 듯, 여명의 빛 가운데서 분극과 전혀 다른 패러다임과 마주쳐 국가 안위를 생각하면, 안보와 외교 역량이 그 어느 때보다 중요한 가치로 떠오르는 것을 온몸으로 느끼게 된다.

대한민국을 둘러싸고 있는 4강(미국·중국·일본·러시아)의 지경은 100년 전과 다르지 않다. 그러나 북쪽이 막힌 반도의 분단이 몰고 온 해양 국가화는 태평양과 열린 하늘을 타고 개방화로 차별화하면서 세계와 융합하는데 주저함이 없이 G20에 편입되는 행운을 안았다.

아시아의 시대(Fax Asiana), 가까이는 동아시아가 부상하는 배경에는 이웃 중국 대륙의 빠른 성장 동력이 자리하고 있다. 거대한 중국의 조립가공 수출구조에 편입돼 한국과 일본의 중간재 공급의 수직구조 건전성과 그 지속성보다는 다가오는 거대한 새로운 패러다임의 변화가 앞으로의 관건이 될 것이다.

동북아지역의 내수시장을 키워나가면서 높은 역외수출 의존도를 상쇄하는 노력도 중요하다. 원 아시아를 표방하는 한국으로서는 한·중·일 협력을 중시하고, 2008년 이래 한·중·일 정상 간 정례회의와 각료급 차원의 회의 그리고 각종 정부 간 채널을 활용해 협력의 수위를 높여나가고 있다. 그러나 3국 간에는 남북한의 분단 상태, 영토, 역사 문제 등의 갈등 요인이 쌓여 있고, 최근 중국의 실망스런 태도를 보면 시원스럽게 소통과 공조

협력을 이끌어내기가 쉽지 않아 보인다.

그러면 어떻게 해야 할까. 인내와 지혜가 필요하다. 한·중 관계는 미움과 갈등으로 해결될 수 없는 상태로 이미 경제적 공생 관계에 있다. 교역량의 경우, 1992년 수교 당시 50억 달러에서 2010년에 이미 2000억 달러를 넘어 40배로 성장했다. 전체 교역량도 중국(홍콩 포함) 비중이 30%를 넘어 미국의 3배를 넘어버렸다. 사람의 왕래도 주 800편이 넘는 항공기와 15회의 카페리로 연간 600만 명이 오가고 있다.

한·중 경제 규모가 커지면서 어느덧 중국은 우리의 최대 수출시장이며 최대 투자국이 된 것이다. 우리 쪽에서 보면 제1의 시장이나 중국 측에서 보면 한국은 여러 공급국의 하나에 불과하다. 그들은 광대한 내수시장을 협상 무기로 우리의 교역을 차단할 수 있다는 것이 문제이다.

안보 면에서도 원조성전이거나 최근 북한도 핵 이용 권한을 운위하는 듯한 부적절한 발언들은, 북한의 핵 폐기를 전재로 한 6자회담 주최국의 태도가 아니다. 이럴 때일수록 좀 더 당당하게 외교 역량을 발휘해 대중 교섭력을 높여가면서 동북아의 특별한 상황 속에서 우리의 가능한 진로를 열어가야 한다.

먼저 상대적으로 약한 나라의 외교력은 최고의 가치임을 다시 한 번 강조하면서 대 중국 외교채널(網)을 격상하고 재정비해야 한다. 한·미, 한·일 간의 관계 못지않은 수준으로, 길게 보아 분명한 균형 외교의 틀을 구상해가야 한다. 특히 동북아 국가 간의 미묘한 협력 증진을 위해서라도 부득이한 중간자적 역할을 강구해 나가야 한다.

한·중·일 간 미래상과 현실 문제에 있어 불안 요소나 충돌이 있을 경우의 충격 흡수를 위해서라도 새로운 역할이 필요하다. 중국과 일본의 지역 패권의식이 상존하고 또한 경제력의 순위 변동에서 오는 갈등도 있다.

한·중은 과거 일제에 당한 피해 경험을 공유하고 있다.

양 강대국이 서로 주도권을 다투거나 견제하는 상황을 중재하고 접착해야 할 임무를 한국이 해낼 수 있는 기재를 확보해야 할 위치에 있다. 2010년의 한·중·일 정상회의 합의로 3국 협력사무국을 우리나라 서울에 설치한 것은 이러한 상황 여건의 상징적 의미가 매우 크다. 그 동안 실질적으로도 많은 제안들의 정비와 실천을 위해서도 3국 + 동아시아의 출발점 그리고 중간지대에 실천기구 발족을 놓고 보면 지리적 이점도 충분하다.*

2010년 11월, G20 서울회의도 아시아 시대의 개막을 상징하듯 아시아의 강호들인 한·중·일·인도네시아 등 신흥 세력이 세계 경제의 지배구조(Global Governance)에 편입된 것으로 보인다. 특히 한국은 의장국의 지위에서 Agenda Setting을 주도하면서 참여하지 못한 개도국들의 가교 역할을 해낸 것은 우리의 자산으로 기억될 것이다.

한국과 중국을 위시하여 신흥 세력이 세계 경제 질서의 리딩 국가가 되기 위해서는 경제력뿐 아니라 지식·제도·인권·학문·언론·정당 등 개방성과 수월성·합리성을 갖춘 연성제도(Soft Power System)를 쌓아가지 않으면 존경받는 지도국이 되지 못한다. 4강에 둘러싸인 우리의 경우, 분단과 책임 있는 국가들과의 외교적 노력 없이 분단의 교합은 어렵다. 통일 한국이 4강의 위해가 되지 않는다는 보장 없이 통일 또한 어렵다.

이와 관련하여 최근 공개된 러시아 국책연구소인 'IMEMO/세계경제국제관계연구소'의 보고서가 눈길을 끈다. 이 보고서는 2030까지 세계 정세를 전망하면서, 2012년부터 2030년 사이에 북한이 한국에 흡수되는 한반도 통일 단계에 들어선다는 전망을 내놓고 있다. 북한 정권의 붕괴 예상 시나리오는 많았지만, 북한 정세에 정통한 러시아의 국책기관 보고서라는

---

* 이백순, 『신세계 질서와 한국』, 21세기북스, 2009.

점에서 의미가 크다.

특히 이 보고서는 한국 주도의 통일 한국이 극동지역에서 러시아의 경제·외교 파트너로서 러시아에 도움을 줄 것이라는 예상과 함께, 중국이 북한 사항을 통제하려는 경쟁 관계를 우려하는 점도 거론하고 있다는 점이다. 중국이 북한을 미·중 관계의 완충지대로 생각하는 전략 선택에 신중하게 대처해 가지 않으면 안 될 것이다. 한·미, 한·중 관계도 절대 소홀함이 없도록 신중한 외교 관계를 만들어가야 할 것 같다.

한국은 주변 강대국과의 외교 축을 기반으로 ASEM·APEC·EAC 등 다자 국제회의에도 적극 참여해 왔다. 유럽과 태평양 연안국, 아세안과 동북아협력회의 그리고 최근 G20 정상회의와 G50 핵안보정상회의 의장국으로 초청 외교에 이르기까지, 세계 최고의 광역 협력 회의체의 동심원同心圓 속에서 세계의 주요 3극 핵심에서 이탈함이 없었다. 한국의 경제적 성공과 민주주의 성취의 동시 발전 모델이 주목받고, 그 동안 세계와의 네트워크 조직을 위한 외교적 노력도 주효했으리라 판단된다.

한때 외로웠던 한국이 호주와 더불어 APEC의 기초를 만들려고 동분서주했던 시절을 생각하면 금석지감今昔之感을 지워버릴 수 없다. 이제는 주요 회의의 단순 참여나 형식적 줄서기가 아닌 새로운 질서에 참여하고 주도해가는 실력 쌓기에 배전의 노력이 필요하다.

G20 정상회의를 주관하면서 "전문성에 대한 공복감과 허기에 시달렸다"는 윤증현 당시 재정부장관의 말은 마음속 깊이 새겨야 한다. 이와 더불어 외교적 능력은 강자가 아닌 우리에게 최상의 가치임을 되새기면서, 세계를 관조하는 폭넓은 안목과 교섭 능력으로 무장해 나가야 한다.

두 번째로, 안보 문제는 재검토 대상이다.

오늘날처럼 안보·국방 문제가 절박하게 느껴지는 때는 없었다. 지금도 우리 국군의 철통같은 방어 태세를 믿는다. 그러나 교활한 상대에 비하여 너무나 순진하다. 동성격서東聲擊西라는 말을 되새겨 보면, '서북도서방위 사령부' 창설이 필요할지는 모르겠으나, 그대로 서해에 몰입하는 모습은 상위 개념의 전략으로 보기 어렵다.

도발에 응전은 기회다. 우리는 지금 그 기회를 놓치고 있다. 가장 효과적 인 심리전 방식을 준비해 놓고도 녹 쓸게 만들고 있다. 확성기 사용을 보류하고 참아 왔으면 그때 즉각 시행하고, 자재해왔던 대북 단체들의 공중 살포 형식의 전단이나 수신기 날려 보내기를 왜 막고 있는가. 포탄으 로만 전쟁을 하는 것은 아니다.

북경 6자회담에서 북핵 저지나 철회 성공을 믿는 참가국이 있는지 묻고 싶다. 중국은 오히려 북한의 원자력 사용권의 정당성을 인정하여 핵의 오용도 감싸는 것 같은 오해를 불러일으키고 있다.

북이 핵무기를 보유했다는 것은, 흔히 말하는 비대칭 전략무기체제로 게임이 되지 않는다는 뜻이다. 그렇다면 균형을 잡는 강력한 조치를 취하 는 목소리가 높아져야 한다. 그런데 무슨 전략인지 무대응으로 일관하고 있다. 억지력은 동등 이상의 대응력을 갖춘 경우에만 가능하다. 전술 핵 재배치의 고려나 자체 능력의 배양조치를 공론화하지 않으면 안 된다.

상대는 우라늄 농축을 공개하는데, 핵연료 주기 완성 문제 등 원자력 협정 개정 일정을 당겨서라도 이행할 수 있도록 우방국과 담판해야 할 판이다. 핵연료가 있는 우리에게 재처리 사용 제한까지 가해진 것은 불공 평하다. 해외 원전 수주의 경쟁력 요인으로 작용한다는 것은 더욱 형평을 잃은 강대국 논리는 시정되어야 한다.

북의 핵 포기 선언을 이끌어 낼 최선의 대응조치는 잠정 보유 논리로, 중·북·러의 핵 밭에 포위되어 있는 한국의 선군정치 전략에 대응하는 전술무기의 보유는 정당한 자위책이다.* 중국에 대하여도 북핵 폐기를 위한 선행조치로서 한국의 입지를 설명할 수 있어야 한다.

근년에 스위스 다보스에서 열린 세계경제포럼/WEF에 참석한 중국의 현실주의 외교정책론의 대표 주자인 옌쉐퉁閻學通 청화대 국제문제연구소장의 주장은 상징적이다.

한반도 통일 이후의 시나리오를 토의하는 과정에서, 통일 한국의 핵무기 보유가 중국 등 주변국에 위협이 되지 않는다고 주장했다. 그리고 이미 중국은 러시아와 인도·파키스탄 등 핵 보유 국가에 둘러싸여 있는데, 핵 보유국이 하나 더 늘어난다고 해서 달라질 것은 없다. 또 옌 소장은 "설사 남한 주도로 통일이 된다 해도 통일 한국이 핵무기를 사용할 가능성은 없으며, 미국이 용인하지 않을 것"이란 토론 내용이 다보스발로 전해져 왔다.** 스티븐 전 주한 미국대사도 핵폐기물의 재처리 문제에 관한 협의에 관해서는 긍정적인 발언이 있었던 것으로 기억된다. 우리 기술로 재처리 가능한 과정이 공개되고 있는 등 이미 공론화가 진행되고 있다고 보인다.

세 번째로는 아시아적 가치(Asian Value)***의 복원과 역사 공동체를 확인하는 작업이 필요하다.

서양과 달리 아시아의 문명적 가치를 이야기 한 것은 70년대 한국을 위시하여 홍콩·싱가포르·대만 등 네 마리 용의 경이적인 성장세를 보고, 아시아의 가부장적 유훈이나 권위주의가 성장의 동인이었다고 본 데서 비롯된 듯하다.

싱가포르의 리콴유李光耀 전 수상이나 말레이시아의 마하티르Mahathir

---

* "21세기의 새 한국 전략", 시사금융, 2011년 1월호, 권두평론.
** 제41차 다보스포럼(WEF)—'통일 이후' 결론, 조선일보, 2011년 1월 31일자.
*** 신현종, "아시아적 가치와 아시아 금융 위기", Dr Shin Hyun Jong's Homepage.

Mohamad 수상 등 다소 권위주의적인 정치 리더들이 즐겨 사용하기도 했으나, 1990년대 후반의 외환 위기 등 미증유의 금융 위기를 겪었을 때는 오히려 아시아적 가치가 그 요인인 것처럼 폄하되기도 했다.

아시아적 가치는 아시아 문화권이 간직하고 있는 독특한 가치체계로서 공동체가 강조되고, 국가 통치이념의 배경이 된 유교의 영향을 무시할 수 없다. 1997년 IMF 위기 때나 2000년대 초 정보기술/IT 버블의 붕괴 때도 빠르게 위기를 탈출하는 저력을 보였고, 2008년 미국 발 금융 위기 때도 예상을 뒤엎고 다른 지역보다 앞서는 회복력을 과시했다.

뉴욕 발 금융 위기가 실물과 괴리된 금융이 탐욕스런 이윤 극대화를 추구하면서 그리고 그 뒤 서유럽의 재정 위기로 이어지는 금융과 재정의 복합 위기에 봉착했을 때도 상대적으로 건전한 아시아적 균형(실물 대 금융)이 새로운 상징적 가치를 연상케 하는 것인지도 모른다.

세계화의 물결을 타고 오는 세계의 보편적 가치 체계와도 만나면서 면면히 이어온 동양의 고유 가치가 수호되어야 하는가 또는 수정되어야 하는가의 과제도 등장할 것이다.

서구적인 경제 근대화 모델을 과감하게 받아들여 경제 부흥을 이루어 다음 세계의 중심이 아시아/중국으로 이동하면서도 아직 정치적 근대화에는 해답이 없는 셈이다. 서구의 여러 나라들이 인권·법치·다당제의 의회 민주제도와 같은 보편적 가치를 추구하는 과정에서 중국의 기여는 없어 보인다. 아시아를 넘어 세계를 포괄하는 대국이 되려면 아시아와 더불어 서양의 보편적 가치 체계도 존중하는 수용 능력이 중요하다.

하지만 여러 고비의 위기를 넘기면서 아시아적 가치가 빛을 잃지 않는 이유는, 오랫동안 이어온 동양적인 사유 체계 속에 사랑과 도덕, 사람과 자연 그리고 동양사회의 미덕인 사회 구성적 가치를 바탕으로 하는 여유와 자족함이 깔려 있기 때문이다.

일부 학자들은 중국의 노자와 장자의 무위자연론無爲自然論 사상을 도입하여 아시아적 개념의 확장을 주장하기도 한다. 노자의 무위자연론은 국가의 간섭을 배제한 자유방임론과 맥을 같이 한다고 해서 아담스미스Adam Smith나 하이에크Friedrich August Von Hayek보다 앞선 시장경제론자라는 주장을 하기도 한다.

새로운 아시아의 시대를 준비하면서 아시아적 가치는 새롭게 정립되고 가다듬어 새 세기의 시대정신으로 이끌어가기 위해서는 면면히 이어온 역사 공동체적 경험을 집대성할 필요가 있다고 생각된다.

역사적인 전환기에 이 지역 관련국이 합동하여 동북아역사재단(가칭) 같은 심도 있는 싱크탱크를 만들어보는 것도 가능하다고 생각된다. 넓은 마음으로 세계를 평화롭게 하기 위하여서다.

7장.
한반도의 그랜드 디자인과 평화 DNA

한국형
One Asia 공동체 구상

아시아의 협력체 구상

앞선 두 세기가 구미 대서양 시대였다면, 21세기는 아시아 태평양 시대가 된다는 예상들이 파도처럼 밀려오는 듯하다. 2010년 GDP에 대한 중·일 양국 정부의 통계치 발표를 보면, 세계 경제대국 2위 자리를 중국에 물려준 일본, 다시 2020년에는 미국을 능가한다는 중국 그리고 2050년에는 인도가 중국을 넘어 세계 1위에 이른다는 GDP 추정 통계들이 난무한다. 성장률 추정치를 보면 오히려 보수적으로 보이기도 한다. 경제 외적인 요인 등 여러 변수가 있겠으나 미국의 영향력이 줄어들고 신흥 대국들의 부상을 현실화하고 있다.

급증하는 아시아의 경제 파워에 이어 한국도 2011년 수출 실적이 5천억 달러를 훌쩍 넘어 세계 7위의 수출 강국 지위에 오르면서 대 아시아 비중이 교역량의 과반수를 넘어 역내 교역의 주요 파트너가 되고 있다. 특히 아시아 각국의 내수시장 확대가 아시아의 새로운 경쟁력으로 뒷받침되고 있다.

중국은 빈부 격차를 줄이기 위하여 덩샤오핑鄧小平 시대의 선부론先富論에서 분배론으로, 수출 중심에서 내수 쪽으로 선회하면서 커져가는 내수시장은 외부 충격을 완화시킬 것이다.

아시아 지역의 교역 등 절대적 비중 증가는 경제적 파트너를 넘어 정치·외교적 동반자 관계로 격상되고 있다. 한·아세안 관계도 포괄적 협력 관계에서 전략적 동반자 관계로 격상하는 데 합의했다.

한편 아세안을 넘어 4강 순방을 마친 이듬해에 대통령은 우즈베키스탄과 카자흐스탄 그리고 인도네시아 방문을 계기로 신아시아 외교를 표방하였다. 인도·말레이시아 등과도 고위급 인사를 교환하고, 다시 미얀마에 진입하는 계기를 만드는 등 아시아＋3을 뛰어 넘는 외연적 외교 관계 확보는 중간국가인 한국에게는 매우 의미 있는 구상으로 보인다. 아시아 지역 경제권의 부상과 동아시아 경제 통합 구상은 선택이라기보다는 시기의 문제일 수 있다.

또한 EU와 NAFTA에 이은 세계 3대 경제권 시대가 부상하고 있을 때 한·EU와 미국과의 FTA 협정을 타결한 것은 의미심장하다. 대한민국은 세계 최대의 선진시장과 광역 국가 교역시장을 중심으로 통합된 것이다. 이제 시대의 흐름에 따라 우리가 원하는 원 아시아의 향도 역할을 담당할 여건을 조성하면서 순서대로 제도장치를 쌓아가야 한다.

첫째, 제도와 지역 협력 방법으로는 공동 FTA 방안을 선행하는 방법이 유효하다.

EU가 고도의 정치적 리더십에 의한 통합으로 시작한 데 비하여 아시아 지역은 지역 국가의 다양성으로 인해 먼저 경제적인 통합 방법을 택할 수밖에 없다. EAFTA를 실천해나가는 절차를 거쳐 개별 국가 간 협정보다 포괄적 실효성을 높여 지역 경제 통합의 기초를 실행해야 한다. 2012년

5월 베이징에서 열린 한·중·일 정상회의에서 3국 간 자유무역협정/FTA 협상을 연내에 개시하기로 합의한 것은 이 지역 경제 통합을 위한 획기적인 시발점이 될 것이다.

둘째, 이미 타결된 치앙마이이니셔티브(CMIM) 다자회의 각국 분담 비율이 정해져 있다.

중·일이 각기 32%에 한국은 그 절반인 16% 그리고 아세아 10개국이 20%의 비율이 보여주듯이, 지역에

중국	한국	일본	아세안	계
32% (384)	16% (192)	32% (384)	20% (240)	100% (1,200)

* 괄호 안은 단위 : 억 달러.

서의 비중과 위치 한국의 위상이 그려져 있다. 위기 극복의 경험과 개도국이 많은 아세안 등의 이해와 협력도 중요하다. 중·일의 경쟁자 사이에서 의견 조정이 불가피할 경우 사안에 따라 아세안 국가와 연합하는 세도 고려할 수 있다. 아세안 국가는 이미 투자와 교역에서 우리의 역내 중요 파트너가 되어 있다. 2012년 아세안＋3 회의에서 재정위기 대응 강화 등 1200억 달러의 기금을 2400억 달러로 확대하는 데 합의했다.

셋째, 세계 3대 경제권으로 부상하면서 3극 통화 문제가 대두되는 시기가 문제일 수 있다.

EU처럼 아시아 통화 공동체에 관해서도 한때 북경발로 A3 통화 동맹을 건설하자는 주장들이 흘러나왔다. 먼저 한·중·일 3국 주도로 아시아판 유로존Eurozone을 만들고 아세안을 통합하는 안인 듯하다. 이 구상은 저평가 된 위안화와 고평가 된 엔화 문제를 동시에 해결하는 묘안처럼 보이나 일본의 재정 문제 등 정치적인 이유로 의견 일치는 쉽지 않아 보인다. 달러 약세와 더불어 기축통화 문제가 거론되면서 EURO·달러 그리고 3극의 한 축인 아사아를 대표할 통화 문제가 대두될 것에 대비해야 한다. ACU/아시아통화단위 A3 등의 논의가 있고, 실제로 IMF의 SDR 바스켓은

현재의 4개 통화(EURO·파운드·엔·달러) + 알파로 중국 위안화가 들어가고 보면, EURO—달러—아시아 통화의 3극체제가 가시화 단계로 들어갈 것이다. 이 경우 A3 한·중·일 통화 동맹에서 아세안 +로 이행됨이 순서일 것이다. 최근 중국이 위안화를 지역 통화로 만들겠다는 '위안화 국제화 계획'도 이 순열의 한 축이 될 것으로 기대한다.

넷째, CIMM의 진전과 다자간 Swap 체계에서 한 단계 나아가 AMF/아시아통화기금으로 발전시켜 IMF와의 연계체제도 중요하다.

한·중·일 그리고 아세안의 외환보유고만 합해도 6조 달러에 달한다. 예를 들어, 각기 5%만 갹출해도 3000억 달러에 이르는 자금을 관리할 수 있다. 나아가서 장차 가맹되어야 할 북한 등 세계 최빈국의 개발을 돕는 새로운 지역개발은행의 발족도 중요한 과제로 검토되어야 한다.

다섯째, 이 지역이 당면한 가장 큰 과제는 동북아의 안보 협력에 관한 희망이다.

동북아시아 지역에도 북대서양조약기구/NATO와 같은 강력한 안보기구가 필요하다. 이 지역이 지구상 가장 취약한 곳임에도 불구하고 지난 20년 동안 북핵, 미사일 문제 등에 제대로 대응하지 못했다. 심각한 지역 안보 문제를 이 틀 안에서 다루어나갈 안보 환경 정비가 시급하다.

여러 중요 과제를 다루기에 다양한 아시아국들의 통합 방식이 매우 어려운 것을 인식한다면, 기능적 통합 방법을 구상하면서 순서대로 제도마련(Institution Building)을 시작해야 한다.

또한 지나치게 지역 편중의 패쇄적 지역주의를 지양하고, 열린 지역으로 나아가면서도 아시아적 가치도 존중하는 새로운 형태의 관계에서 광역지역기구인 APEC·ASEM 등과의 연계도 소홀히 하지 않는 구상이 중요하다. 특히 지역 강대국 패권국 중심의 One Asia는 어렵기도 하나 바람직하지도 않다. 더욱 나아가 Middle Power인 중간국가들의 교호 관계나 글로벌한 시각에서 새로운 세기를 이끌어갈 지도 이념도 찾아야 하지 않겠는가.

방어적 외교와 통일 지향 외교

한반도의 분단 상황과 6·25 한국전쟁을 치르면서 분단 관리와 전쟁 재발 방지 등 지나치게 방어적인 전략으로 말미암아 국가의 장기 발전 계획이나 멀리 내다보는 아시아 시대 구상과 같은 미래 설계에 소홀할 수도 있었다. 그러나 우리들의 지도자들은 만만하지 않았다.

불가항력의 8·15 해방 공간에서 남하한 구소련의 흉계에 맞서 자유민주 정부를 수립한 이승만 초대 대통령의 형안炯眼은 자유 대한민국의 씨앗이 된 것이다. 그는 한말 대한제국 개화기에서 국권 상실과 일제 탄압 속 잔인한 옥고를 몸소 치르고 망명길에 올라 그 황망한 미국에서 하버드 대학교의 학부를 거쳐 프린스턴 대학 박사 과정에 이르는 역정을 상상해 보라. 평생을 나라 찾는 길에 매진했던 그가 상해임시정부 초대 수반을 거쳐 독립 투쟁의 역경 속에서도 공산주의의 폐해를 익히 터득한 것이다.

북의 6·25 남침으로 일어난 전쟁을 통일 없는 무위의 전쟁으로 마무리 하려는 우방국 미국에 맞서 자신의 정치 생명을 걸고 포로석방 등 강수를 쓰면서 엮어낸 한·미동맹은 2차 대전 후 초유의 강대국 미국도 부득이한 호의였으리라.

혼란 후 군부 쿠데타로 탄생한 박정희 정부는 앞이 보이지 않는 나라의 장래를 가난 속에서 영점 관리를 시작했다. 상대적으로 앞선 군사 행정 방식의 과학적 사고와 경제개발5개년계획으로 그리고 새마을정신으로 다져진 경제 건설은 세계 최빈국(국민소득 78달러 선)에서 탈출하는 길을 찾는다. 당시 정부 최대의 공적은 일제가 심어놓은 소극적이고 저급의 국민의식을 완전히 바꿔놓은 것이다. '하면 된다'는 적극적이고 창조적 DNA를 갖고 있는 민족정신을 되살려 놓았다. 필리핀·태국보다 훨씬 가난했던 나라를 선진국 문턱으로 올릴 수 있는 동력을 찾아 놓은 것이다. 그리고 70년대 초반까지 북한보다 못한 경제도 점차 올라서면서 남북 체제 경쟁의 완벽한 승리로 이끄는 데 기여했다. 두 정부에서 공들여 키워온 과학적 발전의 불씨가 오늘날 대형 원전을 세계로 수출하는 저력을 키웠다.

그 뒤를 이은 정부들이 세계 정세의 여러 어려운 단면들을 뚫고 경제 발전과 민주주의를 양생해내는 유일한 신생 공화국의 면모를 과시하게 했다. 이와 같은 힘을 바탕으로 러시아와 중국 등 북방 외교를 풀어가는 노력을 해왔다. 자칫 외톨이가 되기 쉬운 분단의 고독을 국제적인 외연적 교호 관계를 개척하면서 APEC·ASEM·ASEAN+3·AEC 그리고 G20서울 정상회의에 이르기까지 세계의 중심 국가로 나아가는 노력을 그치지 않았다.

이제 대치 상태보다는 하나로 아우르는 이상과 노력을 위해 무엇을 해야 할 것인가를 다시 생각하게 하는 때가 된 것 같다. 분단 관리나 피상적인 4강 순방 외교보다는 결자해지의 강자 자율 공조 기회를 만들어가야 한다. 특히 동북아 지역의 평화, 나아가서 유일 분단지역의 해소가 세계 평화에 기여한다는 논리와 이점을 확실하게 하는 길을 찾아나서야 한다.

문명의 흐름을 따라 세계는 다시 3극의 모양을 갖추게 될 것이 분명하다. 즉 EU·NAFA 그리고 동아시아 지역이 다음 순서로, 동아시아의 경제적 결속이 불가피하게 느껴진다. 이와 같은 다극체제의 한 축으로서 단일국가보다는 지역 협력체의 힘이 효과적일 것은 당연한 시대다.

한반도의 통일 국가화는 중국의 낙후지역인 동북지역을 포함하여 러시아의 극동지역 개발과 일본을 포괄한 물류 연계 등 극동지역의 경제적 시너지 효과를 대망한다. 해양국가이며 동양에 관심을 가진 미국을 포함하여 잃을 것 없는 4강의 안정과 경제적 보상이 강조되는 평화의 서광이 비치게 해야 할 것이다.

첫째, 한반도는 대립되는 주변 강대국의 경제적 이해를 증진 조정하는 동시에 동북아의 경제적 통합의 촉매역할을 해내는 안정 인자로서 그리고 접합 효과가 강조되는 새로운 필요 국가로 인식케 해야 한다.

둘째, 강자 가운데서 필요한 소프트 파워를 길러 지리적인 강점으로 지역 경제 중심지(Regional Business Center)의 역할을 자임해야 한다. 대형 다중 FTA로, 교역 중심 국가로 정보통신 육·해·공의 접근 가능한 물류 중심, 관광·의료·휴양지, 한류와 문화의 향기, 지식집약형 고부가 서비스 지원을 통하여 주요 경제 지원의 One Stop 특구 역할도 가능할 것이다. 개방적 협력 증대와 IT 등 수확체증법칙의 확대 적용으로 상호의존 관계를 넓혀갈 수 있다.

셋째, 개도국 중 앞선 개발과 더불어 고난 해결 경험, 경제와 민주화 동시 달성 가능한 모형 그리고 21세기를 지향하는 삶의 틀 평화의 상징으로 벤치마크가 되는 나라로 부각되어야 한다. 이웃나라가 발전하면 할수록 우리의 협력이 필요해지는 분야가 많아지는 비교 우위적 의존 관계를 슬기롭게 개척해 나가야 한다. 신뢰와 의존 관계가 쌓여가면서 대승적 지역 통합 원칙 아래 한반도의 통합 작업이 이루어져야 한다. 인권 존중은 영속적인 보편적 진리라면, 독재 전단 체제는 단명할 수밖에 없다는 인식을 공고하게 하는 것은 어려운 일이 아니다.

넷째, 새로운 통일 외교의 방향성이다. 한반도를 둘러싼 국제 역학적 향방에 따라 한·미·일·중국을 연계하는 태평양축, 즉 동서축에는 안보동맹과 근린 관계 그리고 전략적 협력 관계를 구축하는 등 앞으로도 심도 있게 관리해 나가야 한다.

4강의 하나인 러시아에는 푸틴이 대통령으로 복귀하면서 동아시아에 관심을 가지고 자원외교 등 동방정책을 강화할 것으로 보인다. 남으로 중국 다음(next china)을 이을 동남아 국가와 인도 그리고 중동과 아프리카로 이어지는 남북축의 외교 강화가 중요하다.

한·터키 FTA가 성립되면서 터키를 중심으로 한 중앙아시아의 탄 국을 포함한 몽골리안 준혈족 국가와 인구 5000만 전후 규모의 중형국가(Middle power) 연대로 무극시대無極時代의 세계 연대를 구상해 볼 만하다. 남북축과 동서축에다 미들파워 연대로 묶는 21세기 통일 한국 외교의 선도 전략의 틀을 만들어야 한다.

4강 중 영토적 이익(Territorial Interest)이 없는 미국과의 동맹 관계를 유지하면서 주변 4강의 영토적 영향력을 상쇄하는 균형 외교의 지혜가 필요하다. 한편 통일 외교의 방향성이 중요하다. 외교적으로 경도됨이 없는 또 다른 균형 외교가 통일 외교다. 우리는 적대 세력을 만들지 않고, 주변 국가에 위해가 되지 않은 원교근교책遠交近交策의 묘방을 견지해야 할 것 같다.

선·후진국의 가교역 및 세계 문명 기여론

그 동안 우리는 우방국과 이웃의 많은 도움으로 가난에서 벗어나 잘 사는 나라의 모임인 OECD에도 가입했고, 2010년에는 못 사는 나라를 지원하는 클럽인 ODA에 등재되는 영광도 안았다. 우방들은 대가없이 우리를 도왔고, 나라를 지키는 일에 수많은 젊은이들의 영령이 평화를 위해 바쳐졌다.

미국의 키신저 박사는 "역사는 국가의 기억"이라고 했다. 역사를 모르면 현실을 제대로 이해할 수 없다는 것이다. 우리가 가난에서 어떻게 헤어난 것인지, 우리가 누리는 번영과 자유를 어떻게 쟁취한 것인지를 모르면 그 소중함과 자랑스러움을 알 수 있겠는가.

이제는 우리가 얻은 소중한 경험과 번영의 기회를 감사한 마음으로 수많은 지구상의 어려운 나라를 도울 차례다. 도움의 능력에는 한계가 있지만, 우리는 남이 갖지 못한 것을 많이 가지고 있다. 뿐만 아니라 현실적으로 필요한 것을 알고, 필요한 곳에 도와주는 효율도 생각해야 한다.

첫째, 지구상에는 문맹국文盲國이 많다는 것에 착안해 보자.

우리는 세계 최고의 글자인 한글을 세종대왕으로부터 선물 받아 사용하고 있으나 그 고마움을 알지 못한다. 한글은 모든 소리를 완벽하게 적을 수 있다. 당초의 훈민정음 원형을 복원하여 세계의 글자로 정비해서 언어가 없는 민족의 소리글로 전파한다면 세계의 문맹률을 크게 낮출 것으로 생각된다. 이미 인도네시아 바우바우시에 사는 소수 민족 찌아찌아 족이 자신들의 언어를 한글로 표기하려는 시도가 진행 중이다. 유네스코에서도 훈민정음을 세계문화유산으로 지정할 만큼 한글의 가치를 인정하는 한편 세종대왕상을 제정 사용하고 있다.

프랑스문화원이나 중국의 공자학원보다 실제로 문맹국가에 진출하여 세종학원의 기틀을 다져간다면, 이를 받아들이는 쪽에서 보면 외국 문헌을 배우는 이점과 더불어 자국어 표기의 이점을 받아들여 자국화·현지화로 효율을 높일 수 있을 것이다.

둘째, 근대화 초기 가난에서 벗어나기 위하여 창안된 정신개조운동이 새마을운동이다.

가난한 농촌의 퇴락한 정신문화를 깨우기 위한 소박하면서도 강렬한 운동이었다. 가난의 악순환 속에 자포자기의 소극적 정신 상태를 적극적 사고로 바꾸는, 즉 '하면 된다'는 생활방식으로 바꾸는 운동이다. "하늘은 스스로 돕는 자를 돕는다"는 마음을 구체화한 것이 새마을정신이다.

1970년 박정희 대통령의 구상에 따라 근면·협동 정신을 말 그대로, 처음 작은 마을에서 열심히 일하기 시작하는 사람들을 돕기 시작한 것이다. 다시 말해 아무것도 없는 마을에서 버리는 볏짚으로 만든 가마니를 적극 수매해 주고 소득을 올려주는 일, 공동작업의 결과물이 소득사업으로 연결되고, 마을개조사업으로 수도사업, 길 정리에 재료를 공급해 물류를 일으키는 등 변하기 시작하는 마을을 모범으로 키워 온 것이다.

이를 본 이웃 마을들이 처음에는 냉대하다가 자신들이 뒤처지는 모습을 보고 일어나기 시작한 운동이었다. 근면·자조自助·협동 정신을 바탕으로 삼아 스스로 노력하는 마을에 선별적으로 지원을 강화한 것이 새마을운동의 핵심 원리다.

옛 속담에 "사촌이 논을 사면 배가 아프다"는 속설을 뒤집어 놓은 심리 상태를 활용한 것이기도 하다. 새마을정신은 우리나라의 정신자본의 실체가 되었고, 오랜 세월 우리의 마음속에 성공의 신화처럼 남아 있다. 개발 연대의 이념인 새마을의 표상은 지금도 지방정부 청사나 기업의 현관 게양대에서 태극기를 가운데 두고 단체기와 더불어 '녹색의 새마을기'가 나란히 펄럭이고 있다.

많은 나라들(74개국)이 새마을 연수를 받고 가는 등 이 운동을 수입해 갔으나 우리나라만큼 성공한 사례는 아직 듣지 못했다. 그러나 중국을 비롯해 동남아·아프리카 등 많은 곳에서 성공 소식이 들려올 것으로 기대 된다. 이 운동은 실질적으로 그 나라의 사정과 민족의 성상에 따라 활용하고, 현지 적응에 맞는 방법을 함께 연구하면 크게 발전시킬 수 있을 것이다. 지구상에서 가난의 고리를 끊는 기회가 되게 조직적으로 돕는 길을 열 수 있는 것이 우리나라라고 생각된다.

셋째, 한국형 개발 모델 또는 여러 개발 수단의 전수를 들 수 있다.

폴 크루거 교수가 뭐라고 해도 좋다. 그러나 아무것도 없는 상태에서의 투입 요소를 집약하는 힘이 중요하다. 농업이든, 어업이든, 지하자원이든 처음 결합할 수 있는 요소는 노동력을 묶는 길을 여는 것이다. 약간의 기술지원과 자본지원으로 경험을 축적하면서 자조 능력을 길러내야 한다. 우리의 경우는 새마을정신으로 점화했는지도 모른다.

정부에서는 5개년 단위로 경제개발계획을 강력히 추진하고, 수출 지향 개방 경제로 세계화에 동참하면서 단계적인 경제적 성공은 민주화의 벽을 넘어 선진화의 두 관문을 함께 통과했다. 따라서 우리가 몸소 체득한 발전 경험을 어려움을 겪는 곳에 전해줄 의무가 있고, 그 동안 많은 도움을 받았던 감격을 건네주는 기회를 갖게 된 것이다. 특히 IT 강국으로서 행정전산 등 앞선 기술들을 전수해 주는 것이 그들 정부에 절실한 부분을 메워주고, 우리가 성공을 거두었던 식량 증산, 그 중 통일벼나 새 옥수수 개발 농업 그리고 세계 제일의 산림녹화 기술도 매우 중요한 종목이다.

친환경사업의 중추인 식량과 에너지 그리고 물, 다시 말해 FEW Food · Energy · Water는 2011년도 다보스포럼의 핵심 의제가 되었다. 최근 식량과 석유 가격이 폭등하고 물 부족 사태가 눈앞에 다가와 있듯이, 앞으로 100년 동안에도 식량·에너지·물이 세계적인 키워드가 될 것이란 공감대가 형성됐다는 것이다. 특히 이 포럼에서 우리나라 대성그룹의 태양·풍력 등 복합 에너지시스템이 모델로 소개되었다. "몽골에서 풍력 등을 활용한 재생에너지로 지하수를 끌어올려 감자를 생산함으로써 FEW를 한꺼번에 해결하고 있다"는 것이다. 이 시스템은 카자흐스탄·에티오피아·요르단으로 이미 수출하는 방안이 협의되고 있다고 한다.

위의 예는 다보스에서 적절히 제시되었으나 이미 중국과 내몽골의 황사 지역에는 이와 비슷한 복합에너지시스템으로 황사 발원을 차단하는 근본 대책으로 장기적인 조림사업을 펼치는 국내 사업단이 진출할 것으로 알려져 있다.

넷째, ODA*+알파로 세계 지원의 기여도를 점차 높여야 한다.

우리가 절대적인 빈곤을 벗어나기까지 무수히 많은 원조와 지원 및 구

---

* ODA : Official Development Assistace. 증여차관 기술원조 등의 방식으로 선진국에서 개발도상국을 지원하는 원조를 총칭한다. 우리나라 ODA 중 유상원조는 수출입은행을 통한 대외협력기금(OECF) 지원이 대표적이다. 무상원조는 한국국제협력단(KOICA) 봉사활동 등이 있다.

조의 손길이 이어졌다. 한때 미국의 잉여농산물 공급은 우리의 기근을 해결해 주었고, 이의 판매 대전이 정부 예산의 일부가 되기도 했다. 또한 국방 예산 대부분은 미국의 원조나 무기 지원에 의존하던 때도 있었다.

6·25 한국전쟁 당시 16개국에서 파병한 병력으로 나라를 지켜냈다. 3만 5000여 명의 젊은 피가 산화하고, 15만 명 이상의 부상자를 낸 엄청난 은혜를 입고 성장한 것이다. 그렇게 가난했던 대한민국이 2009년 11월에 이르러 OECD 개발위원회/DAC 일원으로 가입하면서 원조를 받던 나라에서 원조를 주는 최초의 나라가 된 것이다.

그 동안 세계로부터 도움(127억 달러)을 받아온 우리도 아름다운 빚을 갚아가면서 빈곤 탈출 성공 사례와 성장 모델을 전하게 된 것이다. DAC 가입으로 정부의 공적개발원조/ODA를 하면서 단순한 물품의 원조, 즉 고기를 잡아주기보다는 고기 잡는 방법을 전수할 수 있다면 금상첨화가 될 것이다.*

받는 쪽 사정에 따라 새마을 방식, 글자를 전달하는 교육, 의료 보육 지원, 새 영농지도, 산림녹화 및 가족계획까지 우리가 익히 해냈던 모든 기술을 지역 계층의 희망사항에 따라 겸손히 전수해야 한다. 경우에 따라서는 패키지 형식으로, 나아가 소규모 새마을 기업 지원, 자본 참여 교육, 기술지도, 전달 교육 등을 통한 먹거리 사업과 시장 연결 연습 등 발전 경험을 발굴해서 전해줄 수 있을 것이다.

우리나라의 ODA 규모가 아직은 낮은 수준이나 점차 늘려나가면서 양보다 한 단계 높은 프로그램을 통해 높은 질적 수준의 지원이 중요하다. 예를 들어 도로·교량 건설과 같은 하드웨어의 공적 원조보다는, 우리의 앞선 IT 기술을 바탕으로 ODA를 통한 국가발전시스템, 행정전산 그리고

---

* "다보스포럼의 핵심 의제 FEW", 조선일보, 2011년 2월 1일자.

전자무역시스템 등 소프트웨어로 고부가 서비스를 전수하는 것이 효과적이다. 한편 우리나라는 서비스산업의 누적 적자국이기 때문에 ODA와 연계된 서비스산업의 수지 개선을 연계하는 방안도 고려할 수 있게 될 것이다. 이는 매우 적극적인 방안이 될 수 있고, ODA 중에도 유·무상 지원이 국제협력기금/OECF이나 KOIKA 등 관련 기관을 통해 매우 효율적인 원조가 가능할 것이다.

다섯째, FEW에 공헌하는 길을 찾아보자.

2011년 다보스포럼의 키워드 중 'E'(Energy) 부분을 생각해 보자.

한국은 몇 가지 점에서 기여할 수 있다고 생각한다. 첫째, 무공해 비소모 성자원 활용이 가능하다는 점이다. 3장에 예증한 조력전기+원자력+양수발전 모델은 대량발전시스템이다. 서해에 부존된 간만의 차는 영속할 것이고, 한국형 대형 원자력발전에다 잉여전력의 저장, 재생 수단인 양수발전 시설의 콤비네이션은 환상적이다. 대량생산과 무공해 재생에너지 발전 체계를 완비한 나라는 대한민국 말고는 없다. 불행히도 환상적인 조력과 양수발전 시설이 잠자고 있다. 간단없는 용기와 그리고 소통의 기회를 잡고 해결한나면 Green Energy의 무범 생산관리국이 될 것이다.

'W': 물 문제의 열쇠도 한국계 기업이 장악하고 있다. 해수담수화나 사막관개기술과 시공 실적이 이를 증명하고 있다. 앞으로 다가올 물 부족 사태도 최대 용량의 바닷물이 있는 한 문제될 것이 없다. 여기서도 에너지는 필수다. 사막은 에너지 보고이다. 이글거리는 태양광·태양열은 타 지역보다 열효율이 높고 탁 트인 사막지대는 바람곳이 있기 마련이다. 아프리카 사막에서 태양광·풍력의 대량생산이 가능한 반면, 바로 바닷물의 분해 생산에너지로 청정물의 대량생산이 가능할 것이다.

물의 대량 공급이 가능하다면 대자연 사막에 대단위 수경재배 또는 관개사업으로 연중무휴 윤작 농작물 생산이 가능할 것이다. 그렇다면 FEW를 모두 해결할 능력을 가진 나라는 우리나라뿐이라고 추정할 수 있다. 자연의 힘(E), 무한량의 바다, 물과 사막의 태양을 결합한 물(W)과 농산물(F)로 FEW는 모두 해결된다.

마지막으로 세계 평화에 대한 특별한 공헌 의식과 전략도 갖추어야 한다는 생각이다.

세계 유일의 분단 상황과 기아와 강제수용소 등 기본 인권 유린 상태에 놓인 북한 문제를 두고 세계 평화를 운위할 수는 없다. 북한을 정상 국가화로, 국제사회의 일원으로 복귀시켜 한반도가 하나 되는 계기를 만들어간다면 민족의 통일을 넘어 동북아 안정과 세계 평화에 공헌하는 대도大道가 보인다. 분단으로 막혀 주변 지역 변방으로 남아 있는 북한과 연해주를 잇는 시베리아 개발이나 가스관의 연장 공급은 러시아·북한 및 한국 모두에게 이득이 될 것이다.

문제가 된 안보 부담을 함께 해결하는 것은 세계 평화에 공헌하는 마지막 시대적 사명이다. 이제 북한은 천재일우의 호기를 맞은 것이다. 국제사회와 더불어 통일 한반도의 시대를 열어가는 전략을 짜야 한다.

21세기
대한반도 책략

한국 근·현대사의 숨 가쁜 전개 과정을 체험하고 지켜온 우리들은 건국과 6·25 한국전쟁을 거치면서 무에서 새롭게 시작한 경제 개발과 민주화 과정들을 종합해 보면 60여 년에 이룩한 대단한 성공 스토리다.

폐허 위에 우방의 원조와 외자 지원으로 시작된 경제 재건은 백지 위에 새롭게 그려지면서 남북 간의 절대적으로 불리한 경쟁을 극복한다. 안보는 유엔군 지원과 미국의 군사 원조에 의존하면서 경제 건설에 매진할 수 있어 냉전시대의 체제 경쟁에서도 완승할 수 있었다.

분단의 외로움을 외연적 교류를 통하여 APEC·ASEM·EAC 등 광역지역협력기구의 동심원 속에서 G20의 회원국이 되는 새로운 역사를 이룩한다. 세계 경제의 중심 이동이 본격화 되는 시대에 패권 접수와 리더십 부재를 보완하는 지역 통합의 기재로 EU·NAFTA에 상응하는 제 3극의 조직적 지역 협력체의 필요성을 검토해 왔다. 지난 해 ASEAN+3국의 한·중·일 사무국이 설립된 것은 작은 일 같지만 유럽연합의 출발이었던 베네룩스 소3국 연합보다는 우람하지 않은가.

다극화 시대의 외교 능력은 나라의 운명을 갈라놓을 수 있다. 4강 주축으로 한 한반도 통합의 외교 비전이 나와야 한다. 리더십 부재의 시대에는 오히려 군소국의 활용이 중요해진다. EU의 초기 소국이 대표선에 나오듯이 미들파워군의 연대 결속도 유용할 것이다.

중국은 동북공정에 이어 청사공정靑史工程을 마무리하면서 한국의 고대사로부터 고구려·발해로 이어진 역사 왜곡을 자행하고 있다. 최근 만리장성의 연장을 획정하면서 고구려의 성을 포함시키기 시작했다. 이들이 중화민족을 구성하는 소수 정권으로 그들 강역 내 조선족의 역사와 심지어 한글까지도 조선족, 즉 중국문화로 강변하는 한글공정 등 역사 논쟁이 이어지고 있다.

북쪽 간도로부터 남쪽 이어도에 대한 관심 표명으로 민감한 영토 분쟁 소지가 있다. 이렇게 지켜만 보다가는 남을 것이 하나도 없어진다. 제5의 문명으로 발견된 요하문명을 중국 역사로 하여 황제黃帝의 전설을 역사화하면서 뭔가 잘못된 역사 조작을 계속하고 있다. 우리는 하위공정에 맞서기보다는 요하문명에 나아가 역사의 지분을 확보해야 한다.

요하의 적봉지역 상류는 몽골—러시아—한국—일본으로 이어지는, 특히 몽골리안과 중국 동북지역의 역사 컨버전스Convergence 지대다.

지역 협력에 앞서 역사 공동체적 융합의 대승적 차원에서 맹방의 역사 훼손을 풀고 공동체적 의식을 복원하여 문명 이동·경제 패권의 이전 시기에 세계의 한 축인 3극체제의 정리 시대를 맞이해야 한다.

한때 개화기의 상등사회上等社會(김일순)나 강석진 선생의 한민족의 성쇠 중 간방艮方에 처한 한반도의 전성기로 그리고 프랑스의 지성 자크 아탈리Jacques Attali와 미국의 미래학자 다니엘 벨Daniel Bell은 한반도의 위치를 환상적인 것으로 재평가해 왔다.

최근에는 놀랍게도 한국인의 공감共感 능력이 집단 감성을 일으키듯
공동체적 DNA가 넘치는 한류 붐이 넘쳐난다. 한류는 중국·동남아·중동
을 거쳐 문명의 자존심인 파리·미국 그리고 중남미로 둥근 지구를 따라
퍼져나간다. 한류 콘텐츠가 이미 유튜브나 SNS를 통해서 세계의 한류
팬들에게 전파되는 특징을 보여, 235개국 23억 명에 연결된다는 소식*은
경이롭다.

이제 기술혁신·산업혁명의 사회 인프라스트럭처를 대망하면서 한류
콘텐츠의 자원화와 더불어 환경·기술·에너지 주축의 제3의 산업혁명을
견인하는 흐름에 함께 동석해야 한다. 세기적 전환점에서 한반도 전략은
무엇인지 시대적 사명을 생각한다.

한반도의 발전 전략

1) 산업혁명의 선도국가 합류와 새 문화산업

산업구조·기술구조·인구 문제 등 성장의 정체기를 극복하고 선진국
진입을 위해서는 과거보다 성숙한 사회기반구조의 혁신이 전제된다. 압축
성장 시 정신문화의 지체 현상을 교정함과 동시에 무형의 사회적 자본
축적으로 국격을 높이는 사회개조운동이 필요하다.

미국의 문명비평가인 제러미 리프킨Jeremy Rifkin은 최근 인류가 맞이할
중요 변곡점인 '제3차 산업혁명의 도래'를 거증하고 있다. 3차 산업의 핵심
은 정보기술과 에너지 혁명 그리고 그린혁명을 수반할 것이다.

이미 새 산업혁명은 시작되고 있으며, 인터넷혁명은 아시아에서 먼저

---

* "한·중 FTA 국제 정치적 함의: 글로벌 포커스", 매일경제, 2012년 1월 17일자.

시작되고 있다. 한국의 지식, 정보혁명에 이어 자연에너지를 주축으로 하는 그린에너지산업의 독특한 발전이 새로운 산업 패러다임의 변환에 합류하기에 충분할 것이다.

3차 산업혁명의 핵심 요소는 모두 재생에너지와 연결된 것이다. 즉 재생가능 에너지의 생산과 사용, 저장기술과 에너지 인터넷으로 변형된 에너지 그리드의 공유로 전원의 사용과 되파는 과정을 포괄한다. 우리가 구상하고 있는 원전과 조력발전, 양수발전의 저장 시스템 그리고 풍력 등 분산형 전원 체계는 너무 유사하다. 우리 쪽 구상이 대량 체계인데 비하여 주거건물을 포함한 건물에서의 발전과 배분이 분산된 시스템에 차이가 있다. 그러나 손정의 회장이 추구하는 아시아 수퍼그리드가 현실화 되는 경우, 국경과 대륙을 넘나드는 에너지의 교호 사용이 가능하게 되면 혁명 이상의 에너지 빅뱅을 만나게 될지도 모른다.

새 산업혁명의 또 다른 내용인 새로운 기술의 출현이 지연되어 왔으나 점차 생명과학 Bio쪽과 나노기술의 극미세술 이용이 가시화 되고 있다. 한국의 줄기세포기술의 상용화, 3D기술의 개발과 이들 기술의 융복합으로 기술혁신을 대망하면서 항상 새 산업혁명 선도국과 함께 할 준비를 해야 할 것이다.

3차 산업혁명은 선행 산업혁명과는 완전히 다른 경제구조와 고용체계, 소통 방식의 변화를 전망한다. 수평적 정보를 공유하는 인터넷 활용과 한국인의 특별한 공감共感 능력이 새 산업형태의 패러다임에 부합될 뿐 아니라 인간 본연의 행복 추구 욕구에도 새로운 창이 될 것이라는 사실이다.

IT와 성력화의 진전으로 산업 노동자의 양산을 기대할 수 없는 대신 시민사회 쪽으로, 즉 NGO들의 활동 영역이 넓어지면서 많은 고용 기회가 주어진다는 전망이다. 태권도를 원조로 시작된 한류는 드라마 중심의 1세대에서 가요와 뮤지컬 중심의 문화 콘텐츠로 진화했다. 이제 K-POP으로 대표되는 2.0 버전을 넘어 유통·음식·패션산업으로 확장하면서 문화의 산업화, 즉 컬처노믹스Culturenomics의 한 축으로 자리 잡아 간다.

한류 3.0은 한글을 포함한 한국문화 전반과 경제 발전 경험까지 한국의 브랜드 파워로, 원조를 받고 자라온 경험과 더불어 성장세에 들어온 나라들에게 진솔하게 전수해야 한다.

정의채 원로 신부 말씀대로 젊은이들을 좁은 땅에 잡아두지 말고 밖으로 내보내는 통로로 '문화봉사단(Culture Corps)'을 만들어 문맹 퇴치와 의료봉사, 새마을 교육 등을 전파하자는 것이다. 아울러 정부의 대외지원사업을 조정해서 장래 인적 개발 투자와 연계하여 동남아·인도·중국 내륙 등 성장 잠재력이 큰 지역에 젊은 봉사단을 대량으로 미리 보내자는 것이다. 20만 명 정도 필요할 것으로 보고 연차적으로 파견한다면, 인재 개발과 더불어 고용 문제로 생길 세대 간의 첨예한 갈등을 미리 막아내는 세계적인 모범 사례가 될 것이다.

2) 기업의 생태계 조정과 중산층 확대 정책

사회 안전층은 언제나 중간층의 튼튼한 허리작용에 힘입어 사회의 안정화, 나아가 민주화로 나아가는 디딤돌이다. 그 중간층인 중산층이 줄어든다는 것은 위로의 계층 이동 폭이 좁아진다는 것이 되고, 희망이 절망으로 바뀌어 불만층이 늘어난다는 것이 된다.

성장 과정에서 대기업의 공적이 컸다. 국제 경쟁 관계에서 최적의 지배구조를 유지하며 많은 계열사를 거느리면서 기업의 자연스런 생태계에 변화를 가져왔다. 대기업은 많은 계열사로 그룹을 이루어 세습형 지배구조 아래 가족족벌경영이 유행하면서 독립 기업의 설 자리가 좁아진다. 그룹 기업과 독립 기업 간의 불공정 경쟁 상태를 조기에 조정하는 특단의 조치가 필요하다.

대기업이 공개 기업으로 되면서도 5% 미만 평균의 낮은 지분율*로 전 계열사를 지배하면서 2세, 3세의 가족과 그 친지가 경영 일선을 점령하는 모습은 마치 전제 체제의 3대 세습을 방불케 한다.

지니계수나 재산소유불평등도(한국 46%, 스웨덴 58%, 미국 71%)보다 나쁘지 않으면서도 불평등하다고 느끼며, 다음 세대의 계층 상승 가능성을 기대하지 않을 것이라는 통계청 조사가 나와 있다. 이와 같은 기업 생태계의 분위기나 대기업 관행과 행태에 실망한 것으로 보인다.

로열패밀리와는 달리 올라갈 사다리가 없다고 보는 것일까. 불만의 세대를 관리할 소통과 공감의 지혜가 필요하다. 미국의 통계를 보면, 400대 부호 중 70%가 스스로 창업하여 성공한 부자들이다. 특히 부호 빌 게이츠나 스티브 잡스는 당대의 자수성가형의 대표이다.

가족 경영의 성공 사례도 많다. 대표적인 그룹인 스웨덴의 발렌버리가家나 미국의 듀폰, 일본의 토요다자동차 등 아주 많다. 그러나 경영과 소유가 분리되고, 경영 참여의 경우도 대표 격인 소수인이 참여한다. 장수를 누리는 선진국 가족 기업 형태의 대기업들은 오너 일가의 경영 참여를 제한하는 엄격한 원칙을 갖고 있는 것으로 알려져 있다.

소·중·대 국제 대기업으로 기업 생태계의 숲을 피라미드 형태가 되게 정상화하여 계열화함으로써 다음 대기업의 생성을 대망할 수 있어야 한다. 대기업 중심인 산업구조에서 대량투자 등 선도 산업은 대기업이 맡고,

---

* 2012년 4월 공정거래위원회 발표 자료를 보면, 총수가 있는 43개 그룹의 총수일가지분율은 4.17%로 낮아지고, 계열사지분율은 49.5%로 높아지는 경향을 보인다.

지식·정보·통신 쪽의 신 수종사업 발굴과 다양한 부품산업 쪽은 중소기업이 더 잘할 수 있을 것이다. 그리고 모바일 SNS 문화 콘텐츠, 전통 제조업에 스마트 입히기 등 1인 창업 기업도 담당할 수 있는 시대에 와 있다.

또한 중소기업에서 중견기업으로 발전하는 곳에 중기에 주어지던 혜택은 일거에 상실하는 우려 때문에 규모를 키우지 않으려는 소극적인 양태들도 정부와 기업 쪽에 합리적인 기준을 정해서 중견기업·대기업으로 성장할 수 있는 길을 확실하게 열어야 한다.

한국과 달리 이스라엘 청년들은 의사·변호사보다 창업을 선호한다는 에후드 올메르트Ehud Olmert 전 이스라엘 총리의 외침은 충격적이다. 우리 학생들이 법대와 의대 지원 취향과 또 공무원 시험 추세 등 안정과 쉬운 길을 가려는 기백 없는 청년과는 대조가 된다.

중간소득층을 늘리는 계획은 사회 안전망 정착을 위한 기본 시책으로, 미래에 대한 희망과 긍지를 갖도록 하는 것이 최선의 선택이다. 보편적 복지 등 우리 현실에 맞지 않은 정책보다는 일하는 복지를 지향하면서 성취의 정상적인 행복 추구 세대를 정착시켜야 한다.

IT산업 패러다임에서도 인간 중심의 창의에 기초를 둔 혁신만이 미래 부가가치의 기반이며 경쟁력의 원천이 된다. 다양한 재교육 과정을 거쳐 새로운 기술 시대의 도래를 예상한 자립 기반 기술을 통하여 창업 기회를 강화하는 길은 새로운 미래 성장 기업의 싹을 키우는 생태계 창조의 지름길이라 생각된다.

창조적 파괴로 잘 알려진 조지프 슘페터Joseph Schumpeter가 설파한 지속 성장의 두 핵심 요소인 "끊임없는 혁신과 진취적 기업가 정신"은 반세기를 지난 지금도 자본주의 경제를 유지·발전시키는 요체이자 그의 정열적인 주장은 우리의 심장을 뛰게 한다.

3) 인구 백년대계

지난 12월 통계청에서 발표한 '2010~2060 장래인구 추계' 결과를 놓고 보면, 2018년부터 줄어든다는 총인구가 2030년 52,160,000명을 정점으로 감소하는 것으로 나타났다. 2005년 추계보다 정점년도가 12년 늘어났다고 볼 수 있다. 합계출산율도 최저 1.08에 비하여 1.23(2010년)으로 약간 개선되어 정부의 저출산 대책들이 효과를 보는 것으로 보이기도 한다. 기대수명의 증가와 최근 외국인의 순유입 증가와 함께 영향을 준 것으로 평가하고 있다.

생산인구 감소 속도도 물론 다소 완화된다. 그러나 국민연금과 각종 연기금 등은 새 통계 자료에 의한 조정은 불가피하다. 그렇다고 해서 저출산 고령화의 추세가 달라졌다는 이야기는 아니다. 인구 문제는 여러 번 강조해 왔지만, 적어도 최소한 한 세대 이상을 두고 국가 미래를 가늠하는 백년대계百年之大計, 복지정책의 초점도 여기에 두어야 한다.

산아와 보육·교육 전 과정에 국가 책임이 강조된다. 다인종사회인 미국을 제외하고, 인구가 줄지 않은 선진국은 프랑스가 유일하다. 한때 합계출산율 기준이 위협받게 되자, 프랑스 정부는 파격적인 출산양육정책으로 선회한다. 두 자녀 이상 자녀인 경우 임신·출산·육아 보조로 시작해서 20세까지 사실상 교육 등 전 과정을 국가가 지원한다.

GDP의 4~5%를 투자해 출산율을 2.07명 선으로 끌어 올려 노동력 공급에 문제없는 선진국이 된 것이다. 이에 반하여 우리나라는 영·육아 지원액인 GDP의 0.5% 전후 수준의 턱없이 낮은 투자를 하면서 인구 정상화를 바랄 수는 없다. 이미 추진하고 있는 취학 연령을 앞당겨 만 5세에 초등학교에 들어가게 해서 교육비 부담을 혁신적으로 줄여야 한다. 다자녀 가구에 대한 세제 주거 혜택과 우대 정책을 구체화하고, 만혼사조 일정 연령

이후의 독신 또는 무자녀 세대에는 응분의 부담을 지게 하는 선언적인 방안을 고려할 수 있을 것이다. 미혼모의 국가 관리와 고아 수출의 오명도 끝내야 한다.

단기적으로 인구 수입, 즉 이민정책에 의존할 수밖에 없다. 일시적 수급보다는 정주인구 고급 인력을 늘리도록 해야 할 것이다. 장학금 제도를 좀 더 확대해서 우수 인재를 미리 확보하는 경쟁에 뒤처져서는 안 된다. 한류를 타고 높아진 국격을 실용적으로 활용하는 길을 열어야 한다.

멀리 보고 진정성 있게 지원해야 할 남북 간의 가장 중요한 현안 두 가지가 있다. 지급 통로 확인이 가능하다면 식량과 어린이를 위한 비타민 등 영양식품 그리고 절박한 결핵 약품 등은 조건 없이 무제한 공급이 가능토록 해야 할 것이다. 북한 어린이는 훗날 우리 인구를 구성할 주요 재목이 아닌가. 또 하나는 북한 땅에 급속히 진행되는 사막화 방지를 위한 녹색산업 등 장기지원사업을 기획해 농지의 지력 회복을 통하여 식량 증산이 되게 하는 것이다. 북한 주민을 위한 비정치적 지원과 접근은 민족 보존을 위한 기본 가치임을 확인하는 것이다.

4) 외교 안보와 역사 논쟁의 해법

금세기 들어 다극체제로 진화하는 국제 질서에서 점차 외교 역량의 발휘가 무겁게 느껴진다. 손자병법에서 최상의 전략이 싸우지 않고 이기는 것이라 했듯이, 외교력은 안보의 중심축이 되어가는 듯 느껴진다.

19세기 말, 현란했던 국제 질서를 청나라의 한 외교관인 황준헌黃遵憲에 의해 당시 외교방약서 형식으로 된 조선책략(원명 : 私擬朝鮮策略)이 있다. 러시아의 남하정책을 방지(防俄論)한다는 청나라의 의도가 숨어 있다고 해도 친중국親中國, 결일본結日本, 연미론聯美論은 오늘날에도 유사한 환경일 뿐 아니라, 당시 힘없는 대한제국의 열강 외교 책략서로 1880년대 조선 정부의 개화정책에 크게 영향을 주었다고 한다.

두 세기를 넘어선 오늘의 대한민국은 미국과 안보 동맹에다 자유무역협정를 성립시킴으로서 군사·경제적으로 확고한 동맹 관계를 강화하고 있다. 중국과도 전략적 동반자 관계로 격상된 외교 관계를 유지하면서 교역에서는 한국의 수출 제1의 파트너로서 교호 관계가 깊어가고 있다. 우리는 하나의 중국을 인정하면서도 중국은 두 개의 코리아 남한과 수교하여 북한을 관리하는 모양이다. 2008년 6월의 한중정상회담에 앞서 외교부 성명으로 '한미동맹은 냉전시대의 구시대적 산물'이라고 노골적으로 비판하는 외교적 비례를 서슴치 않는다.

2012년 1월의 정상회의에서는 중국 측 요구로 미루어왔던 한·중 FTA 협상을 개시하고 있다. 중국의 산업 전환기, 즉 내수 전환기에 중국에 진출한 한국 기업이나 대중 수출에서의 경쟁력 확보를 위해 일본에 앞서 체결하는 것은 여러 모로 타당성이 높다. 그러나 한·미 FTA 발효기에 중국 측이 손을 내미는 함의가 무엇인가도 고려해야 하는 미묘한 국제 관계를 섬세하게 다루어나가야 할 것이다.

미국은 TPP/환태평양경제동반자협정을 주도하면서 남미·호주·아세안의 주요국과 일본을 포괄하여 중국을 포위하는 모양새가 되고 있다. 중국은 러시아 등 상하이협력기구/SOC, ASEAN+3을 연결하여 오바마독트린(아시아태평양 우선 정책)에 대처하는 모습은 G2의 아·태 패권 쟁탈전의 양상으로 보인다.

TPP 관심국으로는 멕시코·캐나다·한국·대만 등이다. 우리나라도 이에 관여하지 못할 이유가 없다. 그러고 보면 두 세력 사이에 겹치는 곳이 한국과 동남아 국가들이 될 수도 있다. 그리 되면 한국은 광역 3극 교차점에서 FTA의 중요 허브Hub 기능을 해낼 수 있을 것이다. 미묘한 시기의 한·중 FTA 교섭이 가져올 파장을 완화하는 방안도 모색해야 한다. 차제에 기왕에 추진되어 왔던 3국 협력의 기초로 한·중·일 무역협정 협상 개시 합의는 지역공동체 추진에 활력을 주게 될 것이다.

역사 문제도 분쟁이 있다면 지역 협력과 통합에 앞서 다루어지는 것이 원칙일 것이다. 광활한 만주지역과 연해주의 자원 지역도 한겨레의 고토이며 오랜 연고지역이다. 러시아의 강박으로 맺어진 북경조약(1860년)에서 청나라는 러시아에 연해주를 불법 할양했다.

당사국이 아닌 일본이 대한제국의 외교권을 강탈한 상태에서 청과 맺은 간도협약(1909년)으로 간도 영유권을 청에 넘겨준다. 중국이 과민반응을 보이는 간도 땅이 그들 것이었다면, 왜 철도부설권을 주면서 간도 영유권을 가져갔을 것인가. 당사자가 아닌 자들의 권한 없는 행위는 원천적으로 무효인 조약임을 쉽게 알 수 있다.

한때 장관 재직 시절 반기문 외교통상부장관은 "간도협약은 법리적으로 무효"라고 공개적으로 밝힌 바 있다. 확대 해석을 경계했지만 간도영유권 문제에 침묵해온 한국 정부로선 진일보한 변화로 볼 수 있다.* 간도의 회복은 남북이 함께 하면서 간도 거주 동포를 아우르는 민족의 동질성을 회복할 통로가 될 수 있을 것이다.

고조선·고구려·발해의 역사를 송두리 채 왜곡하는 사례에도 민감한 영토의 영유권과 무관하지 않다. 최근 만리장성의 동단 확장으로 겨레의 연고지인 흑룡강성 깊숙이까지 연장함은 어불성설語不成說이다. 고구려의 방어용 성이 갑작이 만리장성의 일부라니? 성의 방어 방향이 바뀔 수는 없다. 남과 북이 한 목소리로 대응해야 한다. 역사 훼손과 유적의

---

* 경희대 부설 혜정박물관 자료, 월간 신동아, 2010년 2월호.

침탈은 만행이다. 이제부터는 역사의 근원을 찾아 그들도 인정하는 요하 문명의 시원에 합류해야 한다. 비록 땅은 그들의 실효적인 지배 아래 있다고 해도, 역사를 같이 하는 지혜로 우리 조상의 뿌리에 확실한 지분을 확보해야 한다.

홍콩 접수 논리인 일국양제—國兩制와 같이 일사병용—史竝用으로 슬기로운 역사 해법을 찾아야 한다. 대응하는 방법도 간결하게 정리할 수 있다. 부당함과 비례에는 언제나 당당해야 하고, 협상 진행에는 유연해야 한다.

100년이 훨씬 넘어도 한반도의 지정학적 상황은 변함이 없다. 조선책략이 전해지던 당시와도 비슷한 모양새다. 연미聯美, 통중通中, 지일知日 그리고 친親러 어떤 표현이든 한미안보동맹을 바탕으로 중·일·러와 가까이 교섭력을 유지하는 지략을 구체화해야 한다. 4강과 친화하면서도, 한편으로 분단의 책임을 상기시키면서 한반도의 통일국가가 그들에게 위해가 안 되고 지역 발전과 평화에 도움이 된다는 믿음을 심어주는 것이 미래 한반도 통일의 방약이 될 것이다.

한반도 통합의 시대 열어

단기 예측은 어렵고 부정확하다. 멀리 보면 가야 할 곳과 가는 길이 보인다. 언제까지 이렇게 있을 수는 없다. 적어도 금세기를 관통하는 남과 북을 통합하는 Grand Design을 만드는 대한반도 책략이 필요하다.

을사늑약으로부터 일제 침략과 3대 세습으로 이어진 100여 년을 어둠과 질곡의 세월을 살아 온 북한 동포들에게도 밝은 빛으로 나오게 하는 대장정을 시작하자.

저들의 조직적 감시 아래 선전선동과 세뇌의 결과 북한 주민의 자아의식이 심각하게 훼손된 자아상실 상태에서 조직적인 저항이 있을 수 없는 상태일 것이다. 재스민혁명 초기, 북한은 이집트 시스템의 핸드폰 30만 대가 보급되고 있었다고 보도되었다. 그런데 어느 듯 100만 대가 훨씬 넘게 보급되고 있다는 소식이다. 보급 경로는 경제 경쟁력 속에 살아남은 시장 세력으로 스며들고 있어, 상인들을 통하여 제3의 산업혁명의 앞자리에서 이미 일어나고 있는 인터넷혁명과 정보혁명의 물결을 외면할 수는 없을 것이다. 조만간 이 혁명의 바람은 스며들기 마련이며, 이를 여러 방면으로 십이분 도와야 한다.

김정일의 갑작스런 사망은 새로운 남북 관계의 시발점이 될 수 있다. 수백만의 전·사상자를 내게 한 김일성과 2백 여 만 명의 아사자를 낸 폭정과 탄압의 죄상을 물을 수도 없이 타계해 그 공과를 미루어두고, 누가 되었든 북한의 실질적인 수장과 미래를 트고 논의해야 할 전환점에 와 있다고 생각한다. 최근 미얀마의 변화는 군부 엘리트들의 각성으로 개방화의 물고를 트고 있지 않은가.

대중 의존 관계의 심화가 국경지대 국가와의 미묘한 관계도 있을 수 있다. 마치 자기들의 동북 제4성으로 생각하게 할 수도 있다. 그러나 바로 이 점은 북한 수뇌부의 큰 부담이 되어 온 것도 과거 김정일의 행태 여러 곳에서 번져 나와 있었다.

우리의 대중 관계도 훨씬 돈독하게 하여 장차 통일된 한반도가 중국에 위해가 되지 않을 것이라는 믿음의 여러 증좌들을 만들어가는 것이 중요하다. 한때 고립무원의 폴란드 분할의 역사를 돌아보면, 우리는 대미방위 동맹과 경제 동맹 관계의 튼튼한 지원 세력을 기초로 하여 대중 교섭을 소신껏, 신중하게 해나갈 수 있는 여건을 활용할 수 있다고 생각된다.

최근 미국의 역사학자인 브레진스키Zbigniew Kazimierz Brzezinski는 그의 저
서『전략적 비전Strategic Vision』에서, 미국의 쇠퇴기와 맞물린 중국의 부상으
로 한반도 통일을 위하여 미국의 안보 동맹과 통일은 Trade Off 할 수
있을 것이라는 예측은 감내하기 어렵다. 타율적인 미국의 핵우산에만 의
존할 수 없다면 새로운 대책으로 자위권을 발휘해서 우리의 방위 능력을
키워 쇠락의 대응 능력으로 상호 보완함이 맞는 것 같다.

미묘한 힘의 대치 상태에서 미국을 제외한 한반도 남한만의 무게로는
장대한 중국에 대응하는 저울대 위에서 평형을 유지하기란 어렵다. 그것
을 폴란드가 아니더라도 적어도 핀란드화의 수순을 밟아 강대국(중국)의
의중을 헤아리는 정체로는 독립 국가의 체통이 아니다. 예속의 국권 핀란
드화를 즐거워 할 한국인이 있겠는가. 여러 수순에 따라 정말로 정교한
외교의 능란함이 중요하다.

우리는 오천 년의 긴 역사 속에 광역 고대 조선으로부터 근세에 이르기
까지 침략을 당한 역사로 점철되어 있지만, 남을 침략해 본 역사가 없는
역사를 가진 민족이다. 고조선 건국이념 홍익사상弘益思想은 바로 위대한
주권 수호 평화사상이기 때문이다.

먼저, 2012년은 한·중 정상회담의 결론에 따른 한·중무역협정/FTA을
체결하면 정책적 동반자 관계에서 비중이 더 큰 경제 동맹을 맺게 됨도
주변 관련국이 협력하는 우호 증진의 기회임에 틀림없다. 내수 선회의
중국 경제에 선착할 경제적 이득과 더불어 국제적 힘의 교차점이 되어가
는 한반도의 정치적 함의가 무엇인가를 깨달아 남과 북이 하나가 되는
길에 긍정적인 통로를 건설해야 한다. 다시 말해 한·미 관계를 훼손함이
없이 중국과의 근린 외교로 한반도 문제에 관한 한 귓속말을 할 수 있을
정도로 신뢰 관계를 쌓아나가는 지혜가 필요하다. 역사 문제나 영토 문제

도 정당하고, 사실에 기초한 당당한 태도는 결코 신뢰 관계를 훼손하기보다는 상대방을 존중하는 선린 의식을 갖게 할 것이다.

두 번째로, 남북 경제 문제는 러시아의 가스관 통과로 자원 협력을 시작해야 한다. 연해주를 통하여 러시아의 동북지역 교섭도 중요하다. 최근 중국이 CNPC/국영석유천연가스를 앞세워 서해를 통한 러시아 산 가스 공급을 제의하고 있어 신중한 선택이 필요하다. 북한 통과 리스크를 상쇄하는 효과와 일본으로 연결하는 파이프라인으로 확장해 보면 또 하나의 에너지 허브를 상정할 수 있을 것이다.

중국이 추진하는 창지투長吉圖사업과 유엔이 추진하는 광역 두만강유역 개발사업/GTI 등 우회 투자를 통해 동해와 러시아 연해주, 중국의 동북 낙후지역에 선착하는 우회 투자의 길이 열려 있다. 중국 동북 3성에서는 한·일의 투자를 유치하고 있어 이에 호응하면서 나진·선봉지구를 아우르는 동북지역 협력 사업을 강화할 필요가 있다. 북한이 참여하는 대규모 경제권을 구상하면서 지역공동사업을 개발한다면 만주지역의 부상은 장차 통일 한반도에 특별한 함의를 가진 지역이 될 것이다. 나아가 중국 농북 만주지역+한국의 고토 연해주 자원 지대+한반도를 아우르는 큰 그림(그랜드 플랜)이 나온다.

서쪽으로 드넓은 중국 대륙과 동으로 바다의 일본 열도 사이의 대한반도의 모습은 현란하다. 영유권 문제는 뒤로 하고 먼저 지역 간 협력과 비정부조직 그리고 국제기업 등이 우회 진입하는 새로운 지배 개념을 체용하면, 이 지역을 폭발적인 성장 지역으로 이끌어 새로운 세계의 중심을 만들어낼 수 있을 것이다.

진출 방법도 정부보다 민간 우선, 재미동포 등 해외 동포들의 개발 참여 그리고 전체보다 부분을 중시하는 교류 원칙을 채용하여 우회적이고 월경적 협력으로 접근하는 길을 열어보자.

셋째로, 10·4 남북정상회의의 합의 사항으로 나와 있는 사업도 재검토하면 새로운 기회 요인이 된다. 예를 들면, 서해 평화협력지대, 공동어로구역, 경제특구건설과 해주항 활용, 한강 하구 공동 이용(노들섬인 듯), 안변과 남포에 조선협력단지 등이 열거되고 있다. 이를 다시 정리하여 가능한 것부터 협력할 수 있을 것이다. 거론되었던 고속도로·철도 등 인프라 건설에 침체된 국내 건설업계를 투입하면서 지하자원의 개발권을 확보하거나 희귀자원 교류를 시작할 수 있을 것이다.

한편 한·미 FTA 발효와 더불어 대북 개방의 계기를 마련할지도 모른다. 시카고 대 조성준 교수가 미 의회 전문지 <The Hill>을 통하여, "한미 FTA 부속서(Annex22-B)는 개성공단과 유사한 역외가공지역을 상정하고 있는 것으로 보고 있다"는 내용이 나와 있다. 즉 북한 내 어떤 도시라도 '역외가공지역'으로 지정되면 북한에서 생산된 물건도 한국산으로 간주된다. 물론 현재 미국이 북한에 대한 경제 제재 조치가 진행 중에는 불가능한 이야기다.

앞으로 북한이 핵 개발을 포기하는 대전제 위에서 최소한 동결조치의 확인 등으로 누릴 수 있는 현실적 혜택을 고려할 수 있을 것이다.

10·4 합의 사항과 한·미 FTA를 연결한다면 북한 내의 역외가공지역은 크게 보아 글로벌 생산 체제로 수렴될 수 있다. 다국 체제의 투자 유인으로 북한 내의 낮은 임금과 저렴한 토지 사용 등 중국보다 훨씬 유리한 경쟁력을 토대로 북한 경제의 난국을 해결해가면서 과중한 대중 의존을 상쇄하는 계기를 만들 수 있을 것이다.

개성공단에서 행해지고 있는 작은 규모의 자본주의 실험은 서해의 군사 충돌 사태에서도 정지되지 않았다. 개성 모델의 확장과 한·미 FTA 활용,

조선 협력 등 남북의 상호 분업 체계의 산 실험장이 될 수 있을 것이다.

넷째, 여러 방안들은 현실 여건 위에서 가능한 일을 생각한 것이다. 이제 미국과 유럽연합 그리고 중국과 FTA를 체결하고 나면 다음 목표는 어디인가. 다음은 남북자유무역이 최종 귀착지가 된다. 김종훈 전 통상교섭본부장은 '남북자유무역협정은 통일 국가로 가는 제2의 개항'이라고 그의 회고록에 쓰고 있다. 그의 건의에 따라 평양에서 노무현 전 대통령은 김정일에게 "남북 FTA를 해 봅시다"고 제안했다고 한다. 성사된 일은 아니지만 국가 전략 차원에서 남북 관계에 커다란 획을 그은 사건으로 생각된다. 통일로 가는 길은 여러 가지가 있겠지만 남북 간 무역 협정은 가능성이 높은 것으로 보인다. 뿐만 아니라 통일로 가는 길에 가장 확실한 공식적인 제도 축적(Institution Building)이 필요하다.

중국은 정치적 비중을 미루어두고 홍콩과 포괄적 경제동반자협정/CEPA를 맺고, 다시 대만과는 경제협력기본협정/ECFA을 체결(2010년 6월)했다. 각기 나라의 지위에 따라 이름이 다를 뿐 사실상 FTA보다 더 포괄적인 협정을 체결하면서 통합의 길을 닦고 있다. 정·경 분리 원칙을 말없이 실행하면서 경제 통합을 선행시키고 있다. 당장 눈앞에서는 싸우면서도 먼 길을 함께 하는 예지의 지도력을 우리라고 가꾸지 못할 이유가 없다고 생각된다.

마지막으로 남북 통합의 비용 문제도 남북이 지고 있는 엄청난 방어적 대치 비용과의 득실을 따져보더라도 경제 및 평화적 이용 효율을 생각하면 다른 공식이 나올 수 있을 것이다. 통일 방식이나 통합의 예상 기간에 따라 크게 차이가 날 것이나 자원과 기술 자본에서 상호 보완적인 시너지 효과는 장대할 것이다. 특히 인구·지리 그리고 시장 추가 문제를 놓고 보면, 장차 북한은 새 한반도의 뉴 프런티어일 수 있다. 인구가 경쟁력이 되어 가는 오늘날 인구 감소에 고민하는 선진국과 달리 하나가 될 동족이 존재한다는 것은 통일 한반도의 중량감을 더하게 한다.

한국은 금년 들어 세칭 20-50클럽에 들어간다. 국민소득 2만 달러(20k), 인구 5천만 명(50M)을 넘은 나라는 지금까지 여섯 나라뿐이다. 소득 2만 달러 선진국 문턱에서 인구 5천 만 이상은 인구 소국을 면하는 기준으로 통용된다. 이 기준을 통과한 우리나라는 선진국의 선례대로 수년 내에 30-50(소득 3만 달러, 인구 5천만) 진입을 기대한다.

여기서 우리는 30-50 클럽과 장기적으로 30-80 클럽 수준의 통일 대국을 대망한다. 그러나 전체 인구의 3분 1인 인구로, 1인당 소득이 천 달러 미만인 북한을 끼고 3만 달러 달성은 쉬운 일이 아니다. 따라서 현실적인 30-50 클럽과 가령 20-80 클럽(소득 2만 달러로 낮추고, 통일 후 최대 인구 8천만 명)의 선택 문제에 봉착할 수도 있을 것이다. 독일의 경우를 보아도 1인당 소득 감소를 감내하고 회복의 길로 가고 있다. 통일은 단기적인 계산 문제가 아니라 민족 국가의 장기 비전의 장대한 청사진이다.

개방과 융합과 새로운 통합의 세계 조류를 맞아 북한에 러시아의 고르바초프나 중국의 등소평과 같은 용기 있는 예지의 지도자가 없는 것이 답답하다. 미래의 지도자는 세기적인 큰 기회의 감지 능력이 중요하다. 권력의 선위와 기득권에 안주하면 미래가 없다. 김정일 사후체제 수습은

'30-50클럽' 국가 진입연도별 현황 (2012년 기준)

구 분	일본	미국	프랑스	이탈리아	독일	영국	(한국)
20-50 진입연도	1987	1988	1990	1990	1991	1996	(2012)
30-50 진입연도	1992	1997	2004	2004	1995	2003	
소요기간(년)	5	9	14	14	4	7	
국민소득(1인당/달러)	46.937	49.601	42.793	33.902	42.625	38.891	(23.680)
인구(백만명)	127.3	314.7	63.3	68.8	81.6	63.0	(50.0)

* 자료 : IMF/국제통화기금.

폐쇄를 깨고 개혁(이미 세계적인 추세선에 들어온), 개방의 새 조류를 타는 것만이 북한 주민을 구해낼 수 있다는 믿음과 용기를 기대한다. 중국의 개방 모형도 훌륭한 것이나 30년 전의 모델일 수도 있다. 베트남·미얀마 그리고 최근 쿠바의 사례를 잘 소화해내면 그 속에 답이 있다. 특히 미얀마의 개방이 주는 교훈에 주목해야 한다. 그들은 핵 연계를 끊고 서방 세계로 문호를 열고 있다. 이제 닫힌 지역은 북한뿐이다.

남쪽도 북한의 개방·개혁에 관해서는 최대한의 지원을 아끼지 말아야 한다. 남과 북이 교류를 정상화하는데 남북의 군사적 비대칭 상황은 경제적 교호 관계에 자유롭지 못한 태생적 한계로 보인다. 그러나 이 한계를 뛰어넘을 그랜드 디자인이 요체다. 남북경제협력을 퍼주기 식으로 보는 외눈박이 시각으로 진출 기회를 놓치거나, 핵 문제 해결의 조급증으로 한반도와 주변 지역을 아우르는 큰 그림을 그릴 수 없다. 남과 북, 분단의 문제는 우리만의 문제가 아니다. 극동·동북아 안보의 문제이며 세계 평화 체제의 문제로 수렴되어야 한다.

중국 안휘성安徽省 샤오강小崗 마을*의 사건을 알고 있다면 먼저 일정 농지의 농민 배분으로 농촌의 기근을 당장 해결할 수도 있을 것이다. 방관자적 태도에서 적극적인 개도 지원을 하면서 개혁·개방의 추세에 따라 주민 위주의 정상 국가로 가는 길을 지원하는 방안을 만들어야 할 것이다.

통독 20주년을 맞이하는 통일 독일의 동독도 이미 옛 서독의 90% 수준의 경제 회복을 이루고 있다고 한다. 뒤집어서 동독은 20년 만에 비슷한 수준이라고 하나 한반도의 경우는 남북 격차가 너무 크고, 정보가 차단된 북반부의 암울함으로 보아 독일 경우보다 훨씬 긴 시간이 필요할 것이다. 북한

---

* 복거일, 『한반도에 드리운 중국의 그림자』. 1978년 안휘성 샤오강 마을 사건은 집단농장 땅을 농민들이 불법 분배한 사건이다. 집단농장의 불법적 해체와 더불어 생산량은 배가 되었다. 이후 집단농장보다 나은 체제로 바꾸려는, 결국 농지를 농민에게 나누어주는 방안으로 진화했다.

동포들의 세계와 접속하는 정상 국가의 시민답게 정보 공유와 인권 회복을 위해 할 수 있는 일을 꾸준히 행하면서 열거된 사업을 그 긴급도에 따라 이행해나가야 할 것이다.

통일 방안도 홍콩식 일국양제一國兩制, 독일식 통일특수지역 안, 연방 안 또는 우회적 진출 방안이 나와 있으나 일정한 정형보다는 좋은 점을 수단화해서 필요할 때마다 이행하며 북한 주민에게 우리의 진정성과 동포애의 전달이 중요하다.

북한의 후계 체제의 방향성 여부 등 불확실성이 크므로, 이에 대응한 확고한 안보 기반 위에 예측 가능한 시나리오별 대비책을 세우고, 상항 변화에 따른 액션 플랜을 준비할 수 있을 것이다. 한편으로는 일률적인 방어적 외교보다는 포용 외교와 지속적인 의지를 갖고 통일 지향 외교 교섭력을 높여나가는 전략이 중요하다.

홍익인간과
평화 DNA 전파

2010년 11월, G20 서울정상회의는 세계의 주요 문제를 다루는 국제 협력의 최상위 포럼으로 자리매김하는데 결정적인 역할을 했다. 핵 위협의 최전방에 놓인 한국에서 다시 2012년 세계핵안보정상회의가 열리면서 핵의 평화적 이용과 관리에 관한 세계적 관심을 모으고 있다.

5천년 역사상 처음으로 세계의 주요국 정상 모임을 잇대어 서울에 초청하여, 정제 문제를 포함한 세계의 현안과 핵 위협에 놓인 세계 안보와 평화 문제를 다루는 일은 범상한 일이 아니다. 최고의 회의를 주제하고 의안을 결정하는 의장국으로, 대한민국 대통령은 주빈으로서 열강 정상들의 의견을 조율하는 모습은 당당했다.

변방에서 세계 주류 문명권에 진입한 듯한 희열도 느꼈다. G20과 G50 정상회의 의장국의 성공 경험은 우리의 프라이드요, 높아진 국제적 신뢰 관계를 미래 자산으로 그리고 국익 확장의 발판으로 발전시킬 길을 열어 놓았다. 이와 같은 초대형 세계 정상회의가 이곳에서 열린 것은 우연한 일이 아니다. 원래 한민족의 평화사상과 인류애는 우리의 피를 타고 흐르는 오랜 DNA 한민족의 원형인 홍익인간弘益人間 사상에 기반을 둔 민족적 염원이 이루어진 것이다.

평화를 바라는 한민족의 위대한 원형의 승화를 통해서 홍익인간이념으로 민족의 문제와 세계의 문제를 풀어가는 홍익인간 세기의 창발을 기도하고 전파해야 한다.

중국의 지도자 등소평에 의하여 주도된 개방 체제 30년의 성공은 중국이 세기의 강자로 떠오르면서, 이념적 공백을 메울 수단으로 기원전 6세기에 살았던 공자(BC 551~479)에게 길을 묻고 있다. 한때 철저히 배격되었던 유교 교리도 개방 시기에 맞춰 산동성 곡부曲阜의 공자묘 재단장을 시작하더니, 각급 학교에서는 유교 경전이 읽혀지고 중국어 학당에도 '공자학원'의 이름을 붙여 세계 100여 개 국에 진출하고 있다.

한때 중국 고위 관료들의 필독서가 된 영국의 마틴 자크Martin Jacques의 저서『중국이 세계를 지배하면When China rules the world』(2009)에서는 "공자는 중국 역사상 가장 영향력 있는 사상가이며, 공자 사후 2천 년이 넘는 세월 동안 그의 가르침이 중국문명을 형성했다"고 중국인을 고무하고 있다.

공자의 사상은 오랜 통치 원리로서 도덕을 강조하고 안정과 통일을 우선시하는 교리로서 퇴색한 공산주의 대체 논리를 모색 보완하는 듯하다. 그러나 유교를 정밀하게 해부했던 막스 베버의 논리는 유교적 합리주의는 세계에 합리적으로 순응하는 것으로 보고, 청교도적 합리주의는 세계를 합리적으로 지배하는 것을 의미한다고 했다. 베버는 유교가 정적靜的인 세계관 때문에 긴장감이 결여된 체제*라고 평가했던 일이 있다. 다시 말해서 같은 합리주의 적용에서도 유교의 정적 세계관을 본 것은 베버의 형안인 것 같다.

---

* "유교가 아시아의 세기 감당할까", 중앙일보, 2010년 3월 2일자.

성장하는 중국이 다가오는 아시아 시대의 중심 국가로서 세계의 지도적인 대안 국가로서의 지위를 이어받을 것인지에 관해서는 몇 가지 개념들이 선명해져야 할 것으로 생각된다.

먼저 세계적인 지도국이 될 대안적 능력이 검증되어야 할 것이다. 지도국이 될 책임 의식과 희생하는 대가도 부담할 수 있을 것인가와 지식·경제·자원 등의 검증이다. 외교 능력에서도 인접국 관계로부터 세계 지도급 국가다운 대국적 외교 능력 그리고 세계를 이끌어나갈 시대적 지도 이념을 향유하고 있는가 하는 것들이다.

공산주의 전체주의의 정체를 유지하면서 자본주의 시장경제를 채용하여 성장으로 팽창일로에 있으면서 경제적 부富와 사회적 문제군群을 함께 키워오고 있다. 이원적 체제를 엮어오는 중국 특유의 방식으로 이념적 공백의 공간을 수천 년의 연륜을 쌓아온 중국 고래의 유교사상을 묘방으로 처방하고 있다.

최근 힘이 강해진 중국의 행동 방식이 달라지듯 본래의 중화中華사상을 원형으로 하는 조공 체제나 수직적인 화이華夷 질서를 연상케 하는 것을 보아왔다. 위구르/신장 지역에 대한 초민감 반응, 티베트 지역에 대한 오랜 인종 동화 정책, 동남아 국가와 자원 부존 국가 등 해역의 분쟁 그리고 최근 북한에 대한 경제 지원과 부당한 옹호 행태로는 세계 지도국의 대체재로 인정되기 어렵다.

우리는 만주지역에서 막강한 세력이었던 고조선과 고구려의 강역에서도 그 막강한 힘을 침략에 이용하기보다 항상 방어적 백성 보호의 평화적 목적에 사용했다. 훈강과 요하지역의 고구려 성들이 모두 방어 목적으로 축조된 것을 볼 수 있다.

용맹한 광개토대왕도 고구려의 실지 회복에 힘을 쏟았을 뿐 그 강역의 확장에 나아가지 않았던 것이 우리의 역사다. 면면히 이어온 평화의 대업은 모두 홍익인간 사상의 원형이 승화해 온 결실이다.

포악한 일제에 항거한 3·1운동도 무저항주의의 관철임과 동시에 3·1선언문도 일제를 탓하기보다 평화 공존의 기치를 든 것이다. 더욱이 한일합병 당시 안중근 의사의 의거 내용도 증오심보다는 일본 패권주의를 응징한 것이다. 안 의사의 '동양평화론'과 같은 동양 3국의 평화 논리는 EU의 등장과 더불어 새로운 지역 통합의 예지로 각광받게 되었다.

최근 중국학자 예텐니蔡天泥가 1914년경 쓴 『안중근전安重根傳』이 발견되어 공개되었다. 저자는 안중근의 하얼빈 의거를 "정의·인도人道·공리公理가 지배하는 세계 평화시대를 여는 계기"로 평가하고 있는 점도 주목할 만하다.* 한국인은 스스로 신의 경지에 이른다는 인내천人乃天 사상으로, 인간이 온 누리에 평화를 누릴 수 있다는 홍익정신의 보편 사상을 형성한 것이다. IMF 때의 금 모으기나 W-Cup 때의 신바람도 어떤 당위성과 공존 의식이 촉발된 평화 공동체 의식에 점화된 사건이었다.

오늘날 Asia 세기를 앞두고 이 지역은 물론 세계를 품을 지도 이념은 무엇인가. 서구문명이 추구해온 자유·평등·민주주의·인권 존중의 기본에 충실한 세계 보편적 가치에 필적하는 사상적 기초가 제시되어야 한다.

오랫동안 동양 세계의 국가 통치 논리로 채용되어 왔던 공자사상 유교 정신으로 세계를 지도하고 이끌어갈 수 있을 것인지에 대해서도, 막스 베버의 평가에도 그 정적인 세계관과 긴장감이 결여된 체제로는 부적절하다. 더욱이 체제 순응적 국가관으로 원용된 사상으로는 현존하는 중국 내부 문제군의 대내적 통합 수단으로 유효할 뿐 전통적 중화사상의 범주를 벗어나는 지도 이념으로 보기는 어렵다.

---

* 중국학자가 쓴 안중근 의사 평전 『안중근전』 중에서 발굴. 동아일보, 2010년 12월 22일자.

한때 모택동 정부가 폐기했던 수구사상의 재사용을 위해 최근에 개봉한 <공자·춘추전국시대> 흥행 등 공자를 앞세운 유교의 세계화를 추구하고 있다. 그러나 이것으로서 중국의 국경을 넘어 세계 체제로 일반화 할 가치의 무게가 인정되기는 어렵다. 감당하기 어려울 정도로 빠른 속도를 가하고 있는 정보지식사회에서 근육질의 엄포나 힘의 외교, 패권주의로서는 70억 명이 넘는 세계를 통합하고 이끌어갈 수는 없다.

돌이켜 보면 한민족은 기막힌 보배를 가지고 세계를 바라보고 있다. 만약 한국이 강대국이었다면 당연히 세계의 지도 이념이 될 사상이 바로 홍익인간 세계다. 비록 고조선의 건국이념이지만 현대의 해석에서도 추호의 손색이 없다. 바로 홍익인간 사상은 평화 공존·인권 존중·반패권주의 이념을 그 근간으로 한다.

온 세계가 직면하고 있는 지역 및 민족 간 분쟁 그리고 문명 충돌의 위험을 치유할 홍익인간 사상의 평화 발신음은 인류를 구할 상생의 원리로 하나 되는 보편성 원칙에 기반하고 있다.

서구적 가치와 아시아의 가치 충돌에서 아시아적 가치가 침잠해 있었다. 중국의 유교가 앞서 있었으나 그 근원인 공자도 한때 고조선의 홍익사상의 바탕이 된 홍범구주를 칭송할 만큼 홍익인간 사상은 어느 모로 보나 아시아적 가치의 상위에 있어 왔다. 홍익인간 이념은 건강한 민족정체성의 확립에서, 나아가 인류문명의 한계를 극복하는 새로운 비전으로 곧 인류 화합과 세계 평화의 세기를 이끄는 시대정신의 중심에 서게 되면 금세기 최고의 선택이 될 것이다.

참고문헌

강무학,『한국인의 뿌리』, 금강서원, 1990.

강무학,『홍익인간론』, 명문당, 1983.

고조선학회, 고조선 연구(제1호), 지식산업사, 2008.

김기수,『중국 도대체 왜 이러나』, 살림, 2010.

김도연,『기후, 에너지 그리고 녹색 이야기』, 생각의나무, 2010.

김석진,『우리의 미래』, 대유학당, 2009.

김성호,『비류백제와 일본의 국가기원』, 지문사, 1984.

김용운,『한민족 르네상스』, 한문화, 2002.

김현종,『한미 FTA를 말한다』, 홍성사, 2010.

나종일,『세계사를 보는 시각과 방법』, 창작과비평사, 1997.

남덕우,『경제개발의 길목에서』, 삼성경제연구소, 2009.

동북아역사재단,『고조선·단군·부여』, 2004.

러우위리에, 황종원 역,『중국의 품격』, 에버리치홀딩스, 2011.

로렌스 C. 스미스, 장호연 역,『2050 미래 쇼크』, 동아시아, 2012.

마이클 샌델, 이창신 역,『정의란 무엇인가』, 김영사, 2010.

마티 자크, 안세민 역,『중국이 세계를 지배하면 *When China rules the World*』, 부키, 2010.

매일경제 국제부 중국팀,『G2 시대』, 매일경제신문사, 2009.

매일경제 국제부,『원 아시아 전략보고서』, 매일경제신문사.

매일경제 한류본색 프로젝트팀,『한류 본색』, 매일경제신문사, 2012.

미래기획위원회,『녹색성장의 길』, 중앙북스, 2009.

미래전략연구원,『통일 한반도와 동아시아 공동체』.

박경철,『시골 의사 박경철의 자기 혁명』, 리더스북, 2011.

박석순, 『MT 환경공학』, 장서가, 2011.

박성조, 『통일 이렇게 하자』, 매봉, 2010.

박세일, 『대한민국 국가 전략』, 21세기북스, 2008.

박은식, 『한국통사』, 아카넷, 2012.

삼정KPMG 경제연구원, 『다가올 10년을 말한다』, 원앤원북스, 2011.

스티븐 로치, 이건 역, 『넥스트 아시아Next Asia』, 북돋음, 2010.

신용하, 『고조선 국가 형성의 사회사』, 지식산업사, 2010.

신채호, 『조선상고사』, 일신서적출판사, 1998.

신현종, 「아시아적 가치와 아시아 금융 위기」, 신현종 박사 HomePage.

아나톨 칼레츠키, 위선주 역, 『자본주의 4.0』, 캘처앤스토리, 2011.

안중근의사 숭모회, 『대한의 영웅 안중근 의사』, 2008.

에드워드 H.카, 이화승 역, 『역사란 무엇인가』, 베이직북스, 2012.

오마에 겐이치, 송재용·강진구 역, 『The Next Global Stage』, 럭스미디어, 2006.

우실하, 『동북공정 너머 요하문명론』, 소나무, 2007.

월간조선, 「2030년의 대한민국」, 2009년 1월호 월간조선 별책부록.

윤내현, 『홍익인간과 세계의 이해』, 단국대학교출판부, 1999.

윤석헌, 『중국을 말한다』, 차이나하우스, 2009.

이민하, 『유라시안 네트워크/스마트 코리아로 가는 길』, 새물결출판사, 2010.

이백순, 『신세계 질서와 한국』, 21세기북스, 2009.

이시형, 『우뇌가 희망이다』, 풀잎, 2005.

이영훈, 『대한민국 이야기』, 기파랑, 2007.

이주영, 『이승만과 그의 시대』, 기파랑, 2011.

이진이, 『이순신을 찾아 떠난 여행』, 책과함께, 2008.

자크 아탈리, 『세계는 누가 지배할 것인가』, 청림출판사, 2012.

재정경제부, 「2040년 한국의 삶의 질」.

정덕구, 『한국을 보는 중국의 본심』, 중앙북스, 2011.

정일화, 『카이로 선언』, 선한약속, 2010.

제레미 리프킨, 안진환 역,『3차 산업혁명』, 민음사, 2012.

조지 프리드먼, 손민중 역,『100년 후*The Next 100 Years*』, 김영사, 2010.

조철선,『2020 경제대국 한국의 탄생』, 한스미디어, 2011.

주돈식,『처음 듣는 조선족의 역사』(고조선 단군 부여), 푸른사상, 2010.

중앙일보 중앙SUNDAY 미래탐사팀,『10년 후 세상』, 청림출판, 2012.

중앙일보 특별취재팀,『장보고 해양제국의 비밀』, 중앙일보시사미디어, 2010.

최윤식,『2030년 부의 미래 지도』, 지식노마드, 2009.

최태영,『한국 고대사를 생각한다』, 눈빛, 2003.

토머스 프리드먼, 최정임 역,『코드 그린』, 21세기북스, 2008.

트렌드(Trends)지 특별취재팀, 권춘오 옮김,『10년 후 부의 미래*2022 Global Trend*』, 일상이
        상, 2012.

파리드 자카리아, 윤종석 역,『흔들리는 세계의 축*The Post American World*』, 베가북스, 2008.

폴 케네디, 이일주 역,『강대국의 흥망*RISE AND FALL OF THE GREAT POWERS*』, 한국
        경제신문사, 1990.

하영선,『동아시아 공동체 : 신화와 현실』, 동아시아연구원, 2008.

한국관광공사,『마음을 잇는 특별한 여행/ DMZ』, 2010-2012

함석헌,『뜻으로 본 한국 역사』, 한길사, 2009.

CCTV 경제 30분팀, 유방승 번역,「화폐 전쟁, 진실과 미래」.

Zbigniew BRZEZINSKI,『*Strategic Vision*』, Perseus Books Group, 2012.

21세기 대한반도 책략
ⓒ 박상은, 2012.

제1판 제1쇄 찍음 | 2012년 7월 10일
제1판 제1쇄 펴냄 | 2012년 7월 15일

지 은 이 | 박상은
펴 낸 이 | 이영희
펴 낸 곳 | 이미지북

등록번호 | 제2-2795호(1999. 4. 10)
주　　　소 | 서울시 강남구 논현동 193-8 우창빌딩 202호
대표전화 | 02) 483-7025, 팩시밀리 02) 483-3213
전자우편 | ibook99@naver.com

ISBN 978-89-89224-18-1　　　03300